KB125798

일제하 한국사회의 전통과 근대인식

Recognition of Tradition and Modernity about Korean Society under Japanese Colonialism

edited by Kim, Do-Hyung

이 저서는 2003년도 한국학술진흥재단의 지원에 의하여 연구되었음
(KRF-2003-005-A00004)

연세국학총서 99
일제하 한국사회의 근대적 변화와 전통 3

일제하 한국사회의 전통과 근대인식

김 도 형 외 지음

혜안

책머리에

연세대학교 국학연구원은 한국학술진흥재단 중점연구소지원사업의 연구비 지원으로 "근대화 ·세계화와 한국사회의 발전논리"라는 주제를 연구하였다. 이 책은 그 가운데 제2단계 연구(2003~2005)의 하나로 간행한 것이다.

국학연구원에서 추진했던 연구주제는 21세기를 맞이한 한국사회의 자기 이해와 미래의 방향을 설정하기 위해, 지난 시절 우리를 추동해 온 이념이었고, 또한 현재에도 진행 중인 '근대화'와 '민족통일', 그리고 '세계화'를 주요한 의제로 설정하였다. 그리고 그 역사적 과정을 개항 전후의 근대개혁기, 일제시기, 그리고 해방 이후의 세 시기로 구분하여 추진하였다. 그리하여 제1단계 2년 동안 '개항전후 한국 전통사회의 변동과 근대화의 모색'이라는 주제 하에 『개항전후 한국사회의 변동』(2006, 태학사), 『전통의 변용과 근대 개혁』(2004, 태학사), 『서구문화의 수용과 근대개혁』(2004, 태학사) 등 3권의 책으로 출간하였다.

이를 이어 제2단계에서는 '일제하 한국 사회의 근대적 변화와 전통'이라는 주제 하에, 일제에 의해 이식된 근대와 내재적 발전의 맞물림과 엇물림, 전통과 근대의 다양한 공존, 근대성 형성의 다기한 경로에 대한 심층적인 분석을 목표로 하여 전개하였다. 이는 일제하 한국사회의 발전논리를 총체적으로 해명함으로써 당시 한국사회의 발전논리와

근대화 경험에 대한 진지한 역사적 반성과 성찰을 위한 학문적 작업이
었다. 이를 위해 ① 일제하 한국의 사회경제적 변화와 일상생활, ② 일
제하 한국사회의 전통과 근대인식, ③ 일제하 신문화의 수용과 근대성
등 세 개의 세부과제를 정하여 연구를 추진하였다.

　이 책은 두 번째 세부과제인 '일제하 한국사회의 전통과 근대인식'이
라는 주제 하에 이루어진 연구결과를 묶은 것이다. 이 시기에는 다양
한 세력들이 우리 민족의 전통을 계승하면서, 또한 이 시기에 전래된
새로운 '근대'를 어떻게 수용할 것인가를 모색하였다. 본서는 이런 다
양한 세력들의 사상과 활동을 분석한 것이다.

　당시 한국사회는 일제의 가혹한 지배정책, 민족말살정책 하에서 민
족의 존재 자체가 위협받고 있었다. 이러한 민족적 위기 상황에 직면
하여 당시의 지식인, 민중들은 자신의 현실적 기반과 경험, 그리고 전
통으로부터 자원을 이끌어 내어 대응하였다.

　이 점은 일제하 한국사회의 전통과 근대를 단지 '낡음'과 '새로움'
'보수'와 '혁신'의 대립이라는 통상적인 시각만으로는 설명할 수 없게
만들고 있다. 공통의 문화·언어·경험을 보존하는 것, 민족적 정체성
의 형성과 반일·반제 문제 등이 복잡하게 얽혀 있던 시기였기 때문이
다. 이에 본 연구에서는 일제하 제 세력의 다양한 활동과 근대화의 흐
름 속에서 전통이 지속되어 나가는 과정과 근대적 의미에서 전통을 새
롭게 재해석해 가는 과정을 주목하였다.

　본 책에서는 당시의 대응 주체의 계층적 기반, 활동 방식에 따라 몇
개의 그룹－유생층, 천도교 세력, 민족문화운동계열, 농민층, 문학가,
그리고 조선총독부 당국 등－을 설정하고, 이들의 전통 인식과 근대관,
활동 방안 등을 분석하였다.

(1) 1910년대 유생층의 근대개혁론과 유교(김도형)

(2) 일제하 천도교 계열의 자본주의 인식의 변화와 인간관(이승렬)

(3) '조선학운동' 계열의 자기정체성 모색과 근대관(백승철)

(4) '토속'의 발견과 민족문화의 구성—손진태를 중심으로(차승기)

(5) 반농반노 : 일제시대 농민운동의 근대적 전환과 노동운동의 형성 (김동노)

(6) 근대문학에서의 전통 형식 재생의 문제—1920년대 시조 부흥론 을 중심으로(차승기)

(7) 이광수의 『단종애사』와 문화적 기억의 구조(Michael D. Shin)

(8) 일제하 중추원 개혁 문제와 총독정치(이승렬)

김도형의 「1910년대 유생층의 근대개혁론과 유교」는 1910년대 유생층이 자신들이 신봉하던 유교적 체계와는 전혀 다른 상황, 즉 제국주의 침략과 식민지화, 그리고 민중층의 성장, 서구문명의 수용과 근대화 등과 같은 현실 변화에 대하여 어떻게 대응하였는가를 밝히고 있다. 필자는 일제하 민족문제를 고민했던 유생층이 유교적 근대화를 추구하고 나아가 유교적 근대화에 머무르지 않고 새로운 이념을 추구해 간 것으로 보았다. 그리고 유교 이념은 일제하 새로운 사회주의 이념이나 부르주아 운동에 의해 봉건 타파라는 측면에서 부정되었지만, 때로는 민족운동론 속에서 이상적 유교사회론이 녹아 들어가기도 하였고, 해방 후 근대민족국가 건설과정, 심지어 북한의 사회주의국가 건설에서도 일정한 형태로 변용되어간 것으로 보았다.

이승렬의 「일제하 천도교 계열의 자본주의 인식의 변화와 인간관」에서는 농민을 기반으로 하는 토착종교인 동학이 식민지 지배체제에서 자본주의 근대문명과 만나면서 어떤 사상적 특질을 갖는가에 대해 검토하였다. 필자는 '사람성주의'와 '현세주의'로 대표되는 천도교 교리

가 유교문화를 비판하고, 서양의 역사에서 태동한 평등과 자유의 이념
에 접목될 수 있는 근대성을 갖고 있었지만, '현세주의'라는 이론적 경
향성은 또한 천도교가 자본주의와의 관계를 일관되게 설정할 수 없게
하여 자본주의 체제 아래에서 주류적 종교로 성장할 수 없었던 원인이
라고 분석하였다.

백승철의 「'조선학운동' 계열의 자기정체성 모색과 근대관」에서는
1930년대 조선총독부가 內鮮融和의 이데올로기를 강화하여 일본적 국
민의식을 양성하는 조선문화 연구에 대응한 '조선학운동' 계열의 민족
과 근대에 대한 인식을 정리하였다. 당시 민족운동 진영에서는 이념적,
계급적 대립의 격화에 따른 민족내부의 분열과 아울러 일본의 민족 고
유성 왜곡을 통한 정신주의적 지배정책에 대응하여 '民族文化'의 개발
을 통한 자기 정체성 강화를 모색하였다. 그는 1930년대 '조선학운동'
의 전개과정이 자립적, 주체적 근대 민족국가의 가능성을 찾기 위한
'전통'의 재현과 창조에 집중되었다고 평가하고, 이러한 목적에 따라
민족주의와 마르크스주의 양 진영은 조선학에 대한 서로 다른 입장,
방법론을 기반으로 '檀君'과 '實學' 연구에 집중하고 있다고 보았다. 그
리고 이 두 주제는 양 진영의 민족문제 인식이 집약된 것으로서, 민족
기원의 해명과 근대 민족국가, 국민국가의 형성을 어떻게 파악할 것인
가 하는 문제의식이 내포된 것으로 평가하였다.

차승기의 「'토속'의 발견과 민족문화의 구성—손진태를 중심으로」는
손진태의 민속학 연구를 통하여 '토속' 또는 '민중적 문화 전통'을 발견
하고, 그것을 '민족문화'의 토대로 재발견한 역사적·제도적 조건들을
고찰한 글이다. 필자는 손진태가 발견한 민중적 '전통'이 민중의 '현실
과 괴리되어 전통을 과거의 것으로 묶어두는 역할을 했으며, 그의 '민
족사'가 민중적 전통을 단일한 민족문화로 본질화함으로써 오히려 현
재하는 민중의 삶을 보지 못하게 하는 결과를 낳았다고 보았다. 따라

서 공동체의 역사를 본질화하고 동질적인 '민족문화' 속으로 다수 민중들의 정체성을 수렴시키는 독백의 토속학을 넘어서기 위해서는, 아마도 존재하는 다양한 삶의 흐름들을 긍정하고 삶·문화의 주체들과 대화하는 민속학을 부단히 시도해야 할 것으로 보았다.

김동노의 「반농반노 : 일제시대 농민운동의 근대적 전환과 노동운동의 형성」에서는 식민지 시기 조선의 농민과 노동자들이 어떤 정체성을 가지고 어떤 사회운동을 통해 자신을 드러내려 했는지를 검토하였다. 그는 일제하 산업화라는 새로운 근대성의 도입이 농민, 노동자들에게 새로운 기대를 가져오기보다는 새로운 고통의 근원이 되었을 따름이었고, 그에 따라 경제적 고통을 극복하기 위한 농민, 노동운동이 전개되었다고 보았다. 1930년대 이들은 근대적 경제의 영역에서 일하면서 근대적 이데올로기의 힘을 얻어 자신들의 불만을 사회운동을 통해 표현하였는데, 다른 한편으로 이들은 예전의 농업적 기반 위에서 근대적 사회운동을 전개하는 측면도 동시에 지니고 있었다. 그리고 이러한 상황으로 인해 이들의 운동은 한발은 근대의 공간으로 옮기면서도 다른 한발은 여전히 전통의 공간 속에 남겨두는 그런 모습이었다고 분석하였다.

차승기의 「근대문학에서의 전통 형식 재생의 문제-1920년대 시조부흥론을 중심으로」는 1920년대 중반 최남선의 '시조부흥' 선언과 함께 이루어진 전통 시가 형식 재생을 둘러싼 논의를 통해 근대문학의 형성 과정에서 전통적인 글쓰기 형식이 어떻게 (재)인식되는지, 그리고 근대문학의 조건 위에서 전통적 형식이 어떻게 재생될 수 있는지를 고찰하였다. 필자는 당시의 시조 부흥론이 과거의 문학 형식이 어떻게 근대문학으로 존속될 수 있는지를 보여준 한 사례로 평가하면서 문학에 있어서의 '전통/근대', '지역성/세계성'의 문제를 사고하는 데 중요한 시사를 주는 것으로 보았다.

신동준(Michael D. Shin)의 「이광수의『단종애사』와 문화적 기억의 구조」는 이광수의 역사소설을 분석하면서 한국의 전통에 관한 그의 개념을 밝힌 글이다. 필자는 일제하 식민지 근대성이 진전됨에 따라 조선의 지식인들은 정체성의 상실을 우려하여 문화적 준거의 체계를 발전시키게 되었고, 민족주의 문학의 상당 부분은 이러한 잃어버린 정체성에 관한 것을 다루고 있다고 보았다. 그리고 이광수의 역사소설을 분석하여 1920년대 조선인들이 가졌던 문화적 기억이 왜 점차 역사소설의 형태로 전환되었는가를 밝히고 있다.

이승렬의 「일제하 중추원 개혁 문제와 총독정치」는 대한제국기와 일제 하에 존속했던 중추원이란 정치제도의 연속이 갖는 문제와 중추원이란 기구 운영에 나타난 총독정치의 '근대성' 문제를 검토한 글이다. 권력의 배분과 권력에 대한 상호 견제는 근대정치를 구성하는 요소 중의 하나인데, 식민통치에 그러한 요소들이 어떻게 수용되었는가를 밝히고 있다.

'일제하 한국사회의 전통과 근대인식'이라는 주제에 대한 이상과 같은 탐색의 결과 각각의 주체들은 일제에 의해 주어진 근대에 적응하면서도 이를 그대로 따르는 것이 아니라, 자신들의 삶의 경험과 사상, 자신들이 처한 사회적 현실과 세력을 기반으로 전통을 재발견하고 보전하기 위한 노력을 경주하고 있었음을 확인하였다. 그리고 이를 기반으로 민족문화를 재창조하여 민족해방과 새로운 근대국가, 사회 건설을 위한 기반으로 삼고자 하였다. 조선의 모든 사회계층이 일제의 민족말살 정책 하에서도 고유의 문화적 전통을 유지 변용시켜 가면서 한국적 근대사회를 형성해 가고 있었던 것이다. 앞으로의 과제는 일제하에 재발견, 재창조된 전통과 근대인식이 해방 후, 나아가 현재의 한국사회의 성격과 어떤 연관이 있는지, 한국사회의 발전 방향을 열어 가는데 어떤 시사를 주는지 파악하는 일이 될 것이다. 이 문제는 다음 3차의 과제를 통하여 지속적으로 추구될 것이다.

　이 공동 연구가 책으로 간행될 수 있기에는 많은 분들의 도움이 있었다. 중점연구소 지원 사업의 계획부터 연구 과제를 기획하고 공동연구원으로 참여해 준 방기중, 홍성찬, 김동노, 백승철 교수, 그리고 멀리 미국에서 본 과제에 참여해 준 코넬 대학의 신동준 교수에게 감사를 드린다. 특히 본 세부과제의 연구교수인 차승기, 이승렬 선생은 연구 활동은 물론이고 온갖 궂은 일도 마다하지 않았다. 그리고 이 과제가 한 권의 책으로 출판될 수 있게 배려해 준 연세대학교 국학연구원과 출판을 맡아준 도서출판 혜안의 오일주 사장과 편집진에게도 감사를 드린다.

2008. 2.

연구자를 대표하여

김 도 형

목 차

14

CONTENTS

1910년대 유생층의 근대개혁론과 유교

김 도 형[*]

1. 머리말

개항 이후 전개된 한국의 근대화 개혁은 서구문명의 수용을 통해 이루어졌다. 따라서 서구문명 수용을 부정적으로 보았던 보수적 유생층은 점차 비판의 대상이 되었다. 특히 1910년의 강점 전후에는 '망국'의 책임이 온통 보수적 유생층에게 돌아갔고, 유교는 '봉건사상'으로 비판되었다. 그리하여 유생층은 새로운 사회변화 속에서 유교 문제를 비롯한 근대화 개혁론을 재검토하지 않을 수 없었다.

근대개혁 과정에서 유생층은 '隨時變易'의 원리에 따라 스스로 이념적 變容을 통하여 유교를 개선 혹은 개혁하고, 당시 사회적 과제였던 민족문제에 대처하였다. 유생층의 방안은 특히 서양을 어떻게 인식, 수용할 것인가라는 입장에 따라 다양하였다. 물론 주자학적 화이관에 입각한 斥邪論이 사회 여론을 주도하였지만, 점차 이들의 입지는 축소되어 갔다. 그리하여 서울 지역을 중심으로 발전하였던 北學論의 후예들은 일본·서양과 통교하고, 유교적 이념을 유지하는 가운데 서양 기술문명의 수용을 통해 부국강병을 이루자는 동도서기론, 곧 洋務論을 주장하였다. 그리고 임오군란 이후에는 북학론의 전통에서 출발하였으

---

* 연세대학교 교수, 한국사학

나 점차 이를 이탈하여 일본의 근대화 방안에 따라 적극적인 서구화, 문명화를 추구한 文明開化論도 등장하였다.[1]

청일전쟁 이후 근대개혁 논의는 더욱 활발해졌다. 청일전쟁에서 일본이 이긴 것은 일본의 적극적인 서구문명 수용에 있었다고 파악하고, 근대화, 개화를 위해서 서구문명을 적극적으로 수용해야 한다는 여론이 확산되었다.[2] 이런 분위기 속에서 '改新儒學者'가 등장하였다. 이들은 갑오개혁에서의 '更張', 곧 정치제도와 법률의 제정을 중시하면서, 유교를 기반으로 하면서도 서양 기술문명은 물론, 서양의 법률이나 정치론도 수용하여 민권을 확립하고 정치체제를 변혁해야 할 것으로 생각하였다. 이들의 개혁논리는 곧 變法論이라 할 수 있다.[3] 변법론은 1905년 국권상실 이후 제기된 계몽운동 과정에서 더욱 확산되었다.[4]

유생층의 논리는 '망국'을 전후하여 변하지 않으면 안되었다. 척사론을 대표하던 柳麟錫(1842~1915) 조차, 비록 중국 중심적 세계관에서 벗어나지는 못했지만, 서양을 세계의 일원으로 인정하고 서양의 기술문명을 수용하여야 한다고 생각할 정도였다.[5] 특히 다양하게 변화해 간 것은 변법론자들이었다. 그들은 서양문명의 수용, 식민지배와 민족,

---

1) 북학론에 근거하고 있던 집권세력의 이념적 발전과 이탈에 대해서는 김도형, 「개항 전후 실학의 변용과 근대개혁론」,『東方學志』124, 2004, 397~415쪽.
2) 金度亨, 「大韓帝國 초기 文明開化論의 전개」,『韓國史硏究』121, 2003.
3) 金度亨, 「張志淵의 變法論과 그 변화」,『韓國史硏究』109, 2000.
4) 계몽운동의 이론적 기반으로 제기된 이른바 '신구학 논쟁'도 이런 문제인식에서 비롯된 것이었다. 이에 대해서는 李光麟, 「舊韓末 新學과 舊學과의 論爭」,『韓國開化期의 諸問題』, 1980/ 1986 ; 柳永烈, 「大韓自强會의 新舊學折衷論」,『崔永禧華甲紀念論叢』, 1987 ; 김도형, 「한말근대화과정에서의 구학, 신학논쟁」,『역사비평』34, 1996 등 참조. 계몽운동 과정에서는 철저한 서구문명 수용론도 있었지만, 대개 신구학 절충론적인 입장이 많았으며, 이들의 유생층 비판은 주로 보수적 재야유생층을 대상으로 한 것이었다.
5) 金度亨,『大韓帝國期의 政治思想硏究』, 1994, 301~310쪽. 이런 인식에서 유인석은 '망국'이 개항 이후의 개화에 있다는 개화망국론을 주장하였다.

그리고 유교의 진흥과 개선 등의 과제들을 당시의 현실 속에서 재정립
하였다. 이들 가운데 일부는 식민 지배를 인정하고 유교진흥만을 추구
하기도 하였고, 혹은 유교의 개선·개혁과 종교화를 통하여 유교적 근
대화를 추구하기도 하였으며,[6] 전혀 다른 측면에서 유교를 비판하고
새로운 이념체계를 수용하기도 하였다. 본고에서는 이를 1910년대로
한정하여 검토하고자 한다.

2. 일제의 유교 정책

일제의 식민지배는 '同化主義'라는 명분 아래 이루어졌다. 하지만
일제는 '일본과 조선의 현실적 수준, 문명화의 차이'라는 이유를 들어
처음부터 민족적으로 '차별'하였다. 이런 점에서 일제의 식민정책은
'동화'를 위해 '일본의 지도계발에 의한 조선의 문명화'를 이루어야 한
다고 하였으며, 그 방안으로 산업 개발, 민풍 개선, 교육 보급 등을 내
세웠다. '富源 개발'로 산업을 발달시켜 생활상의 여유를 만드는 것이
최우선의 과제이며, 그 후에 서서히 교육을 보급하고,[7] 아울러 조선인
의 생활상 발전을 위한다는 '民風改善'을 추진하였다.

민풍개선을 위한 방안으로 일제는 구래의 제도와 慣行을 조사, 활용
하였다.[8] 舊慣調査事業은 강점 전부터 시행했던 것으로, 1910년 取調

---

6) 한말, 일제 하 유생층의 유교개혁에 대해서는 유준기,『韓國近代儒敎改革運
動史』, 1994 참조. 한편, 당시 유교의 처리 문제를 중심으로 ① 도학적 유교개
혁론(이승희, 송기식), ② 애국계몽운동가 유교개혁론(신채호, 장지연, 유인식),
③ 양명학적 유교개혁론(박은식), ④ 금문학적 유교개혁론(이병헌) 등으로 구
분하기도 한다(금장태, 「宋基植의 유교개혁사상」,『退溪學報』112, 2002 참
조).

7)『每日申報』(이하『每日』) 1911. 2. 23,「寺內總督의 演說」朝鮮開發의 方針.

8) 당시 조선을 조사하고 분석한 결과들은 櫻井義之,『朝鮮硏究文獻誌 - 明治·

局, 1912년 參事官室 등을 거쳐 1915년 5월에 中樞院으로 이관되었
다.[9] 취조국은 "행정상의 여러 시설에 자료를 제공하고 사법재판의 準
則이 될 만한 관습을 제시하며, 조선인에 적합한 법제의 기초를 확
립"[10]한다는 목적으로 조선 구래의 관습을 조사하는 일에 치중하였다.
그 첫 사업으로『大典會通』을 일문으로 번역하였고, 班族의 계통, 常
民의 생활 상태, 지방행정에 관한 구관제도 등도 조사하였다.[11] 이어
冠婚喪祭의 舊慣制度를 조사하였으며,[12] 규장각 및 강화·무주 등지
의 史庫에 보관하던 도서의 정리사업도 행하였다.[13]

이렇게 조사한 관습 가운데 식민통치에 적합한 것은 '美風'이라는
이름으로 장려되었다. 가령 경기도장관은

교육상으로는 국가적 관념을 가르치기 위해서는 구래 조선의 조상과
스승에 대한 존경심이 있으므로 이를 천황으로 연결……식산흥업 상
으로 조선인은 대개 怠惰放逸하여 赤貧하되 古來의 習慣 中에는 呂
氏의 契約과 如한 契法이 존재하여 鄕黨이 相依하여 隣保相扶하고

大正編』, 1979에 정리되어 있다. 또한 한말에 행해진 사회·문화 분야의 조사
에 대해서는 朴賢洙,「日帝의 侵略을 위한 社會文化 調査活動」,『韓國史硏
究』 30, 1980 참조.

9)『施政三十年史』, 98쪽 ;『朝鮮舊慣制度調査事業槪要』, 2~3쪽.

10)『朝鮮舊慣制度調査事業槪要』, 21~23쪽.

11)『每日』1910. 12. 8,「取調局의 現狀」; 1911. 2. 8,「取調局의 近況」. 그 후에
『경국대전』,『속대전』,『대전통편』 등도 번역하고자 하였다.

12)『每日』1911. 1. 11,「取調局의 現況」.

13)『每日』1911. 2. 11,「朝鮮의 圖書整理」; 1911. 7. 9,「取調局의 近況」; 1911.
11. 22,「取調局의 現況」. 1911년 1월부터 6월까지 행한 구관 조사는 ① 면 및
동에 관한 제도 구관 조사의 대요(완료), ② 四色 제도, 社還米 제도 및 三神,
삼국, 한사군, 고려 및 이조의 지방제도의 연혁, ③ 압록강 수리에 관한 조사,
④ 지세 기타 諸稅에 관한 제도에 대한 조사 개시, ⑤ 농민의 경제, 생활 상
태에 관한 조사, ⑥『大典會通』 역해, ⑦ 이조 역대 실록의 발췌, ⑧ 朝鮮辭
書의 편찬, ⑨ 도서의 보존 정리 등이었다(1911. 10. 14,「取調局調査狀況」).

冠婚葬祭의 契의 養牛의 契이며 禁松의 契와 戶布의 契와 기타 학교
혹은 治水로 인하여 設한 契도 有하여 내지의 신용조합과 흡사한 자
가 有하니 地方 自治의 發達上 實로 有益한 美風이라 할지라.……此
를 조장하여 부흥하면 納稅의 成績, 學校의 經營, 治水, 植林 등에도
비상한 好結果를 득할 자임을 無疑하고……14)

라고 하여, 조상 숭배, 스승 공경의 습관을 교육상에서 이용하면 천황
에 충성하는 충량한 '臣民'을 만들 수 있고, 향약이나 계를 이용하면
납세, 치수, 식림, 도로 건설 등의 산업 개발과 이웃이 서로 도우는 民
風 개선을 달성할 수 있다는 것이었다.

　일제가 지목한 '미풍양속'의 이념적 기반은 유교와 향약이었다.15)
조선후기 향약은 기존의 사회체제를 유지하기 위한 방책으로 널리 강
조되었는데, 식민정책에서도 향약의 인민통제 기능에 주목하였다. 일
제는 '民風改善'이라는 미명으로 矯風會라는 조직을 전국적으로 만들
고, 이를 통해 부모에 대한 효도, 향촌사회에서의 상부상조와 동심협
력, 근검절약과 저축 사상, 충군애국심, 시간 절약 정신, 납세의무 등을
고취시키고자 하였다.16) 이 교풍회의 규약은 "신법이 아니고 고대의

---

14) 『每日』 1912. 1. 6, 「朝鮮의 美風良俗」 檜垣京畿道長官談.
15) 이에 대해서는 李明花, 「朝鮮總督府의 儒敎政策(1910~1920년대)」, 『한국독
　　립운동사연구』 7, 1993 ; 김정인, 「일제 강점기 향교의 변동 추이」, 『한국민족
　　운동사연구』 47, 2006 등 참조. 물론 經學院 등을 통한 일제의 유교 정책으로
　　당시의 양반, 유림집단이 모두 '친일화'한 것으로만 볼 수 없는 측면도 있음이
　　지적되고 있다. 그들이 내세웠던 '유교 진흥'과 '동양 고유문화 유지'라는 슬
　　로건이 총독부의 정책과 꼭 일치하는 것도 아니고, 또한 일제에 협력한 단순
　　한 친일세력이라기 보다는 그들의 능동적 선택도 있었고, 또 지방에서는 자
　　신들의 사회적 위치를 保持하기 위한 활동도 하였다고 한다(류미나, 「식민지
　　권력에의 '협력'과 좌절 - 經學院과 향교 및 문명과의 관계를 중심으로 - 」,
　　『韓國文化』 36, 2005 참조).
16) 『每日』 1911. 7. 26, 「馬山의 矯風會」 ; 1913. 2. 26, 「馬山의 矯風會」.

鄉約"이었고, 특히 "구래의 미속이었던 過失相規"를 강조하였다.[17]

유교적 덕목은 교육 부분에서도 강조되었다. "신교육의 보급에 급급하여 조선 재래의 문학을 무시하는 것은 불능하며, 특히 교육 방침의 근본 뜻에 있는 수신제가를 위해서는 孔孟의 敎를 기초로 해야 한다"고 하였다.[18] 특히 보통학교 교육을 풍속미화의 일환으로 규정하고 향교 재산을 전용하기도 하였다.[19]

유교를 강조하고 이를 식민정책에 이용하기 위한 기관으로 경학원이 설치되었다. 경학원은 조선 구래로부터 내려오던 "儒林을 尊하고 碩學을 重할 美風을 推奬"하여 "弊風을 교정하고 良俗을 조장하여 일반 교화의 裨補를 노력"하기 위해 天皇이 준 25만 원을 기금으로 하였다. 유교를 권장하여 폐풍을 교정할 수 있다고 지적한 것은 공맹의 도가 바로 인의충효를 위주로 實踐躬行하는 것이기 때문이었다. 따라서 "금일 부패한 민족정신과 파괴된 윤기의 부흥에도 또한 斯道를 捨하고 다른 道가 다시 없을 것"이라고 하였던 것이다.[20]

경학원은 이를 위해 전국적인 조직을 정비하고, 13도에 강사 각 1인을 두어 춘추에 한 차례씩 도내를 순시하면서 지방 유생들을 교육하였고, 또 매월 한 차례씩 유생, 유지들에게 유교 경전을 강연하도록 하였다. "良風을 助長하며 弊習을 矯正하여 文化의 進運"을 도모한다는 것이었는데, 이는 물론 총독부의 '新政'을 선전하는 것이었다. 그들은 이를 '문명의 導線'이라고 하였다.[21]

---

17)『每日』1912. 5. 3,「西湖津矯風規約」; 1913. 2. 2,「過失相規의 쇠폐」.

18)『每日』1913. 7. 22,「寺內總督談」敎育方針.

19) 김정인, 앞의 글, 2006, 93~96쪽.

20)『每日』1911. 8. 2,「經學院에 對한 訓令」; 1911. 8. 1,「經學院과 總督」경학원 설립 시의 총독 훈령.

21)『每日』1912. 3. 29,「經學院과 總督訓示」; 1916. 6. 8,「經學院의 講演會」; 1914. 8. 28,「經學院의 事業」; 1913. 10. 9,「經學院 巡講」.

1920년대 이후, 이런 사업들은 중추원에서 관장하였다. 또 총독부의 정기간행물이었던『朝鮮彙報』나『朝鮮』에서도 고적, 계, 재산권과 관련된 문헌, 혼인에 관한 습속, 향약, 부락, 친족관계, 무속, 유교와 관련된 것 등을 조사하였다.[22] 이 조사를 통해 얻어진 내용들은 주로 조선의 독립불능론을 증명하는 자료로 활용되었는데, 많은 경우에 이를 '유교 폐단'과 연결시켰다.

3. 식민체제 하의 儒敎振興論
―張志淵의 범아세아주의와 儒敎

1) 식민지배에 대한 긍정과 아시아주의

대한제국의 개혁사업과 더불어 본격적으로 대두된 변법론의 대표적인 논자였던 장지연(1864~1920)은 계몽운동에 참여하여 '자강운동론'을 논리적으로 정립한 사람이었다.[23] 그러나 그는 일제 강점 후 自嘲와 무기력, 좌절감 속에서 점차 일제의 식민지배를 인정하게 되었다. 그는 사회진화론을 극복하지 못하고 弱者・劣者인 조선이 식민지화된 것을 필연적인 것으로 보고, 일본의 지배와 지도를 통해 문명화를 실현할 수 있다고 보았다.

그는 먼저 강자인 일본을 "동양의 독일"이라고 부르는 것에 동의하

---

22) 이 가운데서도 조선총독부 사무관 富永文一은 향약을 자치의 맹아라고 하여 이에 대한 집중적인 조사, 검토를 행하였다(『朝鮮』75,78,79호, 1921). 이것은 곧 1923년에 내무부 내무국에서『往時의 朝鮮에 있어서 自治의 萌芽 鄕約의 一班』(후에 조선총독부 학무국 사회과, 사회교화자료 1.『조선의 향약』, 1932)으로 간행되었다. 1920년대 초에 총독부에서 지방자치를 내세웠던 것과 무관하지 않다.

23) 金度亨,「張志淵의 變法論과 그 변화」,『韓國史硏究』121, 2000, 82~97쪽.

면서,

> 東洋之先覺은 則 日本이 是也라. 早於四五十年之前에 能感覺西洋
> 新學之爲實利實用하고 高明之士가 能遠遊歐美諸國하여 留學修業에
> 實地見習於各工器之廠하여 以得其精妙之術 而硏之又硏하다가 歸國
> 後에는 設立工場하고 實際試驗而發用焉일새 所以로 日本之器械工業
> 이 盡得西洋之妙 而逐築富强之基礎하여 以致今日之隆盛者矢라.[24]

라고 하여, 일본이 서양의 新學, 특히 군사기술, 무기 등을 적극적으로
수용하여 짧은 시간에 문명화를 달성하여 서양과 어깨를 나란히 하면
서 아시아를 제패할 수 있었다고 보았다.

따라서 '야만' 상태의 조선은 일본에 의한 문명화를 이루어야 할 것
으로 보았다. 조선은 小中華로 자부하면서 쇄국과 自固의 습성을 가지
게 되었고, 명치유신 초기 일본의 교린 수호 使節도 거절하고, 좋은 뜻
으로 온 구미 제국의 군함, 상선도 배척하여, 결국 하늘에서 준 좋은
시기를 잃어버려 野昧의 습관에서 벗어나지 못하고 自棄의 지경에 이
르렀다고 보았다.[25] 그리하여 장지연은 일본의 식민정책을 긍정적으로
보았고, 이를 문명화의 기회로 여겼다. 장지연은 1915년 총독부의 '施
政5주년'을 기념하는 物産共進會를 "조선총독부 시정5개년 사이에 革
舊刷新하여 쓸모 없는 것을 없애고 농공실업을 장려하여 진보한 성적
을 모두 수집하여 진열한 것"이라고 평가하고,[26] 이와 같은 "개량 진보
가 놀랍고 不可思知한 것"은 모두 식민당국의 산업정책 및 지도와 장
려에 의한 것이라고 강조하였다.[27]

---

24) 『每日』 1915. 4. 21, 「漫筆瑣語(17) - 新舊學(己)」(『張志淵全書』(이하 『全書』)
    8, 83쪽).
25) 『每日』 1915. 4. 22, 「漫筆瑣語(18) - 新舊學(庚)」(『全書』 8, 84~85쪽).
26) 『每日』 1915. 9. 9, 「漫筆瑣語(90) - 共進會觀覽者觀(3)」(『全書』 8, 188쪽).

이런 경향은 1917년 이후에 더욱 강해졌다. 그는 1916년 12월에 총독으로 새로 부임한 長谷川好道를 환영하는 시를 썼고, 1917년 6월에는 순종의 일본 방문을 "內鮮人民이 尤重親睦之誼하여 解除屏障하고 一體無間矣"라고 하면서 '萬萬歲를 외치며 환송'하였고, "日鮮融化의 曙光이 빛나리라"는 시를 짓기도 하였다.28)

1차 세계대전을 거치면서 장지연은 세계적으로 인종전쟁이 격화될 것으로 보았다. 그는 경쟁·대립의 형태가 국가 단위보다 한 단계 높은 '民族'으로 전화하였다고 보고, 당시를 '民族主義의 時代'라고 규정하였다. 사회 및 정신생활에서 국가의 경계를 넘으려는 현상을 '民族主義'라고 하면서, 1차 대전은 범게르만족과 범슬라브족의 대립이라고 보았으며,29) 이 대립은 1차 대전 이후에 더 큰 문제가 될 것으로 예견하였다. 전쟁의 결과 독일이 패하더라도 제2, 제3의 독일이 속출할 것이고, 또 무기가 더욱 발달한 무력시대가 도래하여 軍國主義가 진보되는 동시에 拓土主義가 치열하게 전개될 것이며, 결국 이 침략은 東洋을 향하게 되어 황인종과 백인종 사이의 人種戰爭이 일어날 것이라 하였던 것이다.30)

---

27) 嵩陽山人, 「産業開發之急務(1)」, 『每日』 1915. 11. 4 ; 『每日』 1915. 12. 15, 사설 「産業開發之急務(22)」. 연재 1회에서는 장지연의 이름이 보이는데, 2회 이후에는 신문의 사설로 계속되었다.

28) 『每日』 1916. 12. 10, 「歡迎長谷川總督」 ; 1917. 6. 8, 「奉送李王殿下東上」 ; 1918. 1. 1, 「大正六年詩史」.

29) 韋庵, 「時事小言(1~2)」, 『每日』 1916. 5. 30~31 ; 『每日』 1915. 6. 30, 「漫筆瑣語(67) - 歐洲戰亂의 起因(5)」(『全書』 8, 155~156쪽) ; 『韋庵文稿』 권10, 「歐洲戰爭起因(下)」, 438~440쪽).

30) 韋庵, 「時事小言(7~8)」, 『每日』 1916. 6. 7~8 ; 『每日』 1915. 7. 3, 「漫筆瑣語(70) - 歐洲戰亂의 起因(7)」(『全書』 8, 160쪽) ; 『韋庵文稿』 권10, 「歐洲戰爭起因(下)」, 441~443쪽) ; 『每日』 1918. 3. 19, 「黃白人種戰」(『全書』 8, 647~648쪽).

그리하여 장지연은 서양의 동양침략으로 야기될 인종전쟁에 대비한 '범아세아몬로주의'를 제창하였다.

> 미국의 몬로주의처럼 아시아 몬로주의를 채용함이 금일 동양의 유일 무이한 최상책 방법……아시아 전체를 연합하여 통일을 행하는 것은 불가능하고, 지리상, 종족상 同洲同種의 민족이 된 것들이 민족주의를 채용하여 일대 범아세아주의를 발달하게 노력할 것. 이것이 범아세아 몬로주의이다.[31]

라고 하여, 곧 아시아가 민족주의를 확립하여 自强自衛를 게을리 하지 않은 연후에 동양의 영구한 평화와 현재의 영토를 보전할 수 있다고 하였다.[32]

장지연의 범아세아몬로주의는 사실상 일본이 침략이데올로기로 주장하던 아시아주의와 동양평화론을 그대로 수용한 것이었다. 합방 전, 그가 가졌던 동양삼국제휴론, 동양평화론은 통감지배체제 하에서 이미 일본의 지도에 의해 문명화를 달성하자는 근대주의 노선으로 왜곡되기 시작하였는데, 일제 강점 후에는 더욱 그러했던 것이다. 일본에 의한 조선의 식민지화가 일차적으로 일본과 조선을 합친 것이므로, 이제는 조선을 포함한 일본과 중국이 연합해야 한다는 논리로 변모하였던 것이다.

2) 東道西器論 입장의 儒教振興論

장지연은 '합방' 전부터 유교 개혁을 통한 근대화를 구상하였다. 그는 당시 서양의 신학문을 적극적으로 수용하지 못하는, 즉 시세의 변

---

31) 韋庵, 「時事小言(6)」, 『每日』 1916. 6. 4 ; 「時事小言(8)」, 『每日』 1916. 6. 8.
32) 위와 같음.

화에 올바르게 적응하지 못하는 유교를 비판하였다. 그는 당시 국권상
실의 원인이 '華夏主義' 숭상으로 인해 발생한 依賴, 萎靡, 柔弱, 賴怠
등의 습관과 구학을 공부하는 讀書人(儒士)이나 산림학자와 같이 '놀
고 먹으면서 재물을 소모하는 자'들 때문이라고 파악하고,[33] 이런 유
학자의 잘못은 그들이 유교의 본뜻, 특히 '隨時變通'의 뜻을 이해하지
못했기 때문이라 생각하였다. 그는 변통을 행하지 않는 당시 유교의
잘못을 지적하고 박은식 등과 함께 1909년 9월 大同敎를 조직하여 유
교를 근대적인 종교로 만들려고 하였다.

그러나 1910년대의 장지연은 일제의 식민지배를 용인하고, 일본의
지배와 지도 하에 문명화를 인정하였다. 그는 총독부가 추진하던 산업
발전, 생활 개선, 민족성 개선 등에 동조하였고, 특히 동도서기론에 따
라 유교 진흥과 신학 수용을 주장하게 되었다. 그는 윤리를 무시하고
문명개화를 추구한 신진 세력과,[34] 또 서양학문 수용에 소홀한 '잘못
된 유학자'도 비판하였다.

장지연은 유교를 '변통의 학문'이라고 정의하였다. 유교는 "隨時變
通의 학문이며, 需世利用의 학문"이라는 것이었다.[35] 즉 세상을 다스
리고 나라를 경영하는 학문인 유교는 시대의 변화에 따라 변통하여 인
간 세상에 활용되었다는 것이다. 물론 변통을 실천한다고 하더라도 유
교의 五倫은 절대로 변할 수 없는 것이었다. 이것은 四時가 변할 수
없는 것과 마찬가지로 宇宙와 萬古를 통하여 절대로 변할 수 없는 진
리였다.[36]

이런 차원에서 장지연도 舊學과 新學을 구분하고, 구학을 근본으로

---

33) 張志淵, 「自强主義」, 『大韓自强會月報』 3, 1906, 5쪽 ; 「國家貧弱之故(續)」,
    『大韓自强會月報』 7, 1907, 5~8쪽.
34) 『每日』 1914. 12. 27, 「古齋漫筆 - 如是觀(5)」(『全書』 8, 15~16쪽).
35) 『每日』 1914. 12. 26, 「古齋漫筆 - 如是觀(4)」(『全書』 8, 15쪽).
36) 『每日』 1915. 2. 10, 「古齋漫筆 - 如是觀(32)」(『全書』 8, 51~52쪽).

한 신학 수용의 필요성을 주장하였다. 먼저 그는 이전 동양의 문명, 개화, 진보를 이끌었던 哲學·理學·文學·政治學 등이 舊學이고, 현재 서양의 문명화를 이룩한 근대 과학인 理化·工藝·鑛務·農商·機器 등을 新學이라고 하면서,[37] 서양에서는 '실용의 학'을 講究하여 문명화, 부강화를 달성하였다고 보았다.[38] 이에 비해 동양에서는 학문을 하는 선비들이 유교의 근본 원리인 變通을 알지 못해 쇠퇴하게 되었다고 파악하였는데, 이런 迂儒, 腐儒, 俗士들이 시대의 변화를 모르고 枯談과 空論에 흘러 서양의 신학문을 배척하였기 때문이라고 비판하였다.[39]

그리하여 장지연은 시세의 변화에 따라 구학을 진흥하고 동시에 서양의 기술문명을 수용할 것을 주장하였다. 그는

政治之術은 不可但以工商으로 爲富强之根本이오 倫理道德과 文學 法律이 實爲文明之基礎 則五千年 東洋 學術이 雖云 腐弊極矣나 然이나 苟能振興而改善하여 以適合乎時世 則乃政治之大關 而不可廢者也라.[40]

---

37) 『每日』1915. 4. 13,「漫筆瑣語(12) - 新舊學(甲)」(『全書』8, 77쪽 ;『韋庵文稿』권7,「覇窓手錄13條」, 289쪽). 장지연은 서양학문을 "동식물, 지질, 金石, 機器, 電學……格致學 此外에 정치, 법률, 천문, 지리, 역사, 언어, 문자, 교육학 등의 과정이나 然이나 그 대요는 工技, 機械, 광물, 농공상 실업의 학문에 불과"하다고 하여, 서양의 정치, 법률학 등에 대해서는 호의적이지 않았으며, 실제의 산업이 발전될 수 있었던 힘은 '증기기관'과 '전기'라고 파악하였다 (「新舊學(丙~戊)」, 80~83쪽).
38) 『每日』1915. 4. 13,「漫筆瑣語(12) - 新舊學(甲)」(『全書』8, 77~78쪽 ;『韋庵文稿』권7,「覇窓手錄13條」, 289~290쪽).
39) 『每日』1915. 5. 20,「漫筆瑣語(41) - 疑義請質(3)」(『全書』8, 115~116쪽 ;『韋庵文稿』권5,「辨高橋亨講演」, 220쪽).
40) 『每日』1915. 4. 14,「漫筆瑣語(13) - 新舊學(乙)」(『全書』8, 79쪽).

라고 하여, 윤리·도덕·문학·법률 등의 구학을 개선하고 진흥하면서 아울러 工商을 발달시켜 부강을 이루어야 한다고 하였으며, 이것을 "정치의 대원칙"이라고 하였다.

이런 점에서 장지연은 총독부가 식민지배의 방략으로 내세운 '유교 진흥'에 매우 호의적이었다. 즉 "新政 施設 이래 특히 儒生界를 위하여 옛 제도에 따라 成均館을 두고 官員과 講士를 증설하여 국가의 재정을 들여 儒風을 발달케 하니, 當局者의 獎學興儒의 盛함이 지극하다고 말할 수 있다"고 하였던 것이다.[41] 그리하여 장지연은 말년에 진정한 유학을 실현한 유자들을 소개하고, 이들의 역사를 정리하였다. 『逸士遺事』와 『朝鮮儒敎淵源』을 역시 『每日申報』에 연재하고, 이를 후에 책으로 간행하였다.

특히 『朝鮮儒敎淵源』을 연재하면서도 조선의 衰微는 유교 자체 때문이 아니라 진정한 유교(眞儒)를 펴지 못했기 때문이며, 특히 붕당으로 정치가 점차 변하면서 仮儒들이 임금을 속이고 염치를 알지 못하게 한 것에서 기인한다고 다시 강조하였다.[42]

이와 같이 장지연은 유교 윤리를 근본으로 하고, 부강을 위해서는 구학을 개선, 진흥하고, 더불어 신학문, 곧 기술문명을 수용하여 문명화를 이루자고 하였다. 장지연의 유교(=구학)진흥론은 식민지배라는 현실 속에서 민족문제를 외면하고 그가 찾을 수 있었던 유일한 돌파구였을 것이다.

---

41) 『每日』 1914. 12. 26, 「古齋漫筆 - 如是觀(4)」(『全書』 8, 15쪽).
42) 『每日』 1917. 12. 12 ; 『朝鮮儒敎淵源』, 「儒敎者辨」, 193쪽(『韋庵文稿』 권5, 「儒敎辨」, 217쪽).

4. 유교 개혁과 종교화 – 寒洲學派 후예의 孔敎運動

유교를 근대적 종교로 개편하여 신앙 체계를 세운 후, 이를 바탕으로 근대개혁을 추구하려던 경향은 계몽운동 당시에 이미 제기되었다. 박은식·장지연 등의 大同敎가 그러하였다. 1910년대에는 청국의 변법자강운동을 주도했던 康有爲의 영향으로 공교운동이 일어났다. 유교의 종교화운동은 영남지역 출신, 특히 寒洲 李震相 학파의 후예들,[43] 이진상의 아들 李承熙와 한주학파의 宗匠 郭鍾錫의 제자 李炳憲 등에 의해 추진되었다.

1) 李承熙의 孔敎運動과 大同社會論

이승희(1847~1917)는 이진상의 철저한 主理論, 心卽理 사상을 家學으로 계승하였다. 한주학파의 유자들도 기본적으로는 재야 유생으로 척사운동에 동참하기도 하였지만, 1890년대 이후에는 주로 외교적인 방안을 모색하고, 이를 바탕으로 점차 계몽운동에 동참하는 모습을 보였다.[44] 이승희는 1907년 헤이그에서 열린 만국평화회의에 서한을 보내기도 하였고, 또 성주의 국채보상운동을 지도하였다. 이진상의 제자

---

43) 李完栽, 「韓末 嶺南지역의 儒敎改革運動」, 『韓末 嶺南 儒學界의 동향』, 1998. 그 외 같은 책에 실린 金鍾錫, 「韓末 嶺南 儒學者들의 新學 수용 자세」; 申龜鉉, 「韓末 嶺南 儒學界의 유교 宗敎化 운동」 등도 참조됨. 공교운동과 직접 관련은 없으나 영남지역 유생들은 많은 유교개혁론을 제기하였다. 안동지역의 유생 宋基植(1878~1949)도 「儒敎維新論」을 통하여 유교를 개혁하는 것이 유교를 부흥하고, 대동을 실현할 기회라고 하고, 倫常과 같은 도덕적 규범은 그대로 두고 예식, 처사 등은 개혁하여 근대적 종교로 개편하자고 하였다. 이에 대해서는 이완재, 위의 글, 390~398쪽 ; 금장태, 「宋基植의 유교개혁사상」, 『退溪學報』 112, 2002 참조.
44) 金度亨, 「寒洲學派의 形成과 現實認識」, 『大東文化硏究』 38, 2001 ; 權大雄, 「韓末 寒洲學派의 啓蒙運動」, 같은 책, 2001.

들은 성주와 인근 고령 지역의 교육운동과 대한협회 지회 등에서 중심
적으로 활동하였다.

이후 이승희는 만주로 망명하였다. 그는 한인들의 공동체를 조직하
고 이를 독립운동기지로 만들기 위해 노력하였다. 1909년, 그는 이상설
등과 함께 중국 길림성 密山府에 한인들의 정착촌으로 韓興洞을 개척
하였다. 한흥동 기지 건설이 난관에 부딪치자 그는 다시 봉천성 안동
으로 옮겨 德興堡를 개척하였다.

이승희가 황무지를 개간하고자 한 것은 물론 독립운동기지 건설의
차원이기도 하였지만, 다른 한편으로는 유교적 이상촌을 조성하기 위
한 것이기도 하였다.

> 東三省에서 황무지를 개간하는 것은 천하 田制의 모범이 될 수 있으
> 므로 처음부터 마땅히 힘써 행해야 한다. 매호 5日耕의 토지를 永業田
> 으로 하고, 더 넓은 땅이 있으면 점차 더 많이 개간하도록 한다. 10호
> 를 1閭로 하고, 10여를 1社로 하여 우두머리를 두어 통제하고 敎習을
> 관장하도록 한다. 여장에게 1여 10호의 役을 합하여 5일경의 토지를
> 개간 경작하도록 하고, 이를 公田으로 하며, 거기서 거둔 곡식을 1閭의
> 公稅로 한다. 더 넓은 토지를 개간하는 자는 별도의 장부를 만들고 그
> 사람으로 하여금 1/10을 스스로 납부하도록 하고, 社長이 통괄하여 모
> 은다. 이렇게 하면 안으로는 三代의 井田制의 이상을 실현할 수 있고,
> 밖으로는 근세 軍團의 모양을 이룰 수 있다. 살면서는 서로 돕고, 나가
> 서는 서로 구하니, 이로써 교화를 진흥하고 군대를 단결할 수 있다. 이
> 는 聖王이 정치를 세우는 기초가 될 것이다.[45]

이승희는 유자들이 현실개혁의 이상으로 생각했던 삼대의 정전제를
시행할 수 있을 것으로 예상하였고,[46] 이를 통해 兵農一致 차원에서

---

45) 「東三省時務私議」, 『韓溪遺稿』 6, 280쪽.

군대 양성과 주민 교육까지 연결하여 구상하였다. 유교적 차원의 사회 조직을 구성하고 이를 독립운동으로 연결시키려 하였던 것이다.

개척된 새로운 마을에 이주해 온 조선동포의 정신적 결속은 종교적 차원에서 해결될 수 있었다. 이승희는 康有爲가 추진하고 있던 孔敎運動을 받아들였다. 그는 1913년에 東三省韓人孔敎會 지부를 조직하였다.[47] 그런데 그의 공교운동은 강유위의 논리를 단순하게 따른 것이 아니라 자신의 독창적인 내용을 따로 마련한 것이었다.

이승희는 孔敎를 '萬世中正之敎'라고 규정하였다. 중국의 禮樂刑政, 農工兵商이 모두 유교에서 발전할 수 있었는데, 후세에 시운이 쇠퇴하고 천하의 풍조가 바뀌어서 공자의 敎가 세상에서 행해지지 않게 되었다고 보았다. 따라서 한인들끼리 중국에서 시작된 공교의 지회를 설치하여 공교의 교육을 행하여 중화의 인생이 되는 것이 좋다고 하였다.

이승희는 그 취지서에서 10개의 절목을 정하였다. 즉 입회하기 위해서는 유교의 인륜, 도덕과 행동 규범을 위반하지 않아야 하며, 또한 공자의 가르침에 위배되지 않는 것은 후세의 것이라도 그대로 통용하고, 강상의 도리나 민생에 위배되는 것은 확고하게 거절해야 한다고 하였다.[48] 그리고 그는 「孔敎進行論」, 「孔祀冠服說」을 저술하여 공교회의 종교의례를 정하는 데 기여하였으며, 「孔敎教科論」, 「學制規則」, 「學案規則」, 「學科規則」 등을 저술하여 공교의 교육을 강화하고자 하였

---

46) 유교적인 토지제도를 바탕으로 이를 당시의 사회 과제와 결합하여 개혁을 구상하였던 것은 당시 대부분의 유자들이 그러하였다. 이승희는 이미 관료의 품계, 신분제에 따라 소유의 차등을 두는 限田制를 주장하여 당시의 농업문제를 해결하고자 하였다(金度亨, 앞의 글, 2001, 368~369쪽). 당시 유자의 토지개혁론과 근대개혁론의 문제는 金度亨, 「개항 전후 儒者의 '三代' 인식과 近代改革論」, 『한국중세의 정치사상과 周禮』, 2005 참조.

47) 김기승, 「한계 이승희의 독립운동과 대동사회 건설 구상」, 『한국민족운동사연구』 50, 2007.

48) 『韓溪遺稿』 6, 「東三省韓人孔敎會趣旨書」, 263~264쪽.

다.

이런 차원에서 이승희는 서양의 공화주의를 추구했던 신해혁명을 비판하였다. 이승희는 '공화'를 이상적인 정치제도로 보았지만, 그 공화는 중국 고대 요순의 정치와 같은 것이었다.[49] 곧 공자의 대동설을 공화주의로 보고, 서양의 공화제는 반대하였다. 그러면서 이승희는 제국주의가 지배하는 당시의 국제질서도 비판하고, 모든 국가들이 신의로 공존하는 방안으로 '萬國大同議院'이라는 조직을 제안하였다.[50] 萬國의 理學政治家, 名士를 그 나라의 백성의 수에 비례하여 선출하고, 각 나라 議會의 규례를 조화시켜 萬國公法과 규칙을 정하여 천하 만국이 이를 행하도록 한다는 것이었다. 그는 이로써 萬國이 人義之域에 들 수 있고, 태평만세를 이룰 것으로 예견하였다. 국제질서도 '대동'의 원칙 하에 새로워져야 한다는 것이었다.

이승희의 공교운동은 유교의 綱常倫理가 완벽하게 구현되는 대동사회를 만들기 위한 것이었다. 이는 유교를 혁신적인 차원에서 개혁하려는 것이 아니라 당시의 시대적 상황에서 유교를 개선하고, 동시에 서구 학문 수용을 통하여 이를 재구성하고자 한 것이었다. 윤리도덕을 가르치는 공교와 과학기술을 가르치는 신식 학문이 다르지만, 본말을 혼동하지 않는 가운데 이를 조화시키려 하였던 것이다.[51]

2) 이병헌의 유교 개혁과 공교운동

이병헌(1870~1940)은 곽종석의 문하에서 전통적인 주자학을 수학하였다.[52] 그러다가 1906년 경에 세계 변화를 인식하고 서양철학 등에

---

49) 유교적 입장에서 서양의 근대정치체제를 구분, 이해할 때 흔히 공화=唐虞, 입헌=三代, 전제=진한 이후 등으로 파악하였다.

50) 『大溪先生文集』 續권5, 「萬國大同議院私議」.

51) 『韓溪遺稿』 6, 「孔敎進行論」, 142쪽.

36

관한 서적을 공부하게 되었다. 그러면서 향리의 民議會에 참여하기도
하였고, 나라를 구하기 위해서는 교육이 필요하다고 판단하고 서당에
義塾을 설립하였다. 그 후 1914년(45세)에 처음으로 중국을 여행하면서
곡부에서 공교회를 알게 되고, 또 이승희를 만나 공교회에 대한 설명
을 들은 후, 공교운동에 참여하였다. 이후 5차례 중국을 방문하여 康有
爲의 지도를 받았다. 그 후 1922년 유교 개혁을 실천하기 위해 경남 단
성에 공교회 한국지부 격으로 培山書堂과 道東祠를 건립하였으며, 「歷
史敎理錯綜談」을 저술하였다. 1923년에는 중국에서 孔子像과 배산서
당 낙성축사를 가지고 돌아와 공자상을 봉안하였다.

그는 유교의 우월성을 확신하고 있었다. 서구에서는 종교와 철학이
眞如와 미신으로 구별되지만, 동방에서는 유교(종교)가 迷信을 초월하
므로 종교와 철학은 合一한 것으로 보았다. 그리고 20세기 이후 哲理
가 날로 밝아지고 미신이 날로 엷어져 각국의 종교는 반드시 철학과
합일하게 될 것이라고 보면서, 孔敎는 전세계 大同의 교가 될 것이고,
공자는 지구상의 유일무이한 종교가이고, 종교와 철학을 합일시킨 종
교가라고 하였다. 종교와 철학을 합일시킨 유교, 곧 공자교 만이 세계
를 통합할 수 있는 종교라는 것이었다.

그러나 그는 당시의 사회문제를 해결하기 위해서는 유교를 새롭게
개혁해야 한다고 생각하였다. "주자의 설을 따르고 존화양이(즉 媚中
排外)를 지켜 專制, 獨制의 견해를 지니게 되어 천하의 공리가 어그러
지고, 세계의 대세에 거역하여 先聖의 本旨에 어긋나서……우리 조선
의 國性이 全滅"하게 되었다고 보았던 것이다.53) 즉 주자학의 존화양
이 사상으로 인하여 우리 민족성까지 없어지게 되었다는 것이다. 따라

<hr />

52) 劉準基, 「眞菴 李炳憲의 儒敎改革論」, 『韓國史研究』 47, 1984 ; 李完栽, 앞의
글, 1998.
53) 『眞菴文集』 권27, 『山房叢書』 「泣告朝鮮十三道儒林紳士同胞」.

서 그는 유교를 공자 본래의 정신으로 '復原'해야 하고, 이를 근대적 종교로 정비하여 신앙해야 한다고 주장하였다. 이런 차원에서 그는 「儒敎復原論」을 저술하였다.

그는 공자교를 구래의 유교에 비해서는 '신파'라고 보았다. 구래의 유교는 '향교식 유교'이고 공자를 비종교가로 보지만, 공자교는 '교회식 유교'이며 공자를 종교가로 본다고 생각하였다. 즉 공자교는 종교개혁적인 차원에서 정립되었다는 것이었다. 이런 점에서 그는 서양 종교에 비해 유교가 부족한 점을 비교하면서, 공자가 '天下를 轍環'하던 바와 같은 적극적인 포교가 필요하다고 하였다. 이런 점에서 그는 전통적인 주자학자로부터 비난의 대상이 되었다.

그는 새롭게 개혁된 공자교가 당시 사회문제를 해결할 수 있는 길잡이가 될 것으로 확신하였다. 그는 1차 세계대전 후, 정의·인도가 온 세상에서 진리처럼 퍼져 있고, 또 국제연맹이나 러시아의 노농주의가 이를 이끌고 있지만 이것으로는 당시 세계 문제를 해결할 수 없을 것이라 지적하고, 당시처럼 강권에서 정의로 이행하는 과도기에는 반드시 先聖의 태평, 大同의 교화가 있어야 한다고 주장하였다.[54]

한주학파 계열의 공교운동은 康有爲와의 일정한 관련 속에서 전개되었지만, 강유위의 종교론을 그대로 따른 것은 아니었다. 양국이 처한 민족문제의 구조와 방안이 달랐기 때문이었다. 이승희, 이병헌의 공교운동은 유교 문화에 대한 정통성, 우월성에 근거하고 있었지만, 이는 구래의 주자학적인 논리로는 당시 사회문제를 해결할 수 없다는 판단에서 제기된 것이었다. 유교를 새로운 차원에서 개혁(곧 종래 공자로의 복원)함으로써 이승희는 이를 만주지역 한인사회의 정체성 확립과 공

54) 『眞菴文集』 권26, 『白雲山房叢書』 「歷史敎理錯綜談」.

동체적 유대를 위한 도구로, 이병헌은 1차 대전 이후 사회 변화의 원리로 제공하고자 하였다. 이런 점에서 이들의 공교운동은 총독부 등에서 거론하는 유교진흥과는 달리 민족적 측면도 내포하고 있었다.[55]

5. 유교적 근대개혁론과 國粹保全論

1) 제국주의 비판과 유교

망국을 겪으면서 계몽운동에 참여하였던 변법론자들은 새로운 변화를 모색하였다. 그들은 계몽운동에서 사회진화론에 입각하여 교육·식산흥업을 통한 '自强'을 위해 노력하였고, 또한 그 일환으로 역사를 강조하고 애국심을 고취하였으며, 민족을 구할 영웅의 출현을 기대하였다. 그러나 식민지화에 직면하게 되자 그들은 실력양성과 강자를 지향하던 계몽운동론의 한계를 인식하게 되었다. 점차 그들은 제국주의의 强權性을 지적하고 평등주의를 지향하였으며, 영웅주의적 역사관을 탈피하면서 국민, 민중을 역사의 주체로 정립하고 공화주의를 수용하기 시작하였다.[56] 또한 國魂과 國粹 등으로 표현된 민족정신이 더욱 중시되었으며, 이런 변화 속에서 유교 정신이 강조되기도 하고, 혹은 비판의 대상이 되기도 하였다.

---

55) 이병헌은 친일적 유교단체인 大東斯文會에 관여된 것으로 기록되어 있다. 이런 이유에서 그는 1920년 상해에서 독립운동가로부터 추궁을 받고 임시정부 경무국에서 조사를 받았으나 사실이 아님이 확인되었다고 한다(유준기, 앞의 책, 130쪽).

56) 金度亨, 『大韓帝國期의 政治思想 硏究』 제6장, 1994 ; 金度亨, 「1910년대 朴殷植의 사상 변화와 歷史認識」, 『東方學志』 114, 2001 ; 배경한, 「중국 망명 시기(1910~1925) 박은식의 언론활동과 중국 인식」, 『東方學志』 121, 2003(『쑨원과 한국』 6장 「박은식의 중국인식과 쑨원 이해」, 2007 재수록) 참조.

먼저, 유교의 핵심논리인 仁義·道德은 당시 제국주의의 침략성, 강권성을 비판하는 논리가 될 수 있었다. 당시를 국가경쟁, 민족경쟁의 시대로 규정하였던 박은식은 강자의 탐욕과 불법, 악행이 모두 사회진화론에 따라 정당화되고 있다고 파악하고, 나라를 잃은 약자의 입장에서 제국주의의 침략을 국가 사이의 평등문제로 접근하였다. 곧 국가 사이의 경쟁이 '智力時代'의 결과이지만, 그 이전에 仁義가 통하는 '道德時代'가 있었다는 사실을 거론하였고,[57] 동시에 제국주의를 극복할 논리로 平等主義를 주장하였던 것이다. 그는

> 所謂 二十世紀에 滅國滅種으로 公例를 삼는 帝國主義를 征服ㅎ고 世界人權의 平等主義를 實行ㅎ는디 우리 大東民族이 先倡者가 되고 主盟者가 되야 太平의 幸福을 世界에 均施ㅎ얏스면 無量한 恩澤이오 無上한 榮光이로소이다.……達爾文(다윈)이 强權論을 倡흠으로부터 所謂 帝國主義가 世界에 獨一無二혼 旗幟가 되야 國을 滅ㅎ고 種을 滅흠으로써 當然흔 公例를 삼아 競爭의 禍가 益益 慘劇흠이 極度에 達ㅎ얏슨즉 進化의 常例로 推ㅎ건디 平等主義의 復活홀 時期가 不遠혼지라. 然則 今日은 强權主義와 平等主義가 交換ㅎ는 際會이니…… 將來에 平等主義의 旗幟를 高揚ㅎ고 世界를 號令홀 者가 우리 大東民族이 아니오 其誰리오.[58]

라고 하여, 강권주의와 평등주의가 동시에 존재하고 있지만, 앞으로는 평등주의가 도래할 것이고, 평등주의는 우리 大東民族이 선도해야 한다고 하였다.

57) 『渤海太祖建國誌』, 「緖論」, 1~2쪽.
58) 『夢拜金太祖』(『朴殷植全書』中)의 尹世復의 序에서도 "그는 자신이 가진 平等主義로 현 세계의 패권을 獨佔한 强權主義者에게 挑戰코자 함에 그 정신을 기울여 이르지 않은 곳이 없었다"(190~191쪽)라고 하였다.

국가 간의 평등주의는 박은식을 비롯한 변법론자들이 계몽운동기에 유교의 발달을 통해 平和思想을 강조한 것이나,[59] 또 민족 간의 경쟁·대립을 해결하기 위해 본래의 유교정신을 발휘하는 大同平和를 주장하여 왔던 것과 무관하지 않았다.[60] 이에 박은식이 1915년 大同輔國團에 참여하고, 1917년에 「大同團結宣言」에 동참하면서 '大同'을 강조하였던 것과도 상통하는 것이었다.

박은식의 평화주의, 평등주의는 1차 대전을 거치면서 더욱 분명하게 거론되었다. 3·1운동 후에 씌어진 『韓國獨立運動之血史』에서는

> 아! 과거시대의 文明이란 人類 競爭의 이용이고, 人道 平和의 사업은 아니었다. 이로써 物競天擇 適者生存의 논의가 유일한 법문이 되고, 優勝劣敗를 天演으로 하고, 强食弱肉을 公例로 하였다. 軍國主義 침략정책이 생존의 목적이 되어 소위 문명 인류가 그 心思智力을 다하여 매우 神巧한 것에 힘쓴 것은 오직 사람을 죽이는 利器와 나라를 도적질하는 흉계뿐이었다. 처음에는 강자와 약자가 싸워 약자가 없어졌고, 다음에는 강자와 강자가 서로 싸워 두 호랑이가 모두 상처를 입었다.[61]

라고 하여, 경쟁에 의한 인류문명은 인도주의, 평화주의에 어긋난다는 점을 지적하고, 특히 1차 세계대전으로 인해 강국과 강국이 서로 살상하는 현상까지 나타나게 되었다고 하였다.

그리하여 박은식은 이를 해결하기 위해 '世界大同 人類共存之義'를

---

59) 『皇城新聞』 1909. 11. 16, 「儒敎發達이 爲平和最大基礎」.
60) 愼鏞廈, 『朴殷植의 社會思想 硏究』, 1982, 195~206쪽 ; 金基承, 「白庵 朴殷植의 思想의 變遷過程」, 『歷史學報』 114, 1987 참조.
61) 『韓國獨立運動之血史』 하편, 2장 「改造世界之新文化促我獨立運動」(『朴殷植全書』 상, 513쪽).

거론하였다. 이는 1차 대전 이후 전세계적인 사조이기도 하였다. 박은식은 이런 세계의 진보·개조로 러시아혁명, 독일의 사회당, 윌슨의 민족자결주의 등을 거론하였는데, 특히 러시아혁명에 대해서는 "紅旗를 들어 전제를 무너뜨리고 각 민족의 자유와 자치를 실시하여 세계를 개조하는데 最先의 동기가 되었다"고 하였다. 박은식은 이를 통해 일본의 극단적인 침략을 물리치고 자유의 복음을 기하려고 하였다.[62]

2) 박은식의 國魂論과 역사연구

간도, 연해주 지역에서 활동하던 유교지식인은 민족정신을 민족운동의 기반으로 삼았다. 물질적인 힘의 약세로 식민지화는 어쩔 수 없는 것이었지만, 민족의 정신을 보존하면 나라를 되찾을 수 있다는 판단에서 그러하였다. 이들은 계몽운동에서 제기되었던 國粹保全論을 계승하여 1910년대 이후 민족운동의 정신적 동력으로 삼았는데, 이 논리는 강점 이전 大韓精神, 大韓魂 등으로 표현되다가[63] 1910년대 초반 國魂論으로 정착되었다.[64] 이를 전형적으로 보여준 사람이 박은식(1859~1925)이었다.

박은식은 민족정신, 국혼 보전의 가장 효과적인 방법으로 역사를 중

---

62) 위와 같음. 『獨立新聞』 1920. 6. 22, 「敵을 戰勝할 能力을 求하라」(『朴殷植全書』 하, 164쪽)에서도 인도주의로 군국주의를 성토해야 한다고 하였다.

63) 『朴殷植全書』 하, 「大韓精神의 血書(續)」, 72~73쪽.

64) 한인 유자 출신이 '국혼'으로 개념을 정리한 것은 중국 지식인, 특히 康有爲의 영향이었던 것으로 보인다. 강유위는 특히 종교(孔敎)를 國魂의 핵심으로 강조하였다. 박은식은 공교운동을 전개하던 이승희, 이병헌을 통하여 강유위와 교류하게 되었는데, 강유위는 박은식의 『韓國痛史』의 서문을 써 주었고, 박은식은 강유위의 주선으로 공교회 계통의 『國是報』, 『四民報』에서 활동하였다. 이런 점에 대해서는 배경한, 앞의 글, 2003 참조. 한편 이와 달리 철저한 대종교 입장에서 한국의 자존, 문화 등을 강조한 申圭植의 '韓國魂'도 제기되었다.

42

시하였다. 그는 "民族이 있은 후에 歷史가 있고, 역사가 없으면 역시 민족도 없다. 왜 그런가 하면 역사라는 것은 民族의 精神이기 때문"이라고 하였다.[65] 역사를 통해 國魂을 지켜나가면 언젠가 민족의 광복을 맞을 수 있다는 확신이었다.

'國魂論的 歷史認識'은 『韓國痛史』에서 분명하게 정리되었다. 그는 "國敎·國學·國語·國文·國史 등은 魂에 속하는 것이요, 錢穀·卒乘·城池·艦船·器械 등은 魄에 속하는 것"이라고 하면서, 비록 군사 기술, 기술 문명, 상공업 등의 國魄에서 自强을 달성하지 못해 나라가 망했지만 "국혼을 유지한다면 나라는 망하지 않은 것"이라고 생각했던 것이다.[66] 이런 점에서 『韓國痛史』는 '亡國의 역사'를 통해 '아픔과 부끄러움'을 알게 하고, 이를 통해 국혼을 지키고 유지하기 위해 서술한 것이었다.

1920년에 저술된 『韓國獨立運動之血史』에서도 國魂論은 그대로 제기되었다. 종교·역사·언어·문자·풍속 속에서 국혼이 없어지지 않았다면 언제가 독립할 수 있을 것이라는 확신이었다. 특히 우리 민족은 언어·풍속·예의·의식 등을 독자적으로 유지하였고, 國性이 다른 나라와 구별되는 강한 국혼이 형성되었으므로 다른 민족이 결코 동화할 수 없다고 하였던 것이다.[67] 이때에도 "역사는 국혼이 보존된 것으로, 국혼을 强固케 하려면 마땅히 역사의 배양을 근본으로 해야 한다"고 다시 강조하였다.[68]

---

65) 『大東古代史論』, 240쪽. 또한 그는 "地理는 國民의 身體요 歷史는 國民의 精神"이라고 하면서 역사와 지리를 통해 진보적이고 충애하는 사상이 나온다고 하였다(『渤海太祖建國誌』, 「緖論」, 3ㄴ쪽).
66) 『韓國痛史』, 「結論」, 198쪽(『朴殷植全書』 상, 376쪽).
67) 『韓國獨立運動之血史』, 「緖言」, 1쪽(『朴殷植全書』 상, 449쪽).
68) 『朴殷植全書』 하, 「歷史敎理錯綜談序」, 229쪽. 이 글은 박은식이 공교운동을 하던 이병헌의 글에 쓴 서문임.

박은식이 國魂을 지키기 위한 방안으로 제기한 것은 국사만이 아니었다. 다른 민족의 역사적 경험을 통해 종교와 문학의 중요성을 거론하였다. 가령 中國의 漢族이 때로는 文弱하여 다른 종족에 被屬되기도 하였지만, 종교·역사의 정신이 공고하여 결국 일어나 다른 종족을 제압하였으며, 또한 유태민족은 종교의 정신으로 다른 종족에게 동화되지 않고 유태민족의 이름을 고수할 수 있었다고 보았던 것이다.[69] 혹은 문학에 의탁한 중국과, 종교에 의탁한 돌궐의 예를 들기도 하였다.[70]

박은식도 종교의 중요성을 지적하였다. 그는 이미 계몽운동기에 「유교구신론」을 통하여 儒教改革을 주장하였지만, 1910년대에는 유교를 고집하지 않았다.[71] 그는 역대 종교를 유교, 불교, 선교, 기독교 등으로 거론하였다. 그는

　　嗚呼라, 우리 檀君大皇祖 子孫의 四千年 神聖흔 歷史ᄂ 卽 孔夫子의 仁이오, 釋迦牟尼의 法身이오, 老子의 谷神이오, 耶蘇氏의 靈魂인즉, 비록 山河가 變遷되고 天地가 飜覆될지라도 우리 歷史의 仁과 우리 歷史의 法身과 우리 歷史의 谷神과 우리 歷史의 靈魂이야 엇지 變遷ᄒ고 飜覆홀 理가 有흠이오.[72]

---

69) 『大東古代史論』, 242쪽.
70) 『韓國痛史』, 「結論」. 박은식은 세종의 한글 창제도 "國文의 教"라는 차원에서 강조하였다(제3편 60장).
71) 박은식은 이승희, 이병헌 그리고 강유위와 잦은 교류를 하고, 공교회와 관련된 언론 매체에서 활동하였으나 공교운동에 관한 입장을 피력하지는 않았던 것으로 보인다.
72) 『明臨答夫傳』, 「緒論」, 1ㄴ쪽. 『韓國痛史』에서도 단군의 神教, 箕子의 禮教, 少連·大連의 倫教, 삼국시대의 通俗五教(世俗五戒), 삼국시대 이래의 유교와 불교 등을 거론하였다(제3편 60장).

라고 하여, 그 종교들이 우리 역사의 정수가 되었다고 보았던 것이다.

이런 차원에서 박은식을 비롯한 변법론자들은 단군과 관련된 神敎, 大倧敎를 중시하였다. 당시 만주지역에서는 大倧敎를 신봉하고, 이를 민족운동의 이념으로 가진 운동가들이 다수 존재하였다.[73] 박은식은 망명하여 尹世復의 집에 기거하면서 대종교적 입장이 농후한 역사연구를 행하였다. 이후 박은식은 단군이 우리 역사의 출발점이고 근본임을 항상 강조하였다.[74]

따라서 그의 역사연구는 무엇보다도 단군의 자손인 大東民族의 계통을 세우는 일에 모아졌다. 곧 단군과 이를 계승한 고구려·발해를 중심으로 우리 역사를 체계화하는 일이었다. 이런 역사관은 강점 전부터 제기되어 왔던 것이었다.[75] 박은식도 "우리 4천년 역사에 가장 自

---

73) 朴永錫, 「大倧敎의 民族意識과 民族獨立運動」, 『日帝下 獨立運動史硏究』, 1984 ; 오영섭, 「대한민국임시정부 요인들의 단군 인식」, 『한국민족운동사연구』47, 2006 등 참조. 大倧敎總本司, 『大倧敎重光六十年史』, 1971 ; 金龍國, 「大倧敎와 獨立運動」, 『李殷相古稀紀念 民族文化論叢』, 1973 등에서는 대종교측 문헌을 활용하여 많은 독립운동가를 대종교인으로 분석하고 있다. 하지만 정확한 근거는 희박하다.

74) 『夢拜金太祖』에서 박은식은 '檀君大皇祖'가 하늘에서 내려온 기념일(음 10.3)에 동지, 학생들과 기념식을 거행한 후 밤에 "大倧敎의 神理를 靜念"하다가 나비가 되어 백두산으로 올라가 大澤[天池]가에서 같은 종족인 금태조를 만난 것으로 기술을 시작하였다. 이런 점으로 보면 1910년대 박은식이 대종교와 깊은 연관 속에서 역사를 저술하고 단군 숭배 의식을 가졌던 것을 알 수 있고, 대종교 측의 기록에는 박은식이 대종교 조직을 담당한 책임자의 하나로 보고 있다. 그러나 박은식 자신의 글 속에 자신이 대종교를 신앙하였다는 것을 밝히지는 않았다. 오히려 상해 등지에서 활동하던 당시의 박은식은 "海外에서 體驗 心得한 결과로 민족정신의 歸趣는 반드시 國祖로써 對象을 삼지 아니하면 아니 되리라 하야 가장 熱烈한 大倧敎徒이면서도 修養의 根基는 항상 王學에 두엇슴"[朴殷植, 「哭白庵朴夫子」, 『東亞日報』 1925. 11. 5 (『朴殷植全書』, 下, 280쪽)]이라는 것이 타당한 것으로 보인다.

75) 朴光用, 「檀君 認識의 變遷」, 『韓國史學史硏究』, 趙東杰先生停年紀念論叢, 1997 ; 佐佐充昭, 「檀君ナショナリズムの形成」, 『朝鮮學報』 174, 2000 ; 「韓

主獨立의 자격이 완전하여 神聖한 가치가 있는 것은 高句麗 시대"[76] 라고 하였고, 또한 발해에 주목하여 고조선－고구려－발해로 이어지는 역사전통을 제시하면서, 발해의 건국은 단군이 후세 자손을 구하기 위해 太祖(大祚榮)를 보내었기 때문에 가능하였고, 발해의 역사는 檀君과 箕子의 신성한 교화와 고구려의 문물제도 및 제천의식 등을 계승한 것으로 파악하였다.[77]

그는 고구려, 발해를 중심으로 국사를 체계화하면서 만주를 역사의 무대로 보았다. 이런 점에서 박은식은 만주에 산재한 여러 종족인 여진족, 만주족 등도 우리와 근원이 같은 '大東民族'으로 파악하고 요·금까지 우리 역사의 영역에 포함시켰다. 또한 박은식은 단군 이래 계승된 神敎와 仙敎의 전통을 중시하였다. 앞서 지적한 고조선(단군)－고구려－발해의 역사적 계승은 바로 이런 종교의 계승 관계이기도 하였다.

3) 柳寅植의 근대개혁론과 유교

유인식(1865~1928)은 안동의 유학자로,[78] 이 지역 유학을 대표하던 拓菴 金道和의 제자였다. 보수적 주자학에 머물렀던 유인식이 사상적으로 변한 것은 1903년 경이었다. 당시 그는 서울에서 신채호, 장지연, 유근 등의 변법론자들과 교류하였는데, 특히 신채호와 "영남 학술의 개혁과 西學 연구"에 관해 토론하고, 그 후 양계초의 『飮氷室文集』을

末における檀君敎の重光と檀君ナショナリズム」, 『朝鮮學報』 180, 2001 등 참조.

76) 『明臨答夫傳』, 「緖論」, 1ㄴ쪽.

77) 『渤海太祖建國誌』, 「緖論」 ; 제9장 「渤海의 宗敎와 風俗」.

78) 金貞美, 「東山 柳寅植의 國權恢復과 民族敎育運動」, 『大丘史學』 50, 1995 ; 김희곤, 「東山 柳寅植의 생애와 독립운동」, 『한국근현대사연구』 7, 1997.

빌려 읽으면서 사상적으로 변하게 되었다.[79] 유인식은 상투를 자르고 고향으로 돌아갔고, 이 사건으로 안동지역 유림으로부터 심한 배척을 받았으며, 또한 대표적인 유학자였던 자신의 아버지(柳必永)와도 의절하게 되었다.

안동으로 돌아온 유인식은 李相龍 등과 더불어 안동지역의 계몽운동을 주도하였다. 마침 1906년에 내려진 고종의 興學 詔勅과 경북 관찰사 신태휴의 홍학 훈령에 힘을 입어 1907년 3월 協東學校를 개교하였다. 그는 안동 유림의 반대에도 불구하고 신학 수용과 교육의 필요성을 주장하였던 것이다.

> 지금 장차 新學의 연구가 불가불한 것이라고 말한다면, 먼저 마땅히 舊學의 폐단을 개혁해야 합니다. 지금 신학을 반대하는 자들은 저 학교(협동학교)를 外道라, 邪說이라, 선비가 배울 수 없는 것이라, 공맹의 도가 아니라 하면서 유자가 배척해야 할 바라고 합니다.……그러나 지금 구학가들이 箋註의 문장을 어지럽게 하고, 理氣의 학설에 천착하였지만, 자신이나 가정, 국가의 쓰임에 실효가 있었습니까. 정치, 병농, 窮理의 학문은 가히 나라를 이롭게 하고 백성을 윤택하게 하는 도구인데, 이를 아직 연구하지 않아 어둡고 알지 못하니, 세상에 나서 쓰이기 위해서는 장차 어떤 학술로 베풀어야 하겠습니까.[80]

라고 하여, 구학문만 고수하여 나라가 망하고 백성이 없어지게 되었으므로 서양의 침략을 막기 위해서도 신학문이 필요하다고 하였다.

협동학교를 주도하던 이상룡과 유인식은 대한협회 안동지회에서도 활동하였다. 그리고 그들은 신민회 좌파세력의 국외 독립운동 기지건설에 연결되어 만주지역으로 망명하였다. 유인식은 1911년 3월 단신으

---

79) 『東山文稿』 권1, 「上金拓菴先生」 戊申, 7쪽.
80) 『東山文稿』 권1, 「上金拓菴先生」, 6쪽.

로 서간도로 갔다가 경학사(사장 이상룡) 조직에 참여하여 교무 일을
맡았다가, 다음 해 국내로 다시 들어왔다. 이때 경찰에 체포되어 다시
만주로 가지 못하고 국내에서 활동하였다.

1910년대 후반 이후 유인식은 식민지배 자체를 더욱 심각하게 인식
하고, 이에 대한 해결책을 체계적으로 모색하였다. 그는 이때 유교와
유생이 중심이 되는 근대국가 건설을 구상하고, 그 정신적 토대로서는
역사를 중시하였다. 「太息錄」을 통하여 현실을 비판하고 '革舊維新'
방안을 제시하였으며, 『大東史』를 서술하여 역사의 체계를 세우려 하
였다.

유인식도 당시 식자층에 풍미하던 사회진화론에 의거하여 현실을
인식하였다. 강점 전부터 나라가 망해가는 것을 지적하면서, 당시를 부
강한 국가들이 발달된 학술, 풍부한 재원, 막강한 병력, 우수한 기계,
명료한 법률 등으로 약소국을 공략하는 약육강식, 우승열패의 大變局
으로 규정하였으며, 조선을 식민지, 곧 노예의 상태로 보았다.[81] 특히
식민지하 조선의 민중을

나에게 先廬가 있으나 가히 몸을 가릴 수 없고, 나에게 田主가 있으
나 먹고 살 자료가 되지 못합니다. 산림천택의 이익과 금융은행의 권
리가 날로 망라되고 날로 확장된 즉 저들이 비록 우리를 살아가는 데
서 속이려 하나, 우리는 당연히 자존 자립할 수 없습니다. 반드시 장차
저 흑인 노예와 인디언과 같이 한 가지가 될 것입니다. 비록 숨이 차서
헐떡거리며 구차하게 살아 스스로를 보존한다 하더라도 노예의 성질
에 불과할 것입니다.[82]

81) 『東山文稿』 권1, 「上金拓菴先生」, 6쪽, 8쪽.
82) 『東山文稿』 권1, 「與恬菴族叔」, 26쪽.

라고 하여, 자존, 자립하지 못하는 노예로 탄식하였다.

유인식은 조선의 식민지화를 政府와 儒林의 腐敗 때문이라고 인식하였다. 그는 단군, 삼국시대에는 武强한 나라였으나, 고려, 조선 때 중국과 관계를 친밀하게 하고 文化를 발전시키면서 점차 고유의 무력이 衰微해졌고 文弱의 풍조가 양성되었고 보았다. 즉 "법이 오래되면 폐단이 생기고, 文이 勝하면 모멸하는 기질이 생기어, 정부가 부패하고, 풍속이 淆漓되고, 士氣가 위축되고, 학술이 고루하게 되면서 만 가지병이 생기고, 백 가지 폐단이 일어나게 되었"으며, 이를 수습하지 못한 가운데 20세기 경쟁의 풍조 속에서 나라가 망하게 되었다는 것이었다.[83]

유인식은 망국에 이른 정부의 부패 10가지를 지적하였다. 곧 ① 임금의 권한이 너무 큼(君權太重), ② 훈척과 세신의 화(勳戚世臣之禍), ③ 당파의 화(黨論之禍), ④ 학자의 존대(尊待學者), ⑤ 무비를 소홀히 함(疎武備), ⑥ 과거의 폐단(科擧之弊), ⑦ 벌열을 숭상하여 사람을 씀(用人尙閥), ⑧ 사대주의(事大主義), ⑨ 전부와 민적의 폐단(田賦民籍之弊), ⑩ 이서의 폐단(吏胥之弊) 등이었다.

이어서 그는 儒林의 腐敗를 지적하였다. 물론 망국은 정부의 부패에서 연유하였지만, 유림 또한 그 책임을 면할 수 없다고 하면서 "정부가 시작하였다면 유림은 끝을 맺은 것"이라고 하였다. 유림 가운데 먼저, 經學家(道學者)의 부패상을 지적하였다. 즉 공부한 것이 모두 공허한 이론에나 종사하였을 뿐 성찰할 줄 몰랐고, 또 마음을 다스리는 공부와 세상을 경륜하는 도구도 없었으며, 국민을 위한 계책이나 세계 형편도 알지 못한 점이었다. 그 결과 날로 인재가 막히고, 학술이 그릇되고, 풍속이 쇠퇴하여 나라가 망하게 되었다고 하였다.

---

83) 『東山文稿』 권2, 「太息錄」, 1~2쪽.

이런 폐단을 극복하기 위해 유인식은 다음과 같은 대책을 제시하였다. 먼저, 서양의 학문을 적극적으로 수용하자고 하였다. 그는 구래의 학문과 서양의 학문을 '허위와 실질'로 대비하였다.

> 지금 2천만의 허위와 백 천만 가지 일의 허위가 한 곳에 모여 하나의 국가를 이루었으니, 그 외면으로 볼 때는 엄연히 하나의 國體이나 그 내면으로 논하건대 진실로 이미 부패한 것이다. 또 하물며 지구가 세계에 드러나고 西潮가 동양에 임박하여 각각 그 진실한 것으로써 극렬히 경쟁하니 정치, 법률, 재정, 군제, 기계 기술, 그 어느 하나도 진실하지 않은 것이 없다. 학문은 진리를 연구하고 民産은 실업을 발전시켜, 한 사람도 진실하지 않은 자가 없고 한 가지 일도 진실하지 않은 것이 없다.[84]

고 하였다. 이런 점에서 그는 임금의 권한이 너무 중하다는 점을 정부 부패의 첫째로 꼽으면서 이를 없애기 위해서는 이미 요순의 시대에 실시된 바가 있는 민주공화정치나 군주입헌정치를 실시해야 한다고 하였다. 이런 논의는 문벌에 의한 인재 등용을 비판하면서 서양의 평등주의를 지적한 것에서도 견지되었다. 또한 그는 당시의 폐단을 한 마디로 '허위'라고 판단하면서, 이런 허위를 없애고 서양과 같은 실질적인 학문을 추구해야 한다고 하였다. 이런 점은 이미 강점 전에 협동학교를 세우고, 계몽운동을 전개하면서 신학문을 수용하려고 했던 그의 교육론에서 비롯된 것이었다.

다음, 그는 유학을 부정하지는 않았지만, 유교의 폐단을 지적하고, 그 절대성을 고집하지 않았다. 이 대안으로 양명학을 중시하기도 하였고, 동시에 종교의 자유도 거론하였다.[85] 이런 판단에서 그는 당시의

84) 「太息錄」, 17~18쪽.
85) 「太息錄」, 15쪽. "정치의 專制는 民氣를 쇠퇴시키고 학문의 전제는 民智를

부패, 허위, 폐단을 해결할 사람은 오직 儒林밖에 없다고 단정하였다.86) 그는 유교를 우리의 '國粹'로 생각하였다. 공자는 "모든 도학자의 으뜸으로 만세토록 태평을 열어주어, 온 세상이 존숭한다"고 하면서, 유교는 "실로 2천년 國粹"라고 하였다. 당시 유교의 쇠퇴는 종교 자체의 문제라기보다는 믿는 교도들이 다른 종교보다 못하기 때문이라고 하고, 경전을 외우기만 하고 진실한 정성과 실질을 얻지 못하는 유학자를 비판하였다.

그는 당시 열강의 강성도 종교와 신앙의 힘이 결속했기 때문이라고 지적하고, 우리도 국수인 유교를 신앙하는 것이 필요하다고 하였다. 그가 종교의 평등, 신앙의 자유를 지적하면서도 국수(유교)를 지켜서 장차 소멸되지 않게 하여야 한다고 하였던 것이다. 즉 "우리나라도 경쟁과 병탄의 시국에 처하여 종교의 힘이 없이는 나라를 유지하고 회복할 수 없으니, 여러분들은 마땅히 國粹를 信仰하는 것을 하나의 주지로 할 것"을 강조하였다.87)

이런 점에서 유인식은 유생의 역할에 기대를 걸었다.

우리 국민을 3등으로 나누면 그 하나는 상등사회로 政黨이며, 둘째는 중등사회로 儒林家, 셋째는 하등사회로 小民입니다. 소위 정당은 누 백년 부패 악습으로 진실로 나라를 병들게 하고 백성의 재앙이 되다가 졸지에 패망하니, 그 허명과 더불어 없어진즉 위로는 의뢰할 바가 없습니다. 소위 소민은 전제 아래에서 억눌려 어리석고 지식이 없

막아버린다. 민기가 쇠퇴하는 것은 오히려 말할 수 있으나 백성의 지혜를 막아버리는 것은 나라를 망하게 하고 종족을 멸망시키는 근원이다. 서양 나라에서 信敎는 자유이다. 강유위가 말하기를 세 성인(공자, 석가, 예수)이 하나이고, 모든 종교는 평등하다고 하였다."
86) 이 점을 서술한 「今日民族之策 專在於儒林」은 제목만 있고, 구체적인 내용은 알 수 없다.
87) 『東山文稿』 권2, 「學範」, 25~26쪽.

으니 아래에서도 의뢰할 바가 없습니다. 소위 중등사회는 곧 鄕土大
夫, 讀書談義之人으로 그 세력 범위가 족히 세상의 물정을 연락하고
인심을 단결하여 위로는 가히 정부에 반항하고 아래로는 愚民을 도솔
하여 자치 자유의 정신을 제창하여 후일의 기초를 도모하는 것이 또한
쉽지 아니합니까.[88]

그는 당시 국권회복, 실력양성의 방안으로 거론하던 교육과 식산흥
업도 결국 유생들의 몫이라고 보았다. 가령 우리의 상업이 발전하지
못한 것이 중류 이상 士類들이 浮文을 숭상하였기 때문이라고 하고,[89]
"만약 널리 학교를 세우고 실업을 장려하고 장차 士族의 자제들을 모
두 농상공에 투입하고, 서양의 제도를 연구하여 부강의 본을 삼지 않
는다면 불가"하다고 하였고,[90] 혹은 "사회를 조직하고 인심을 굳게 맺
어 교육을 발전시키고 인재를 양성하여 민권이 신장되고, 학술이 흥하
며, 농업이 진흥하고 공무가 발달하고 商利가 발달하여 국민의 실력이
있은 연후에 민족을 유지할 수 있"다고 하고, "국권을 불러 돌이키는
것이 유교 범위 중의 일이 아님이 없고, 또 유교의 원동력이 아님이 없
다"고 하였던 것이다.[91]

유교적 입장을 고수하면서 근대개혁을 추구하던 유인식은 1919년,

---

88) 『東山文稿』 권1, 「與族姪德允」, 14쪽.
89) 『東山文稿』 권1, 「與族姪德允鳳熙」, 11쪽. "우리 국속은 권력을 귀하게 여기
고 浮文을 숭상하여 소위 중류 이상은 모두 士名을 칭하고 士路를 쫓으며 넉
넉하게 놀고 편히 쉬며 망령되이 스스로 높다고 한다. 다른 사람이 농사짓는
것으로 먹고, 다른 사람이 짠 옷을 입는다. 그러면서도 농공상업을 천하게 여
겨 下類로 대하는 고로 농공상에 종사하는 자는 不識者 뿐이다. 이로써 농학
을 강구하지 않아 땅에 이익이 남아 있고, 공예가 발전하지 못해 器用이 비
루하고 상무가 부진하여 물질이 凋弊하니 백성이 병들고 나라를 좀먹는다는
것이 이것에서 연유하는 것이다."
90) 『東山文稿』 권2, 「太息錄」, 17쪽.
91) 『東山文稿』 권1, 「答李炳鯤」, 19쪽.

52

양계초가 정한 시무학당의 「學記」를 참조하여 청년들의 과제를 15조로 정리한 「學範」을 저술하였다. 立志, 養心, 윤리학, 공덕심, 熱誠, 毅力, 涵蓄, 治身, 독서, 궁리, 學文, 合群, 經世, 이상, 종교사상 등으로, 결국 유교 중심의 종교를 기반으로 서양의 정치론을 수용하고 민족을 기반으로 한 새로운 국가건설을 구상하였다.

이런 입장에서 유인식은 총독부의 유교 진흥 정책에 대해서 비판적이었다. 그는 총독부의 유교정책이 결국 식민지배를 원활하게 하기 위한 것이라 보았다. 그는 "제국주의 국가들이 약소국을 침략하면서 식민지 백성을 이용하는데, 그 방법의 하나가 그 나라의 풍속을 이용한다"고 하면서,

　　조선인이 옛 것을 보존하려는 강한 의식이 있음을 알고, 衣髮을 보존하게 한다든지, 貴賢을 숭상하는 것을 알고는 문벌과 儒賢을 존중해주는 정책을 베풀어 어리석은 사람들에게 미끼를 던지는 술책을 쓰니, 참으로 민첩하면서 교활한 것이다. 머리카락을 높이는 것이 桎梏이 되고, 소매를 넓히는 것이 檻車(죄인이 타는 수레)가 되고, 문벌을 숭상하는 것이 縲絏(검은 끈으로 죄인을 묶음, 구속된 몸)이 되고, 유현을 존중하는 것이 囹圄가 되었으니,……조선인들로 하여금 스스로 문명을 보존하고 있다는 자부심을 갖게 하여, 그러한 은혜를 베풀어주는 제국주의 국가에 감사하도록 만들고 있다.[92]

라고 하여, 총독부에 의한 유교진흥은 오히려 조선인을 복종시키고, 또한 속박하게 될 것이라고 보았던 것이다.

그가 역사의 중요성을 강조한 것도 이런 문제의식에서 나온 것이었다.[93] 역사 서술 또한 국수를 발휘할 수 있는 방법이었다. 그는 "지금

92) 『東山文稿』 권1, 「與族姪德允鳳熙」, 13~14쪽
93) 이에 대해서는 박걸순, 「東山 柳寅植의 歷史認識」, 『韓國史學史學報』 2, 2000.

젊은이들은 도무지 역사에 관념이 없어서 단군, 삼국이 어떤 시대인지 전혀 알지 못하니, 조국정신을 날로 잃으니(牿亡) 작은 걱정이 아니다. 만일 이 책으로 인하여 계통 연혁과 종족의 源委 및 영웅 열사의 장대하고 위대한 행적을 통찰하여 알게 되어 능히 國粹를 발휘한다면 그 사람의 一身, 사상에 도움"이 될 것으로 판단하였다.[94] 1910년대 만주에서 돌아온 이후 그는 고조선에서 조선에 이르는 편년체의 역사서로 『大東史』를 집필하였다. 그의 역사서술은 대개 당시 변법론 계열의 민족운동가, 가령 박은식, 김교헌, 이상룡 등 대종교와 관련된 '민족주의' 계열의 역사학과 동일하였다. 이는 그가 대종교에 가입했던 것과[95] 무관하지 않았다.

6. 유교의 극복과 신사상의 수용
―申采浩의 유교비판과 郞家思想

유교적 변법론에서 출발하였으나 1910년대를 거치면서 점차 유교 자체를 부정하고 새로운 사상을 수용하여 근대개혁론을 구상하는 사람도 나타났다. 신채호(1880~1936)가 그러하였다. 신채호의 민족운동론은 많은 경우 유교에 대한 인식과 관련이 있었다.[96] 1910년대 이후 그는 유교를 긍정하는 입장에서 부정하는 쪽으로 변화하였다.

1차 세계대전 전, 신채호의 사상적 변화, 유교에 대한 이해는 위에서 거론했던 박은식 등과 다르지 않았다. 어릴 때, 조부와 申箕善을 통해 유학을 수학하고, 신기선의 추천으로 성균관에 입학하여 유학과 더불

---

94) 『東山文稿』권1, 「答李德純」, 24쪽.
95) 『東山文稿』권2, 「略歷」, 146쪽.
96) 尹絲淳, 「丹齋의 儒敎觀」, 『丹齋 申采浩와 民族史觀』, 단재 신채호선생 탄신 100주년기념논집, 1980.

54

어 新學도 배웠다. 그는 변법론적인 시각에서 무분별하고 비주체적인 서구문명 수용에 비판적이었기 때문에, 유교에 대한 긍정적 인식도 가지고 있었다. 그는 德育(도덕 교육), 종교의 측면에서 유교를 중시하였고, 조광조, 이황 등을 높이 평가하였다. 그는 유교의 본지는 忠君愛國과 救世行道이고, 유자는 국가사상이 투철하여 평시에는 도덕과 학문으로 임금의 길을 보필하고, 난세에는 백의종군하여 寇賊을 쳐서 물리쳤다는 점을 거론하기도 하였다.[97]

　이런 점에서 그는 당시 유림들을 비판하고 유교 개혁에 찬성하였다. "유교를 신앙하기 때문에 衰弱한 것이 아니라 그 도를 不得하였기 때문에 쇠약"해졌다고 보고, 특히 조선후기 이래의 유학자들이 성인의 心法과 도덕의 진리를 제대로 본받지 못했다고 보았다. 이런 점에서 그는 조선후기 실학자를 높게 평가하고 그들의 학문을 당시의 개혁을 위해 계승해야 한다고 보았으며, 유교의 진리를 확장하여 허위를 버리고 실학에 힘쓰며 小康을 버리고 大同에 힘써야 한다고 하였다.[98]

　1910년 4월, 신채호는 중국으로 망명하였다. 그는 환인에 머무르며 대종교적 입장에서 역사를 연구하였으며, 또 '대동단결선언' 등에도 서명하였고, 동제사라는 단체에도 관여하였다. 대부분의 활동은 위에 나온 박은식과 더불어 한 것이었다. 당시 그는 영웅주의적 역사인식에서 벗어나, 국민을 역사의 주역으로 보았으며, 또한 실력양성론을 비판하고 무장항쟁론의 입장을 지향하였다. 그러다가 1920년대에 들면서 유교 도덕 자체에 대한 비판을 제기하였다. 그는 유교 도덕이 나라를 망하게 한 원인이라고 주장하였다. 그는 유교의 폐단을 다음과 같이 정리하였다.[99]

---

97)『申采浩全集』別,「警告儒林同胞」, 105~106쪽.
98)『申采浩全集』別,「儒教界에 對한 一論」, 108~109쪽 ; 下,「儒教擴張에 대한 論」, 119쪽 ;「舊書刊行論」.

① 觀念의 誤謬 : 도덕이 强毅도, 勇敢도 아니고 오직 仁柔·溫厚한 것이 도덕으로 하여, 詩 쓰고 禮만 논하는 사람을 道德者라 하고, '지는 것이 이기는 것'이라고 한 것.

② 服從의 偏重 : 臣民은 군주에게 忠勤하는 것이 도덕이고, 소년은 어른에 대해 공경하는 것을 도덕이라고 하여 윗사람이 不義한 거동을 하여도 諷諫 외는 교정을 허락하지 않아서 결국 세상 사람들을 노예로 만들어 혁명가나 파괴자를 내지 못한 것.

③ 公私의 顚倒 : 公德이 중하고 私德이 가볍지만, 儒家의 도덕은 이를 뒤바꾸어 군신, 부자, 부부, 붕우 등의 개인과 개인 사이의 도덕만 가르치고 국가와 사회에 대해서는 어떤 논술도 하지 않음. 공덕과 사덕이 경중이 바뀐 도덕.

④ 消極의 太甚 : 義로운 일에 반드시 나아가라는 것보다는 不義에 굴복하지 말라는 교훈이 더 많아 적극적보다는 소극적인 방면에 더 주의한 것이 동양 도덕의 결점. 난세가 되면 救世의 길을 나서는 烈士보다는 산림에 숨는 高士가 많고, 눈앞의 편안함을 즐기는 保守家가 더 많아짐.

신채호는 이런 유교적 도덕 때문에 나라가 망하게 되었다고 보았다. 그리고 이런 도덕으로는 스스로를 보전하지도 못하고 다른 종족과 경쟁하지도 못한다고 하였다. 이런 비판 위에서 종래의 유교를 극복하고 "나라 없는 국민의 특별 도덕"의 수립을 주장하였다. 국권을 상실한 민족의 도덕은 독립된 국가의 도덕과 달라야 한다는 것이었다. 이는 곧 독립을 추구하기 위해 필요한 도덕이었던 것이다. "오늘에 와서 감정상으로나 이성상으로 我國 구래의 멸망케 하던 惡道德은 다 버리려니와 外他 强國人의 도덕도 맹종함은 불가"하다는 것이었다.[100] 이러한

---

99)『申采浩全集』下,「道德」, 136~140쪽.
100) 위의 글, 140쪽.

인식에서 신채호는 다음의 세 형태의 새로운 도덕을 주장하였다.[101]

첫째, 有制限的 도덕이었다. 이것은 범위를 좁혀서 개인에만 한정시킨 가족적 도덕을 반대하면서 동시에 황인종 단결이나 인류박애를 주장하는 문화주의, 세계주의의 망상을 배격하자는 것이었다. 국가주의를 강조하기 위해서는 크로포트킨의 상호부조론보다는 다윈의 생존경쟁설을, 플라톤의 박애설보다는 베이콘의 이기설을 더 강조하였다.

둘째는 無恐怖的 도덕이었다. 국가주의에 근거하여, 그는 국가를 위해서는 붓을 잡음도 도덕이고, 칼을 잡음도 도덕이며, 스파르타 같이 절도를 좋아함도 도덕이고, 고대 몽고와 같이 戰殺을 즐기는 것도 도덕이라고 하였다. 두려움 없이 모든 수단을 동원하여 국가를 위하는 것이 바로 도덕이라는 것이었다.

셋째는 國粹的 도덕이었다. 그는 폐단을 낳은 유교는 중국의 도덕이고, 고유의 도덕은 아니라고 하였다. 고유의 도덕은 약한 나라를 강하게 하고, 망한 나라도 흥하게 하는 것이라고 하면서, 그는 郎家思想을 지목하였다.

이 시기에 신채호가 여전히 '國粹'를 거론하고 있는 것이 주목된다. 물론 유럽에서 "국수라는 것은 군국 침략의 별명으로, 이로 인해 國交가 깨어지고 大戰이 일어나고, 사람을 죽인 것이 수천만이 되고, 이로 인해 재물이 損棄된 것이 억만에 이르니,……nationalism이라는 말의 위험성을 알고 있다"고 하였지만,[102] 신채호가 거론하는 國粹는 유럽의 국수주의, 민족주의와는 다른 것이었다. 이는 자신의 것을 강조하는 주체성의 문제였던 것이다.[103]

---

101) 위의 글, 141~142쪽.
102) 『申采浩全集』別, 『天鼓』창간호, 「考古篇」史論, 266쪽(최광식 역주, 『천고』, 아연출판부, 2004, 81~82쪽).
103) 정창렬, 「20세기 전반기 한국에서의 우승주의와 민족적 정체성」, 『民族文化論叢』18・19, 영남대, 1998.

그는 위의 글에 이어

옛 것을 지키는 사람은 漢文만 있다고 알고 國文이 있다는 것을 알지 못하고, 새로운 것을 구하는 사람은 洋學이 있다는 것만 알고 國學이 있다는 것을 알지 못한다. 자신의 조상을 망각하고 자신을 낮추고 다른 사람을 존중한다.……왕왕 國故를 연구한다고 서로 말하지만 아직 완성되었다고 할 수 없다. 源流를 考校하고 音과 뜻을 깊게 풀이하여 두서가 있고 합리적인 것은 오직 주시경의 國語音學 한 권 뿐이다. 그 외 삼한의 옛 강토는 논의가 분분하여 國史가 편찬되지 못했고, 神誌나 古記는 秘藏되어 땅 위에서 사라져서 國學이 세워지지 않아서, 기로에 서서 길 잃고 갈 곳을 몰라 깡충거리는 양과 같이 위태롭다. ……새로운 사조가 밀려와 전 세계가 진동하면서 국수의 논의로 어두움과 완고함을 깨려하는데, 듣는 사람을 장차 없애려 한다. 오호 솥 안의 죽 한 그릇 먹지도 않고 다른 사람을 따라 배가 아프다고 절규하니, 어찌 슬프지 않으랴. 비록 공자를 존경하는 것이 復辟에 쉽게 이르고, 옛 것을 숭상하는 폐단이 반드시 퇴화에 이르게 되므로 옛 것을 지키고 변하지 않는 것이 오래되면 내외의 병폐가 되었다. 中華라는 것이 國粹를 달갑게 여기지 않는 것은 괴이한 것이 아니다. 그러나 우리는 그렇지 않다. 다른 사람은 아는데 나를 모르는 그 害는 외국에 아첨하는 것이고, 지금은 알고 옛날을 모르는 그 弊는 선조를 속이는 것이다.[104]

라고 하여, 國學, 國故의 수립을 강조하였다. 옛 것을 지키는 것, 국수와 국학을 거론하는 것이 자칫 시대의 흐름에 어긋나고, 또한 퇴화될 가능성이 있지만, 이를 경계하면 당시의 시대 변화 속에서 사기 사신을 안다는 것이 주체적 발전의 근거를 확보할 수 있다는 것이었다. 그

---

[104] 『申采浩全集』 別, 『天鼓』 창간호, 267쪽(최광식 역주, 82~83쪽).

는 國粹를 국어·국사·국학 등에서 찾고 유교 속에서는 찾지 않았던
것이다.

1920년대 신채호는 역사연구에서 사대주의를 비판하고 자주적·진
취적 민족 고유의 사상, 민족정신을 규명하는 데 힘을 기울였다. 김부
식의 유교를 비판하고, 묘청의 난을 중시하였던 것은 바로 그가 '자주
적 도덕론'에 입각하고 있었기 때문이었다. 그는 유교를 외래의 종교
로 보고, 국수적인 고유의 郎家思想을 찾음으로써 유교를 극복할 수
있었다. 더 나아가 신채호는 국수, 자기정체성 위에서 서양의 새로운
이념체계인 아나키즘을 수용하여, "강도 일본을 驅逐하자면 오직 혁명
으로 할 뿐"이라 하면서, 이 혁명의 주체는 "민중이 곧 민중 자기를 위
하여 하는 혁명인 고로 민중혁명"이라고 하여, 민중을 발견하였다.105)

7. 맺음말

유교에서는 사회변화를 變通論으로 설명한다. 유생층은 이 논리에
따라 사회변화에 대응하였다. 그러나 유생층은 자신이 처한 사회경제
적 입장에 따라 당시의 사회변화, 곧 時勢를 달리 파악하였고, 이에 따
라 보수적인 입장을 취하기도 하고, 혹은 개혁적인 입장을 취하기도
하였다. 한말 일제하 유생층의 대응 논리가 다양했던 것도 이런 시세
인식의 차이에서 비롯된 것이었다.

유생층의 입장에서 볼 때, 당시 한국 사회에서 해결해야 할 과제, 곧
제국주의 침략과 식민지화, 그리고 민중층의 성장, 서구문명의 수용과
근대화 등은 그들이 신봉하던 유교적 체계와는 전혀 다른 것이었다.
그들은 이런 과제를 유교적 입장에서 접근하였다. 이에 따라 개항 전

---

105)『申采浩全集』下,「朝鮮革命宣言」, 40~41쪽.

후 재야 유생층은 주자학적 전통에 따라 斥邪衛正論을 강화하였고, 정부나 관료층은 北學論의 전통에서 東道西器論的인 洋務論을 갖게 되었다. 그리고 청일전쟁 이후 新舊折衷的인 입장에서 서양의 정치론까지 수용하려던 變法論이 제기되었다.

일제에 의한 강점 후, 유생층은 '합방' 전 그들의 논리를 견지하면서 다양한 형태로 변화하여 갔다. 당시 식민지배 문제를 어떻게 인식할 것인가, 그리고 민족문제를 어떤 방향으로 해결할 것인가 하는 것들이 변화의 요인이 되었다. 게다가 총독부의 지배정책에서도 유생층을 회유, 지배하기 위해서 유교를 이용하고 있었기 때문에 문제가 더욱 복잡하게 전개되었다. 유생층은 적극적인 서구문명 수용론자들에 의한 유교 비판에 대해서도, 또 총독부의 유교 이용 정책에 대해서도 대응하여야 하였던 것이다.

척사론은 점차 약화, 소멸되어갔다. 척사론자 가운데 일부는 서양을 외국으로 인정하고 萬國公法을 거론하였으며, 또 서구의 기술문명 수용을 어쩔 수 없는 시세의 변화로 인식하고 중국 중심의 세계, 유교적 사회의 틀 속에서 부득이 이를 수용하자고 하였다. 그들의 배외성이 민족적 성향을 띠기도 하였지만, 여전히 復辟的 입장을 견지하는 한, 그 사상은 역사 속으로 점차 소멸되어 갈 수밖에 없었다.

일제하 민족문제를 고민했던 유생층은 여러 형태로 존재하였다. 유교를 진흥하여 유교적 근대화를 추구하기도 하였으며, 총독부의 유교정책에 동조하던 사람들도 있었다. 하지만 많은 유자들은 유교의 폐단을 개혁하고, 儒林이 민족문제 해결이나 근대화의 주역이 되어야 한다고 보았으며, 개혁의 일환으로 유교의 종교화(가령 孔敎運動)를 꾀하여 민족문제를 해결하려고도 하였다.

변법론에 철저했던 논자들은 점차 유교적 근대화에 머무르지 않고 새로운 이념을 추구해갔다. 1910년대 그들은 만주지역을 중심으로 전

개된 무장항쟁, 독립전쟁에 관여하였고, 또한 민족정신의 앙양을 위해
우리 역사를 적극적으로 연구하였다. 그들은 여전히 國魂, 國性을 강
조하면서, 國史 속에 국혼이 담겨있다고 주장하면서 동시에 국혼을 지
킬 수 있는 것으로 國敎와 종교의 중요성을 강조하였다. 이때 국교는
물론 유교만은 아니었고, 때로는 大倧敎를 신봉하기도 하였다. 따라서
역사의 체계도 단군–부여–고구려–발해의 전통으로 확립하였고, 만
주지역에 존재하던 여진족 등도 우리 민족의 일부로 생각하였다.

그리고 그들은 제국주의의 침략성과 강권성을 비판하였다. 그전까지
그들도 강자가 되기 위해 실력양성운동에 동참하였다. 그러나 이제 약
자의 입장에서 본 사회진화론은 침략자의 수단일 뿐이라는 사실을 인
식하게 되었다. 그들은 침략주의적, 강권주의적 시대를 비판하는 논리
로 유교의 仁義와 大同사상을 거론하였다. 물론 '대동'의 의미 속에는
민족운동진영의 大同團結의 의미도 내포되어 있었지만, 그들은 좀 더
나은 사회 건설의 지표로 이 대동사상을 내세웠던 것이다.

1910년의 신채호는 이런 흐름에 동참하고 있었다. 그러다가 그는 1
차 세계대전 이후 세계 사조의 변화 속에서 유교를 근본적으로 비판하
고 새로운 시대에, 그리고 망한 나라의 국민이 가져야 할 새로운 도덕
론을 제기하였다. 새로운 도덕론의 핵심에는 國粹가 있었다. 그는 유
교로는 이 국수를 보전할 수 없다고 보고, 이를 우리 민족의 고유한 사
상, 진취적이고 자주적인 사상에서 구하였다. 그는 이것을 郎家思想이
라고 하였고, 역사연구를 통해 이를 증명하였다. 이와 더불어 그는 서
양의 아나키즘을 수용하면서 민중의 폭력혁명에 의한 민족문제 해결
방안을 제기하였다.

유교 이념은 일제하 민족운동 속에서 긍정적 혹은 부정적으로 작용
하였다. 새로운 사회주의 이념이나 부르주아 운동에서는 봉건 타파라
는 측면에서 이를 부정하였지만, 때로는 민족운동론 속에서 이상적 유

교사회론이 녹아 들어가기도 하였다. 뿐만 아니라 해방 후 근대민족국가 건설과정, 심지어 북한의 사회주의국가 건설에서도 유교 이념은 일정한 형태로 변용되어갔다.

일제하 천도교 계열의
자본주의 인식의 변화와 인간관

이 승 렬[*]

1. 머리말

1905년 12월 1일 『大韓每日申報』와 『帝國新聞』에 東學의 天道敎로
의 改新을 알리는 광고인 '大告天道敎出現'이 게재되었다.[1] 19세기
후반에 東學은 조선왕조의 사회적 모순을 개혁하고 제국주의 침략에
저항했던 농민층의 사회적 종교적 대응이었다. '동학에서 천도교로의
개신'은 19세기 말 동학농민전쟁이 좌절된 후 東學의 지도부가 교단의
존립과 유지를 위해 자본주의 근대문명화를 수용하는 것이며, 또 그런
의미에서 토착종교의 근대화라는 의미를 담고 있었다. 그들은 동학과
적대적이었던 일본의 '힘'을 인정하고, 동아시아에서 새로운 강자로 부
상된 일본에 협력하였다. 일본과의 마찰을 원치 않았던 천도교는 출범
당시부터 제1차 세계대전이 끝날 무렵까지 순수 종교 활동에 치중하는
경향이 있었다. 그와 함께 동학의 사회개혁적 후천개벽론이 시대의 추
이를 따라 문명개화론적 후천개벽론으로 변화하고 있었다.

---

* 연세대학교 국학연구원 연구교수, 한국사학
1) 崔起榮, 「韓末 東學의 天道敎로의 개편에 관한 검토」, 『韓國學報』 76, 1994,
114~115쪽.

제1차 세계대전을 계기로 유행하기 시작한 '개조'사상은 천도교의
사상과 활동에 많은 영향을 미쳤다. 이전과 달리 3·1운동, 자치운동,
물산장려운동, 신간회 등에서 천도교 인사들의 참여가 늘어났고, 또 자
본주의적 근대문명을 비판하는 논설이 잡지『개벽』에 자주 실린 것도
그러한 사정을 반영한 것이라 하겠다. 이러한 천도교의 대응은 농민이
라는 대중적 기반을 가진 종교가 농민의 희생을 전제로 할 수밖에 없
는 '식민지 자본주의'체제에 대한 비판이기도 했다. '농민과 자본주의'
사이에서 한국의 토착종교의 근대화가 갖고 있는 역사적 특질이 나타
나고 있었다.

천도교에 대해서는 민족운동사 혹은 종교사 분야에서 적지 않은 연
구가 축적되어 왔다.[2] 그러나 이들 연구들에서는 천도교와 자본주의의
관계에 대해서는 별로 주목하지 않았다. 동학이 천도교로 개신했던 무
렵의 대한제국은 여전히 부르주아 세력이 미약하고 농민들이 대다수
인 농업사회였다. 천도교 역시 농민을 기반으로 하고 있었기 때문에

---

2) 최근에는 천도교의 문화운동, 민족운동, 정치활동, 종교사상 등에 대한 이해
를 넓혀 주는 박사학위논문들이 여러 편 제출되었다. 연구사 정리는 이들 논
문에 자세하다. 曺圭泰,『1920年代 天道敎의 文化運動 硏究』, 서강대학교 사
학과 박사학위논문, 1998 ; 金正仁,『日帝强占期 天道敎團의 民族運動 연구』,
서울대학교 국사학과 박사학위논문, 2002 ; 高建鎬,『韓末 新宗敎의 文明論
: 東學·天道敎를 中心으로』, 서울대학교 종교학과 박사학위논문, 2002 ; 李
庸昌,『東學·天道敎團의 民會設立運動과 정치세력화 연구(1896-1906)』, 중
앙대학교 사학과 박사학위논문, 2004 ; 허수,『일제하 李敦化의 사회사상과
天道敎 - '宗敎的 啓蒙'을 중심으로 - 』, 서울대학교 대학원 국사학과 박사학
위논문, 2005. 이들 외에도 이 논문 작성과 관련하여 한국 근현대사의 거시적
관점에서 천도교의 정치·경제사상을 다룬 鄭用書의「日帝下 天道敎靑年黨
의 運動路線과 政治思想」(『韓國史硏究』105, 1999) 및「1930년대 天道敎勢
力의 農業問題 認識과 農業改革論」(『東方學志』117, 2002), 개조사상과 천도
교 신파 이론가의 관계를 분석한 윤해동의「한말 일제하 天道敎 金起田의
'近代' 수용과 '民族主義'」(『역사문제연구』1, 1996) 등을 많이 참조하였다.

서양의 종교 근대화 과정에서 형성된 프로테스탄티즘(Protestantism)처럼[3] 부르주아의 자유주의 이데올로기를 뒷받침하는 종교가 되지 못했다. 손병희 저술에는 조선왕조의 핵심 윤리인 삼강오륜이 인간관계를 이해하는 중요한 기준이었다. 개신 초기 천도교의 딜레마는 자본주의 근대화를 지향하면서도 그와 어울리지 않는 대중적 기반이었다.

그러나 제1차 세계대전을 계기로 그러한 사상적 경향은 크게 바뀌었다. 자본주의 문명화를 비판하고 전통적 윤리인 삼강오륜을 부정하는 글들이 대세를 이루었다. '정의와 인도'가 발현되고 그리고 '평등과 자유'가 목표인 서구의 개조사상, 그 중에서 자본주의 근대문명을 비판하는 사조가, 또 서양의 여성문제를 소개하는 글들이 『개벽』에 자주 실렸다. 그런데 천도교 신파는 자본주의를 근간으로 하는 일본제국주의의 지배를 인정한 정치활동인 자치운동을 전개하였다. 이러한 모습은 천도교의 또 다른 딜레마가 나타난 것이었지만, 시대의 변화에 적응하면서 대응하는 천도교의 고유한 사상적 특질이 나타난 것이기도 했다. 1900년대의 자본주의 근대문명화론에서 1920년대 자본주의 근대문명화에 대한 비판, 그리고 다시 1930년대 초반 식민지 지배체제에 협력하는 '大東方主義'로의 변신은 천도교의 사상적 궤적이 시대의 변화에 민감했다는 증표라 할 수 있다.

20세기 초 천도교를 출범시킨 손병희와 1920년대 천도교 신파 그룹인 최린·이돈화·김기전 등의 저술과 활동은 그러한 사상의 흐름을 대표하고 있었다. 물론 천도교 내에는 권동진·이종린 등의 천도교 구파와 최동희로 대표되는 혁신그룹이 존재했었다. 그러나 이 글에서는

---

3) 서양에서는 근대적 인간관과 인권의식은 부르주아의 이데올로기가 사회적 보편성을 획득하는 가운데 형성되었다. 그것은 사상적으로는 자유주의, 정치적으로는 삼권분립-민주주의 체제 형성과 궤를 같이 하였다. 이에 대해서는 J.B. 노스 저, 尹以欽 譯, 『世界宗敎史』上, 玄音社, 1986, 제6장.

천도교 신파가 손병희 이후 천도교 교단 내에서 실질적인 주도권을 행사했다는 점을 중시했다. 손병희 저술과『개벽』이라는 텍스트가 주요 분석 대상이 된 것은 그러한 이유에서였다.[4]

이돈화가 주도했던『개벽』에 실린 여러 논설들은 필자들의 천도교 내 계열이 달랐음에도 불구하고 자본주의 근대문명을 비판하는 논지는 크게 다르지 않았다.[5] 그러한 측면에서『개벽』은 서양의 근대사상에 자극을 받으면서 자신의 사상을 형성해 가는 식민지 조선 지식인들의 지적 산물이 집적되는 현장이었다. 따라서 이 잡지에 실린 글들은 1920년대 식민지 조선의 사회사상의 동향을 설명할 때 자주 인용되곤 했다. 다른 측면에서 이 잡지는 자본주의 근대문명을 비판하는 글들이 주류를 이루었음에도 불구하고 천도교 신파가 자치운동에 관련되었기 때문에 경제적 실력양성을 통한 자본주의 근대문명을 지향하는 사상적 동향을 설명할 때 과도하게 거론된 경향이 있었다.[6] 그것은 천도교 신파가 부르주아 입장을 대변하는 동아일보 그룹과 자치운동을 함께

---

4) 천도교 초기에 대해서는 손병희가 집필한「三戰論」(1902),「明理傳」(1903),「準備時代」(1906), 1906년 6월에 창간되어 그 이듬해 6월에 폐간된 천도교 신문『萬歲報』를 중심으로 살펴보고, 1920년대 천도교에 대해서는 1920년 6월에 창간되어 1926년 8월에 강제 폐간된 잡지『開闢』을 살펴보았다.

5) 이것은 신파와 구파의 차이가 종교이념의 대립보다는 종단 내의 권력투쟁의 성격이 강하다는 점을 함축하는 것인데, 이에 대해서는 다음 글을 참조했다. 美林生,「敎祖問題가 큰 問題인가, 天道敎 新舊派 再分裂의 眞相」,『동광』제34호, 1932년 6월. 또 최동희로 대표되는 천도교 내의 혁신세력에 대한 검토는 유보했는데, 이 계열은 상대적으로 천도교 내에서 소수파였다. 최동희는 천도교 민족혁명의 전통이 최제우-최시형-전봉준에서 시작되었음을 강조했다. 그는 농민적 입장에서 민족혁명의 완수라는 이상을 고수하는 흐름에 있었다. 그는 인내천을 절대평등, 민족평등으로 이해하고 사회주의를 그 범주 안에서 융화될 수 있는 것으로 보았다. 이에 대해서는 이준식,「최동희의 민족혁명운동과 코민테른」,『역사와 현실』32, 1999 참조.

6) 이러한 해석은 박찬승,『한국근대정치사상사연구』, 역사비평사, 1992, 제4장에 잘 나타나 있다.

진행한 경력 때문일 것이다. 이러한 점이 『개벽』이란 텍스트가 선택된 이유이다.[7] 최린이 자치운동에 참여한 점 때문에 천도교 신파가 자본주의적 실력양성을 추구했다고 평가하는 것은 일면적인 해석이 될 가능성이 높다.[8] 이러한 점을 염두에 두고 이 글에서는 손병희에서 천도교 신파로 이어지는 천도교의 사상적 변화과정을 검토하였다. 그것은 농민을 기반으로 하는 토착종교가 식민지 지배체제에서 자본주의 근대문명과 만날 때 어떤 사상적 특질을 갖는가에 대해 해명하는 과정이며, 또한 부르주아 세력이 취약한 사회의 식민지 근대화에 담겨 있는 역사적 성격을 종교적 측면에서 살펴볼 수 있는 기회이기도 했다.

2. 20세기 초 서양·일본에 대한 인식 전환과 자본주의 근대문명화론

천도교 이전, 동학의 後天開闢論은 종교운동과 사회운동을 엄밀히 구별하지 않았다. 정신개혁과 물질개혁, 개인구제와 사회구원이 일치되어 전개되는 총체적인 사회개벽의 논리였다. 후천개벽을 완성시키는 대사회적 지향의 구체적 지침이 되고 있는 것은 敎政雙修(性身雙全)

---

7) 『천도교회월보』, 『신인간』, 청년단체 기관지 『당성』 등 천도교 교리와 사상적 동향을 반영하는 여러 텍스트를 함께 분석하지 않은 것, 그리고 천도교의 여러 정치활동 및 사회운동과 텍스트의 유기적 관련성을 분석 대상에 올려놓지 않은 것은 이 글의 한계라 하지 않을 수 없다.

8) 정용서는 천도교 청년당이 추진한 자치운동의 성격을 동아일보 계열 및 수양동우회의 그것과 구별하였는데, 전자는 각 민족의 실력양성을 토대로 하여 '세계일가'의 건설을 실현하기 위한, 후자는 근대 자본주의 국가 건설을 위한 자치운동의 성격을 지녔다는 점을 강조했다. 이 해석은 자치운동에 참여한 세력의 지향을 구분했다는 점에서 연구사적 의의가 있다. 정용서, 앞의 글, 1999.

였다. 동학의 '후천개벽론'은 교조신원, 동학합법화라는 종교적 동기와 조선왕조 지배구조의 수탈성을 비판하는 사회적 동기를 밑에 두고 포덕천하, 보국안민, 광제창생을 통한 지상천국의 건설로 이어지는 일련의 동학 고유의 교리적 지향이었다. 천도교의 후천개벽론은 일본을 매개로 새롭게 경험한 문명과 부강의 힘에 압도되어 세계관적 지향의 변경을 도모하는 과정에서 제기된 현실지향적인 논리였다. 개신 종교의 후천개벽론은 '개화의 방법론'이자 '근대성의 수용방식'으로 선포되었고, 교정쌍수의 논리가 정교분리로, 사회개벽의 과제가 문명개화로, 그리고 '순수한' 종교단체의 성립으로 귀결되었다.

정치운동의 지향이 강했던 후천개벽의 모티브가 지양되고 계몽적인 문명개화의 모티브가 강조되기 시작했고, 교단외곽조직은 사회운동을, 교단은 순수한 종교 사업을 각각 분담했으며, 사회운동도 직접적인 체제변혁이나 정치운동보다는 계몽운동 내지 문화운동을 지향했다. 차별화와 배제의 대상이었던 '서양'은 개화와 문명, 독립과 부국강병이라는 근대적 담론과 동일시되면서 적극적인 수용의 대상으로 바뀌었다.[9] '한국'[10]도 문명개화를 이루어야 한다고 생각했던 손병희는 1901년 3월 손병흠·이용구와 함께 원산에서 선편으로 도일하였다. 그 곳에서 손병희는 권동진·오세창 등의 문명개화론자들을 동학 조직 안으로 끌어들였다.[11]

청일전쟁에서 승리한 일본은 조선에서 영향을 확대해 가던 중 삼국간섭(1895)으로 인해 그 기세가 잠시 주춤거렸지만 러시아와의 협상을 통해 조선에서의 권익을 착실하게 확장해 나갔다.[12] 점차 대륙에 진출

---

9) 高建鎬, 앞의 논문, 121~126쪽.
10) '한국'은 1899년에 공포된 '大韓國國制'에서 따온 것으로 大韓帝國을 의미한다. '조선'이란 용어는 주로 식민지 시기에 '조선민족' 혹은 '조선인'이란 의미로 사용하였다.
11) 이용창, 앞의 논문, 42~60쪽.

하려는 일본과 남진하려는 러시아의 힘이 조선을 둘러싸고 충돌할 위
험성이 높아지고 있었다. 손병희는 일본과 러시아의 충돌이라는 국제
적 계기를 국가적 위기와 동학의 위기를 타개할 수 있는 기회로 파악
했다. 그가 가장 좋은 "無上의 책"으로 제시했던 방안은 "반드시 승전
할" 일본과 함께 "공동출병을 하야 전승국의 지위를 얻는" 것이었다.13)
일본군의 지원을 받는 일진회와의 조직적 결합, 일본군의 군수품 수송
이나 군용철도 부설을 위한 동학교도들의 노무동원, 그리고 1904년 2
월 러일전쟁 발발 당시 손병희의 일본정부에 대한 1만원 기부 행위 등
은 그러한 맥락 위에서 실행된 것이라 할 수 있다.14)

　손병희는 매우 전략적이었고 '時機의 變易'를 중시했다. 동양의 후
진성을 인정했던 그의 눈에는 '옛날에 동양에 있던 문명의 풍화'가 '서
양으로 옮겨 간 것'으로 비쳐졌다. 서양 사람은 '이 세상의 운을 타고
확실히 동양 사람보다 투철하여 각각 활동하는 기운이' 있었다. 동양
사람들은 '교화가 무너지고 해이하여 능히 시운과 시기의 바뀌고 변함
을 따르지 못하고 고금에 정한 법밖에 연구하지 않고' 있었다. 세계의
형편 외세의 형편에 어두운 한국의 처지는 우물 안에 앉아 있는 개구
리에 비유되었다.15) 그리고 '東西洋이 飜覆되는 이치'가 되었던 서양
의 '기술과 산업의 발달'과 '공화와 입헌 정치의 발달'은 그가 도달해
야 할 목표가 되었다.16)

　'근면하자.' '절약하자.' 산업을 발전시킬 수 있는 '자본을 모으자.'17)

---

12) 모리야마 시게노리(森山茂德), 김세민 옮김, 「近代韓日關係史研究』, 玄音社,
　　1994, 제2장.
13) 李敦化, 『天道敎創建史』 3편, 31~32쪽.
14) 최기영, 앞의 논문, 103~105쪽 ; 이용창, 앞의 논문, 60~72쪽.
15) 『三戰論』 總論.
16) 『明理傳』 創世原因章.
17) 『明理傳』 治國平天下之政策章에는 '근면'에 대해 '사람사람이 각기 자기의

'왕가의 자제로부터 민간의 수재에 이르기까지 통상의 재주를 기르고 발달시키자.'[18] 民富와 國富를 늘리고 외국자본을 막아내기 위한 자본의 축적, 산업의 진흥, 그리고 무역의 확대는 동양이 활로를 열고 나라가 부강해지기 위해 그가 제시한 '적자생존'의 방법론이었다. 손병희가 천도교의 실력양성론을 집약한 『準備時代』라는 소책자 저술을 마친 시기도 이 무렵(1905년 4월)이었다. 이 책은 强·富·文明·自由를 綱으로, 法權恢復·鐵道償購·鑛山索還·關稅改正을 目으로 하고, 교육과 경제를 그 전제로 삼는 주장을 피력하였다.[19] 그의 진화론적 세계관은 국제관계 인식에 더 분명하게 나타났다. 그는 "公法千言이 大砲一門에 미치지 못하며……强力은 正義"라고[20] 언명했는데, 어느덧 '물질의 힘'은 정의의 원천이 되고 있었다.

진화론적 세계관을 갖게 된 그는 '교육을 통한 계몽운동'과 '일본과의 연대 강화'를 대한제국과 동학이 처한 어려움을 타개할 수 있는 현실적 방안으로 생각했다. 국내 동학교도들의 문명개화에 대한 관심을 유발하기 위해 1902년과 1904년에 두 차례에 걸쳐 일본에 유학생이 파견되었다. 교도만이 아니라 일반 지식인 및 대중들을 향한 계몽활동을 위해 1906년에는 普文館을 설치하고 『萬歲報』를 발간하였다.[21]

직분을 다하고 한집 사람일지라도 수고롭고 괴롭고 부지런하고 힘써 생령의 이치를 알고 먹는 것이며, 그러면 장차 반드시 놀면서 입고 먹는 백성이 없을 것이다라고 했다. '절약'에 대해서는 이천만 동포가 세 번 먹는 밥에서 세 술 쌀을 덜더라도 그 사람이 주리지는 않을 것이요, 날마다 한 닢씩 불리어 손해가 없으면 적은 것을 모아 큰 것을 이룰 수 있는 것이라 했다.

18) 『三戰論』財戰.

19) 최기영, 「동학의 천도교로의 개편에 관한 검토」, 『한국근대계몽사상연구』, 일조각, 2000, 249쪽.

20) 『準備時代』序.

21) 『皇城新聞』 1906. 5. 21 ; 최기영, 「天道敎의 國民啓蒙活動과 『萬歲報』의 發刊」, 『大韓帝國時期 新聞硏究』, 一潮閣, 1991.

‘일본과의 연대 강화’는 러시아와 일본 사이에 전쟁이 일어나면 일본과 함께 러시아와 전쟁을 해야 한다는 구상 속에 드러났다. 공동운명을 갖고 있는 양국의 脣齒의 관계 설정 또한『東經大全』단계에서는 조선과 중국을 상정했다면, 손병희의 천도교 시대에 오게 되면 조선과 일본으로 바뀌었다. "偏小한 國 我國과 一小島國 日本은 相合하면 其利가 互有하고 相離하면 其害가 不測"할 수 없는 ‘脣齒’의 관계로 설정되었다. 일본에 대한 걱정이 전혀 없는 것은 아니었지만 서양 및 러시아의 진출에 대응하기 위해서는 ‘아국’과 일본의 연대를 중시하는 논리를 세워 나갔다.[22] 이러한 논리는 서양과 동양의 대립을 ‘인종경쟁’의 차원에서 이해하는 수준까지 나아갔다. 손병희가 러일전쟁을 황인종과 백인종의 인종경쟁으로 표현한 이래,[23] 그러한 정세관은『萬歲報』에서도 그대로 재현되었다. 이 신문에는 전 지구상의 경쟁이 "황백 양색 인종의 경쟁"으로 단정하고 또한 ‘白色禍’에 대한 우려를 강조하는 논설들이 다수 실렸다.[24] ‘인종경쟁’이라는 진화론적 세계관은 자연스럽게 한일관계 인식에서도 ‘한일간의 친선’에서 ‘동양전체의 단결단합, 혹은 연방’ 구상으로 확장되었고, 나아가 ‘대동합방론’(樽正藤吉, 1893)에 바탕한 ‘아세아주의’와 ‘일본맹주론’이 유통되기에 이르렀다.[25] 또한 문명개화론자로 동학에 입문한 권동진, 오세창이 참여했던 대한협회는 동아시아에서 일본의 역할과 지위를 인정하는 ‘보호주의’ 정치론을 정립했다.[26]

22)『萬歲報』1906. 12. 18, 논설「疑山疑雲(續)’」; 천도교의 국제관계 인식에 대해서는 고건호, 앞의 논문, 76~78쪽.
23)「본교력ᄉ」, 최기영, 백맹수 편,『韓末 天道敎 資料集』2, 1977, 275쪽.
24)『만세보』1906. 12. 22., 논설「경쟁」; 同 1907. 6. 8, 논설「경쟁의 聲」; 同 1907. 5. 8, 논설「국민자활력」; 同 1907. 9. 15, 논설「인종경쟁」; 同 1907. 9. 21, 논설「경제경쟁」; 同 1906. 12. 18, 논설「疑山疑雲」.
25) 고건호, 앞의 논문, 2002, 79~82쪽.

72

1906년 1월에 귀국한 손병희는 먼저 천도교와 일진회와의 관계를 단절시켰다. 천도교 혹은 동학이 친일적이라는 여론을 의식한 조치였다. 천도교의 활동이 재개되는 것에 대해 비판적 여론을 의식하며, 천도교의 '문명파' 세력은 정교분리원칙을 내걸고 교세확장에 진력했다.[27] 현실적이고 구체적인 사회개벽을 지향하는 종교적 실천은 문명개벽으로 변형되었다. 후천개벽의 표상은 조선왕조의 체제를 비판하는 '반봉건'에서 자본주의 근대문명화-산업발달과 정치개혁을 이룩하여 부강한 나라를 志向-하는 수준으로 구체화되었고, 교리적 차원에서 西學에 대응하고 일본의 침략에 대해 무력 저항했던 동학의 '반외세'는 국제관계를 '인종경쟁'으로 이해하고 일본과 협력하여 서양·白色禍에 대항해야 한다는 사회진화론적 대외관으로 전환되었다.

그러나 손병희 시대의 천도교는 유교적 도덕과 윤리에서 자유롭지 못했다. 조선왕조의 유교적 윤리인 '효제충신과 삼강오륜'이 강조되었다.[28] 따라서 '개인'에 대한 문제의식이 거의 나타나지 않았다. 동학농민전쟁에서 신분제 철폐가 주장되는 등 반봉건·반유교적 사회의식이 표출되었지만, 여전히 천도교 출범 초기에는 삼강오륜으로 대표되는

26) 金度亨,『大韓帝國期의 政治思想硏究』, 지식산업사, 1994, 73~77쪽.
27) 러일전쟁기 활발한 동학도의 움직임에 대해 대한제국 정부뿐만 아니라 계몽언론들 역시 경계의 눈초리로 바라보았다. 일진회는 1905년 11월 5일에 대한제국에 대한 일본의 보호청원을 선언했고, 1905년 11월 17일 을사조약이 체결되었다. 이로 인해 계몽언론들은 동학의 '혁명성'과 '친일성'에 대해 우려하고 있었다(고건호, 위의 논문, 40쪽). 손병희는 1906년 8월 31일자의 종령 제40호와 9월 5일자의 제41호에서 정교분리에 관한 논급을 시작했고 종령 제45호에 이르러 천도교도의 일진회 탈퇴를 지시하였다. 이에 반발한 일진회 측은 侍天敎를 설립하기 이르렀다. 최기영, 위의 책, 2003, 258~259쪽 ;『大韓每日申報』1906. 9. 6, 잡보「天道敎와 一進會의 分離」.
28) '효제충신과 삼강오륜은 세계에서 칭송하는 것이므로 인의예지는 옛 성인의 가르치신 바라'(『三戰論』總論).

주자학적 도덕과 윤리에서 벗어나지 못하고 있었다. 뒤에 언급될 예정이지만, 이러한 유교적 도덕과 윤리는 1920년에 들어가게 되면 천도교 내부에서 철저하게 부정되었다.

3. 제1차 세계대전 전후 개조사상 수용과 자본주의 근대문명화론 비판

중국과 러시아가 퇴조하고 일본이 승승장구하는 동아시아 정세와 사회진화론적 세계관이 천도교가 출범하는 계기가 되었듯이, 제1차 세계대전을 계기로 하여 일어난 세계사의 변동과 '개조'사상은 천도교의 사상 변화에 큰 영향력을 행사했다.[29] 천도교 기관지『개벽』창간호 (1920년 6월)는 '개조'되고 있는 세계를 본 '감동'을 다음과 같이 전했다.

> 과거 5년의 대전은 여하튼 우리에게 큰 교훈을 주었다. 세계의 금일은……개조하는 道程에 있으며……이를 추상적으로 말하면 정의 인도의 발현이오. 평등 자유의 목표라 하겠고 구체적으로 말하면 强弱共存主義, 病健相補主義라 할 것이다.[30]

다시 말해 이 글은 강한 사람이나 약한 사람이나, 강한 국가나 약한 국가나, 강한 민족이나 약한 민족이나 모두 동등한 권리를 갖고 공존하며 상보할 수 있다는 세계의 '개조'사상 흐름을 '조선인'들도 알고 '자기의 일체를 개벽'하자는 제안이었다.[31] 잡지『개벽』에 민주주의를

---

29) 개조 사상의 수용과정에 대해서는 조규태, 앞의 논문, 제1장 제1절 참조.
30) 「세계를 알라」(『개벽』제1호, 1920. 6)는 창간호의 첫 번째 논설로서 천도교의 사상적 좌표를 제시하고 있었다.

위시하여 서구의 사조와 사상가들을 소개하는 글, 또 식민지 조선의 사회문제 및 민족문제에 관한 논설들이 실렸던 것은 계몽의 필요성을 인식한 편집진의 문제의식이 드러난 것이었다.

특히 자본주의 근대문명에 관한 비판적 시각이 강조되고 있었다. 이러한 편집 경향은 천도교 신파가 부상하는 1923년 무렵에 두드러졌다. 이때는 '조선'의 사회운동에서 이념적 분화가 본격적으로 일어난 시기였다.[32] '개조'의 대세가 천도교 교단 운영에도 영향을 미치는 가운데 1인 교주 중심의 지도체제는 10명의 宗理使 합의제로 전환되었다. 교단 '민주화'의 최대의 수혜자는 서북지방을 근거로 한 신파그룹이었다. 손병희 사후 중심적 지도력이 형성되지 않은 상태에서 1923년 4월에 열린 宗理使 선거를 계기로 하여 신파의 수장인 최린이 실질적으로 교단 내의 실력자로 부상하였다.[33]

또 이 무렵 신파의 기관지 역할을 하던 『개벽』에는 '민족적 의사'를 결정하고 표시하기 위한 '민족적 중심세력'의 결성을 촉구하는 논설이 실렸다. 여기에는 민족의 이익을 지키고 비전을 세우기 위해서는 정당의 성격을 지닌 등과 같은 정치적 구심점이 필요하며, 또 그러기 위해서는 어떤 '主義'를-民族主義 社會主義 同化主義 自治主義 등-내 걸던지 실질적으로 '대단체를 이루어 민족적 중심세력'이 될 수 있는 세력에게 조선민족을 대표할 수 있는 자격을 주자는 의견이 담겨 있었다.[34] 이 주장은 천도교가 '민족적 중심 세력'으로 '자치운동'에 참여

---

31) 위의 글.

32) 배성룡, 「朝鮮社會運動의 史的 考察(一)」, 『開闢』 66호, 1926. 3.

33) 천도교단의 이념적 분화와 교단 내에서의 최린이 지도자로 부상되는 과정에 대해서는 김정인, 「1920년대 전반기 천도교단의 노선갈등과 분화」, 『동학학보』 5호, 2003 참조.

34) 외국 정당적 세력의 예로서 '愛蘭의 신펜黨', '아라사의 볼세비키黨', '猶太민족의 시온黨', '인도의 국민의회' 등이 언급되었다(「곳 해야 할 民族的 中心勢

하겠다는 의미가 함축된 것이라 하겠다.

그런데 자본주의를 근간으로 하는 식민지지배체제 내에서 '자치'를 추구하는 노선을 선택했던 천도교는 그들의 기관지『개벽』에 자본주의 근대문명화를 예찬하는 글이 거의 실리지 않았고 오히려 자본주의를 비판하는 논설들이 많이 실렸다. 자본주의는 인류에게 '害毒'을 끼치기 때문에 '倒壞'되어야 하는 체제였다.

> 시간의 전후는 잠간 무시하더라도 俄國의 勞農革命, 德 墺의 혁명 등은 이 혁명의 기운의 발단이다. 그네의 절규하는 표어는 군국주의와 자본주의의 倒壞다. 인류가 자본주의의 해독―해독이라기보다도 다수 민중이 소수 자본가 계급의 유린하는 노예인 것을 분명히 자각하고 이 것을 倒壞하쟈는 결심과 盟誓를 한 것은 歐洲大戰의 결과 중에 하나 이다. 그네는 인류의 모든 불행이 군국주의와 자본주의에서 오는 것임 과 인류의 행복이 정치적 경제적으로 자유와 평등의 신사회를 건설함 에 있음을 자각한 것이다.[35]

나아가 이 글은 "부국강병을 민족적 이상으로 하던 시대는 이미 잊어 버렸거니와 소위 商業主義的 文化主義를 민족적 이상으로 하던 시대도 벌써 지나 갔다"고 규정하고 "민족적 가치판단의 유일한 표준"은 "도덕적 「힘」의 有無와 大小"임을 명확히 했다.[36] 민족문제도 단순히 민족 간의 모순이 아니라 '무산적 조선민족' 대 '자본주의적 타민족'의 대립이라는 체제적 모순으로 인식했다.[37] '자본주의적 경제력의 발달'은 더 이상 조선민족의 현실을 타개하기 위한 방법이 될 수 없었다.

力의 作成」,『개벽』34호, 1923. 4).

35)「歐洲大戰 以後의 民族的 理想의 進化」,『개벽』제33호, 1923. 3.

36)「歐洲大戰 以後의 民族的 理想의 進化」,『개벽』제33호, 1923. 3.

37)「問題의 解決은 自決이냐 他決이냐」,『개벽』33호, 1923. 3.

'비관'에 빠진 '실력양성' 그룹이 대표적인 사례로 제시되었다.[38]

　元來 文化派의 骨子라 할 것은 實力養成이라 하는 것이며……現代 文明의 基礎되는 資本主義的 經濟力의 發達이 그들의 主眼이었다. 그들은 當初부터 생각하기를……衰退한 朝鮮으로써 한번 起死回生의 道를 찾을 唯一의 方法은 또한 先驗者의 밟은 階級인 資本階級의 發達을 圖치 아니 하여서는 안 될 것이라 하여 그들은 直接 間接으로 産業 發達을 目的하고 여러 가지 經濟上 活動을 하여 보았다. 본 結果 는 하나도 되는 것이 업고 失敗에 失敗를 보고 말 뿐이었다. 그들은 다시 失敗가 무슨 原因에 있는 것을 알아보았다.……第一에는 朝鮮 사람에게 金錢力이 根本으로 不足한 것이오. 第二에는 技術이 不足한 것이오. 第三에는 經濟的 力量이 不足한 것이오. 第四에는 資本主義 的 團合力이 不足한 것이오. 第五에는 經濟上 政治的 實權이 朝鮮 사람에게 있지 아니함이었다. 이러한 種種의 原因을 알기는 알아 놓았 으나 하나도 一朝一夕 一人一個의 力으로 될 것은 없음을 兼하야 알 았다. 그러니 落望할 以外에는 他道가 업다. 「알고 보니 할 수 없구나」 하는 恨心 밖에 나지 아니 한다. 이것이 卽 現在 文化派의 悲觀 現象 이었다.

　그렇기 때문에 '조선인' 대중들이 '사회주의'에 기우는 현상은 '투철 한 이념'적 지향 때문이 아니라 현실에 대한 '절망'으로부터 비롯되는 자연스런 결과로 해석했다.[39] 1923년 전반기에 전국적으로 유행했던 '물산장려운동'은 '대규모 회사 창립 기성운동에 지나지 못하는' 운동 으로 부정적인 평가를 받았다.[40] 이러한 논조는 1923년에 발표된 여러

38) 「激變 又 激變하는 最近의 朝鮮人心」, 『개벽』 제37호, 1923. 7.
39) 위의 글.
40) L 生, 「썻던 탈을 버서나는 物産獎勵, 牛年間 歲月의 힘은 과연 크다 - 物産 獎勵의 歸結」, 『開闢』 40호, 1923. 10.

논설에서 자주 나타났는데, 그러한 경향은 신파로 분류되는 김기전을
비롯하여 구파의 권동진, 그리고 사회주의 계열의 주종건 등에서 모두
나타났다(<표 1> 참조).

<표 1> 1923년 『개벽』에 실린 자본주의 근대문명론 비판 논설들

필자	제목	호 월
	汎人間的 民族主義	33호 3월
	問題의 解決은 自決이냐 他決이냐	33호 3월
權東鎭	人類主義는 나의 가장 贊誦하는 理想이외다	33호 3월
	歐洲大戰 以後의 民族的 理想의 進化	33호 3월
	곳 해야할 民族的 中心勢力의 作成	34호 4월
	濟世安民之策이 此乎아 彼乎아	35호 5월
	激變 又 激變하는 最近의 朝鮮人心	37호 7월
山川均(著)성태(譯)	간듸의 運動과 印度의 無産階級	37호 7월
	禍가 有할진저 僞先知者들이여	38호 8월
朱鍾建	國際無産靑年運動과 朝鮮	39호 9월
L 生(寄)	썻던 탈을 버서나는 物産獎勵, 牛年間 歲月의 힘은 과연 크다 - 物産獎勵의 歸結	40호 10월
	新朝鮮의 운명과 農民의 地位	41호 11월
P. S. L 生	돈아! 네 일홈이 돈이지!!	41호 11월
	現代經濟組織의 모순, - 엇던 多少間 교양잇는 失業한 熟練職工과의 대화 -	41호 11월

이 논설들은 유교적 전통에 대한 극복과 자본주의 근대문명에 대한
비판의식으로 가득 찼다. 뿐만 아니라 그들 중에는 "政治나 經濟 어느
것을 물을 것 없이 民族的으로 壓迫을 받고" 있으며 "民族的으로 破
滅을 當할 境遇"에 처해 있음을 자각하는 의식을 바탕으로,[41] "주의적
단결"에 기초한 "민족적 중심세력"의 형성이 '조선'인의 '민족적 생활'
과 '민족적 사업 성취'를 위해 필요하다는 의견을 제시하기도 했다.[42]

41) 「民族一致, 大同團結을 云爲하는 이에게」, 『개벽』 35호, 1923. 5.
42) 「곳 해야 할 民族的 中心勢力의 作成」, 『개벽』 34호, 1923. 4.

그러나 여기에는 전제가 있었다. 그것은 자본가 중심의 경제적 실력양
성에 대한 배격이었다. "오늘의 經濟組織을 背景으로 한 資本家의 黑
手 밑에서 經濟的 實力을 養得하자 함은 이것이야말로 椽木求魚의
非理에서도 甚한 것이라 到底히 想像할 수 없는 虛夢이다."43) 이것은
앞서 언급한 '문화파'에 대한 비판과 상통하는 바이라 할 수 있다.

천도교 기관지인 『개벽』의 논조가 자본주의적 실력양성과 그것을
주도한 '문화파'에 대한 비판적 논조를 가지고 있는 것과 달리 천도교
신파의 영수인 최린은 1923년 말부터 '문화파'의 중추라 할 수 있는 동
아일보의 김성수, 송진우 등과 함께 자치운동을 위한 모임에 참가했
다.44) 또 그는 1927년 초에 일본에 건너가 정치인들과 조선의 자치문
제를 협의했고, 1929년 하반기에 사이토(齋藤實) 총독이 재부임해오자
이를 기회로 삼아 다시 자치운동에 나서는 등 누구보다 자치운동에 적
극적이었다. 이때 송진우를 위시한 동아일보 계열의 인사들은 그의
'믿음직스러운' 파트너들이었다.45)

『동아일보』 역시 1923년 말에 '민족적 중심세력의 결집'을 촉구하고
있었다.46) 그런데 『동아일보』는 이미 1921년에 '현대의 사회제도와 문
명을 제삼계급의 문명인 자본주의 제도라고 규정하고 현대의 정치적
중심은 유산 계급 즉 자본가에게 있음을 공개적으로 선언하였다.'47)

---

43) 「民族一致, 大同團結을 云爲하는 이에게」, 『개벽』 35호, 1923. 5.

44) 최린의 자치운동과 관련된 행적에 대해서는 김동명, 「일제하 「동화형협력」운
동의 논리와 전개 - 최린의 자치운동의 모색과 좌절」, 『한일관계사연구』 제21
집, 2004 참조.

45) 최린의 자치운동과 관련된 행적에 대해서는 박찬승, 앞의 책, 330~359쪽 참
조.

46) 『동아일보』 1922. 7. 6, 사설 「정치와 중심세력」 ; 1922. 7. 25, 사설 「民族的
團結을 促하노라 - 조선인을 단결하라」 ; 1923. 11. 2, 「중심세력의 작성의 필
요 생존권확보에 대하야」 등이 있는데 이외에도 『동아일보』는 사설과 논설
등을 통해 자주 '민족적 단결'의 필요성을 제기하였다.

『개벽』과 『동아일보』 모두 '민족적 중심세력'은 언급했지만 문맥을 검토하면 그것이 함의하는 바가 달랐음을 알 수 있다. 전자는 자본가에 대해 비판적이었고,[48] 후자는 자본가가 그 중심인 '단결'을 의미하는 주장이었다.

천도교 신파의 자치운동은 구파를 위시하여 천도교 내부의 비판과 비타협적 민족주의와 사회주의자의 공세에 직면하지 않을 수 없었다. 그럼에도 불구하고 그들은 한편으로는 자본주의 근대문명화와 그것을 지향하는 '문화파'를 비판했지만, 다른 한편으로는 식민지 자본주의체제를 수용하고 그 내부에서의 '민족자치'를 지향하고 있었다. 이러한 양면성은 천도교 신파의 정치적 지향이 매우 강한 모습을 보여주는 것이라 할 수 있다. 그러나 자치운동은 일본제국주의의 체제적 한계와 조선총독부의 소극적인 태도 때문에 결국 민족주의 운동의 분열을 초래하는 결과를 가져왔다. 천도교 신파의 정치활동은 동학농민전쟁이 조선왕조사회에 대한 농민들의 사회적 저항에 그친 것에 비해, 그 사회적 충격은 덜했지만 '종교세력의 정치화'를 지향했다는 점에서 크게 달라진 면모를 보였다고 할 수 있다.

여기에서 자본주의 근대문명을 비판하는 논설들과 식민지 자본주의 체제 내에서의 자치운동 사이에 이론적 불협화음이 없었는지에 대해 짚고 넘어갈 필요가 있다. 왜냐하면 그것은 천도교 신파의 이론적 경

---

47) 이승렬, 「일제 파시즘기 조선인 자본가의 현실인식과 대응」, 『사회와 역사』 67, 2005. 6, 172쪽.

48) 천도교 신파는 자치운동의 기반이 될 수 있는 대중적 조직인 '조선농민사'를 결성하고 또 그것을 근거로 하여 사회주의 계열의 인사들(서울·상해파)과도 교류를 가졌으며 크레스틴테른 가입 및 코민테른과의 제휴도 모색했다(조규태, 앞의 논문, 제3장 제3절). 이러한 동향은 천도교 신파가 자산가 계급의 이해를 대변하는 동아일보 계열과 달리 농민적 입장을 기초로 하여 자치운동에 참여했을 가능성을 보여주는 것이라 할 수 있다. 그것은 천도교의 대중적 기반과도 모순되지 않는 정치활동일 수 있다.

향성을 드러내는 면모일 수 있기 때문이다. 앞에서 언급했듯이 그들이 강조했던 "도덕적 힘"의 육성은 "强力은 정의다"라고 한 손병희의 진술을 전면 부정하는 의미를 담고 있었다. 전자가 '정신의 힘'을 강조하는 것이라면 후자는 '물질의 힘'을 기르자는 의미를 담고 있었다. 이때 『개벽』에서 양성하고자 했던 '힘'은 '자본주의적 실력'이 아니었다.

천도교의 대표적 이론가인 김기전은 니체(Nietzsche, Friedrich, 1844~1900)를 통해 '힘'의 의미를 탐구했었다.[49] 그는 1870년 보불전쟁에서 병을 얻었던 니체가 좌절하지 않고 오히려 그 병을 生의 자극제로 삼아 그의 '철학'을 형성해 간 것에 주목했다. "나(니체)는 고통이 우리를 더 善케 하는지 否하는지 모르나 적어도 우리를 一層 심각하게 한다.……병마는 도리어 생의 가장 유력한 자극이다. 내가 병상에 오래 누워있음으로 인하여 그 생의 광휘를 보았으며 도리어 새로운 삶의 추파를 발견하였도다. 이 건강의지, 생활의지로 우러나는 나의 철학을 만들었다. 즉 내 생의 가장 애절한 때를 당하여 나는 염세가로부터 탈출하고 내 생의 회복의 본능으로써 貧과 실망의 철학을 절단하고 말았

---

49) 니체 외에도 생철학자 카펜다, 실용주의 철학자인 제임스, 신실재론자로 알려진 러셀 등 여러 사상가들이 소개되었다. 이들 서구 사조들은 상대주의적이며 다원론적 성향을 보이면서 근대적 이성에 비판적인 반합리주의적 기조를 띠고 있었다. 또 이들의 공통된 점으로는 자본주의 모순에 대해 비판적이었다는 점이다(조규태, 앞의 논문, 제1장 제1절). 천도교 신파의 이론가인 김기전의 사상에 대해 고찰한 윤해동은 이러한 천도교의 서구 사조 유입은 '인내천 교리의 인간화' 즉 초월적 인격신의 부정에 기여했고, 종교적 차원에서의 '근대' 이해의 특성을 드러냈고, 또한 근대적 이성과 합리주의에 기반하지 않은 서구 사조의 유입이 갖는 사상적 특징은 '1920년대 우리 사회의 서구 '근대'의 수용이 파편적이고 불구적이었음을 드러내는 것이라 평가했다(윤해동, 위의 글, 240쪽). 이러한 평가는 '서구 근대'와의 비교를 통해 1920년대 천도교의 사상적 특징을 이해하는 데 유의미하지만, 다른 한편으로는 식민지 자본주의 근대화를 겪는 민족과 나라들에서 나타나는 종교 사상의 보편적 현상이라는 측면도 주목할 필요가 있다.

일제하 천도교 계열의 자본주의 인식의 변화와 인간관 81

다."

그에게 '병마에 시달리는 니체'는 '식민지 조선의 현실'이었고, '병마를 이겨내고 '철학'을 수립한 니체의 의지'는 '현실'을 개조해 나갈 '민족의 의지'였다.[50] '권력의지'를 발휘하여 환경을 제압하는 니체의 '초인'은 식민지라는 환경을 극복하려는 '권력의지'를 갖고 있는 '조선인'이었다.[51]

'권력의지'를 가진 '초인'은 인류의 靈力이 자연의 위에 작용한다는 천도교의 '개조'에 대한 생각과 상통하는 바가 많았다.[52] 마찬가지로 1923년에 제기되었던 '주의적 단결'이란 의미는 '병든 현실'을 개조하려는 '권력의지'를 갖고 있는 '초인'들의 단결이란 의미와 맞닿고 있었다. 자치운동은 그러한 '초인'들의 '권력의지'가 발휘되는 것이며, 이때 필요한 힘은 자본주의적 실력양성이 아니라 강력한 도덕 혹은 종교적 신념이었다. 이러한 맥락에서 손병희 시대에 비해 도덕의 힘을 강조하는 등 관념화되면서 자본주의 근대문명화를 비판하는 경향을 보였던 1920년대 천도교 신파의 사상적 흐름은 식민지 지배체제를 인정하는 자치운동과 괴리되지 않을 수 있었다. 일본 '파시즘'이 대공황을 전후

---

50) 소춘, 「역만능주의 급선봉, 푸리드리히, 니체 先生을 紹介함」, 『개벽』 1호, 1920. 6. 25.
51) 그는 니체의 '초인설'이 진화론의 영향을 받은 것을 인정했지만 그것을 다윈의 진화론과는 구별했다. "그의 초인설은 진화론의 영향을 많이 받았다. 그러나 진화론자와 동일시함은 잘못이다. 진화론 원조 '다윈'은 인생으로써 생존경쟁이라 하며 그 목적은 생의 보전이라 하고 그 목적을 위해 他와 경쟁하는 것이라 하였다. 그러나 '니체'는 생물의 본능은 자기 보전이 아니요. 권력의지 발휘라 하였다. 동시에 진화론자는 환경을 주로 하고 거기에 순응하여 자기를 보전하여 간다 함이나 니체는 권력의지를 주로 하여 환경을 제복한다 함이다."(묘향산인, 「新-인생표의 수립자, 푸리드리히 니체 선생을 소개함」, 『개벽』 2호, 1920. 7).
52) 「신시대와 신인물」, 『개벽』 2호, 1920. 7.

하여 심화된 일본자본주의의 모순을 비판하면서 형성된 점을 생각할 때, 천도교 신파의 사상적 경향은 1930년대에 일본자본주의의 위기를 대륙침략을 통해 해결하려고 했던 일본 '파시즘'의 논리에 동화되기 쉬운 이론적 취약성을 갖고 있었다.

4. 유교문화 비판을 통한 '개인'의 발견과 인내천주의

'개조'되는 세계에 주목하자는 메시지를 던지면서 시작한 『개벽』 창간호에는 「세계를 알라」라는 글을 위시하여 여러 편의 시사 및 사회문제에 관한 논설이 실렸다.[53] 새로운 신흥종교와 청년회의 발흥에 주목한 이돈화의 「최근 朝鮮에서 起하는 各種의 新現象」, 근대문명 교육의 강화와 농촌문제의 해결을 촉구한 朴達成의 「時急히 解決할 朝鮮의 二大問題」, 지금은 다양한 사상과 의견을 묵살한 주자학의 시대가 아니라 누구든지 자유로운 사상을 가질 수 있고 원하는 것을 할 수 있다는 시대의 특징을 설명하고 사람들의 분발을 촉구한 權悳奎의 「自我를 開闢하라」, 노동문제를 勞資간의 대립으로만 보지 말고 노동의 신성함을 깨우치는 계기로 삼자는 又影生의 「近代 勞働問題의 眞義」, 유교적 가족제도와 삼강오륜을 비판한 吳台煥의 「急變하야 가는 新舊思想의 衝突」 등 6편이 실렸다.

위 글들을 검토해 보면 편집진의 문제의식은 크게 '개인', '사회', '민족'이란 3가지 범주에서 '개벽'문제에 초점이 맞추어져 있음을 알 수 있다. '개인'개벽은 여성해방을 언급한 것에서 볼 수 있듯이 '개인'개벽의 문제는 창발성을 억제하고 자유를 억제하는 유교적 도덕과 윤리를

---

53) 이외에도 창간호에는 천도교 교리, 경제, 문예, 과학, 서구 사상을 주제로 하는 글 34편이 실려 있었다.

타파하자는 데 중점이 두어졌고, '사회'개벽의 경우에는 농촌의 사회적
모순 즉 지주와 소작인간의 모순 완화에 시선이 놓여 있었다. '민족'개
벽의 경우에는 직접 일제의 식민통치를 비판하지는 않았지만 민족간
평등 및 민족자결의 당위성을 피력했다.

『개벽』2호의 「사설」도 노동문제, 부인문제, 인종문제 등을 주제로
하여 위 3가지 범주에 대한 입장을 표현하였다.[54] 그 중에서 노동문제
인식은 천도교의 사회문제에 관한 인식상의 특징을 나타내고 있었다.
우선 노동문제의 핵심은 서양의 근대화의 역사에 나타난 것처럼 자본
가와 노동자 사이에 일어나는 보편적 현상임을 명확히 했다. 그 다음
에는 서양과 다른 특수한 조건을 갖고 있는 '조선'의 노동문제는 그에
맞는 인식과 해법이 필요하다는 의견을 제시했는데, 거기에는 여성해
방을 포함한 '개인'의 문제 그리고 유교적 '전통'의 극복이라는 문화의
문제까지 포괄하는 문제의식이 들어 있었다.

　　勞動問題는 먼저 工業의 先進國인 英國으로부터 始作되어 다음에
佛獨米등 諸國에 파급되었다.……18世紀의 經濟的 「데모크라시」는
商工資本階級이 봉건시대로부터 전통적 특권을 가진 제1, 2계급되는
「皇族貴族」에 대하여 階級的 解放을 요구한 運動이었으나 19世紀半
에 이르러서는 形勢 一變하야 지난 날 被支配者로 있던 商工資産階
級은 各各 支配者階級 地位를 獲得하고 資本의 根源은 이른바 資本
主義가 되어 世界市場의 獨占을 目的으로 함에 이르렀다. 그리하여
지난날의 「데모크라시」의 요구자이던 계급이 第4階級(勞動階級을 중
심으로 한 貧한 階級)으로부터 경제적 「데모크라시」의 요구를 받게 되
었다. 즉 第3階級의 경제적 권리가 政治上 民本主義로 나타남에 대
하여 第4階級의 「데모크라시」가 經濟上 民主主義로 나타나게 되었다.

54) 社說 「世界三大問題의 波及과 朝鮮人의 覺悟如何」, 『開闢』 2호, 1920. 7(이
　　하 社說 「三大問題」로 略함).

저 金權橫暴者가 寢하면서 利益의 大部分을 가져가며 또 金力으로 人의 天賦의 權利를 억제하여 勞動者로 하여금 一生 容納치 못할 鐵網의 檻에 들어가게 함은 실로 사람의 도리로 不忍視할 것이라. 그리하여 이 문제를 해결하고자 하면 노동을 중심으로 하고 개인 및 사회의 가치 권력을 인정함으로써 勞資의 調和 또는 平等 解決을 求하고자 함이 今日 勞動問題의 중심이었다.55)

필자가 공업이 발달한 서양의 사례를 든 것은 '이익의 대부분을 가져가며 金力으로 사람의 천부권리를 억제하는' 자본가의 '횡포'를 막고 勞資간의 조화와 평등을 추구해 가는 것이 노동문제의 본질이며, 또 그것은 18세기 상공자산계급의 '정치상 민본주의'에서 19세기 노동자계급의 경제적 요구가 반영되는 '경제상 민주주의'로의 발전이라는 정치적 의의가 있다는 점을 해명하는 데 있었던 것으로 보인다. 자연히 식민지 '조선'의 노동문제에 관한 서술의 초점은 사회문제이며 동시에 정치문제라는 서양의 그것과 '境遇가 相異하며 距離가 懸殊'하기 때문에 그에 맞는 해법을 찾아야 한다는 데 두어졌다.

朝鮮은 아직 幼稚한 農業國의 위치에 있어 工業國에 달하지 못했기 때문에 純粹勞動者 즉 工業的 勞動者가 아직 多數에 達하지 못한 결과－一般社會로부터 그에 대한 同情과 救濟 實施의 方針이 不徹底하며 따라서 勞動者 自身도 知識上 또는 勞動團體的 勢力上－社會의 興論을 興起할 實力과 材料가 부족하며……「데모크라시」의 경제주의 즉 경제상 민주주의의 의미로 볼지라도 朝鮮은 아직 農業本國으로 있음으로 저- 多數 勞動者를 雇傭하는 工業과 달리 比較的 經濟上 階級差異가 그다지 심하지 않은 까닭이었다. 이것이 대개- 世界的 勞動問題와 現下의 朝鮮 勞動問題間에 差異가 生하는 까닭이다.56)

---

55) 社說 「三大問題」, 4~5쪽.

농업국 '조선'의 노동문제의 특수성으로 세 가지가 거론되었다. 그
것은 소수의 노동자, 노동문제에 관한 불철저한 사회의식, 의식과 세력
이 약한 노동자 등이었다. 따라서 식민지 '조선'의 노동문제의 본질은
'농업적 노동'에 있음을 직시하고 자본가와 노동자의 대립이라는 세계
적 노동문제는 "설사 우리 朝鮮人士의 腦漿을 뛰게 한다 할지라도 그
는 공중에 던진 돌과 같이 완강한 저항이 없는" '조선'의 현실과 맞는
않는 것으로 정리되었다. '조선'에 적합한 노동문제 해결 방법으로 제
시된 것은 자본가인 지주와 노동자인 소작인 사이의 '조화'였다. '대립'
보다는 '조화'를 강조하는 것은 천도교 노동문제 인식의 특징이라 할
수 있는데,[57] 그 구체적인 내용은 농촌문제에 대한 『개벽』에 실린 다
른 글에 의하면 소작인 수확의 7할을 가져가는 소작관행의 개선이었
다.[58]

노동문제 인식의 또 다른 특징 중의 하나는 "노동의 신성을 알게 하

---

56) 위의 글, 6쪽.
57) 이러한 견해는 '경작권'의 안정이라는 측면에서 의미가 있는 안이었고, 1930
    년에 가게 되면 농민적 토지소유에 대한 의견들이 제출되고 있었다. 이에 대
    해서는 鄭用書, 「1930년대 天道敎勢力의 農業問題 認識과 農業改革論」,
    『東方學志』 117, 2000 ; 일제기시 농업문제에 대한 여러 계열의 개혁방안에
    대해서는 金容燮, 「日帝强占期의 農業問題와 그 打開方案」, 『韓國近現代農
    業史硏究』, 一潮閣, 1992가 자세하다.
58) "農村問題 해결은……貧富問題부터 해결……다시 말하면 地主와 小作人 문
    제해결이외다. 우리의 農村은 資本家 즉 地主가 改良하지 않으면 改良할 그
    날이 無하다 합니다. 現時 狀態와 같이 地主 小作人의 비율이 그대로 계속
    한다 하면 우리 農村은 참말로 窮境에 빠지고 말 것이외다. 이에 나는 資本
    家의 覺醒을 절규합니다. 자본가부터 자각하여 자기가 衣하고 食하고 일용을
    除한 餘財는 창고에 積置하지 말고 全部들어 農村改良 貧民救濟에 提供하
    여야 합니다. 그리고 또 절규하노니 지주된 이는 종래의 小作料制를 革去하
    여 小作人의 報酬를 厚히 하여야 합니다. 적어도 7割은 소작인의 것이 되어
    야 되겠습니다"(朴達成, 「時急히 解決할 朝鮮의 二大問題」, 『開闢』 1호,
    1920. 6, 29쪽).

여야" 한다는 '깨달음'의 차원으로까지 확대된 점이었다.

　　원래 朝鮮은 李朝 500年間 이른바 士라 稱하는 遊衣徒食의 輩가 國
權을 橫暴하고 農工商의 實業家는 스스로 下流에 處할뿐만 아니라
階級의 차별로 工商은 더욱 賤視되었었다. 그럼으로 「이른바 양반이
라 함은」 一指 不動함이 그들 양반의 양반된 노동태도이었었다.……朝
鮮 청년으로 외국에 유학하는者 및 其他 學生의 태도를 볼지라도 그
들의 입학하는 學課의 태반 이상은 거의 다 法律이 아니면 정치이었
었다.……그럼으로 朝鮮에 在한 노동문제는 먼저 朝鮮사람으로 노동
의 신성을 알게 함이 가장 필요한 先急務가 될 것이며 그리하여 노동
의 신성을 근본으로 각오케 하려면 먼저 個人個人으로 자립 自營의
귀중을 알게 함이 필요하도다.[59]

　　'놀고 먹는' 양반들은 지배계급이 되고 노동하는 '農工商의 實業家
는 下流계급에 속하는 계급 차별의 유교문화를 극복하기 위해서는 '노
동의 신성'에 대한 이해가 필요하다는 주장인데, 이것은 가족을 중심으
로 형성된 유교적 사회제도에 대한 비판으로까지 이어졌다.

　　세계에 朝鮮人과 같이 自立自營의 독립심이 결핍한 者가 업다. 東
西를 비교하면 동양인이 서양인보다 자립자영의 心이 결핍하고 동양
인 중-특히 朝鮮人과 같이 자주자립의 心이 발달치 못한 자가 없다.

---

59) 社說 「三大問題」, 7~8쪽 ; 이 글 외에도 노동문제를 유교문화 비판을 노동문
　　제 범주에서 다른 글로는 다음의 글들이 있다. 이 글에는 朴達成, 「時急히 解
　　決할 朝鮮의 二大問題」, 『개벽』 1호 ; 提川 어느 農村에서 崔重甲, 「今日 朝
　　鮮의 勞資關係, 地主와 小作人 附 小作人 萬吉의 生活」, 『개벽』 15호, 1921.
　　9 ; 李晟煥, 「朝鮮의 農政問題 農村의 衰頹를 恬然視하는 當局, 小作法制定
　　이 目下의 急務」, 『개벽』 29호, 1922. 11 ; 金永甲, 「農村을 扶持하야 써 朝鮮
　　을 扶持하라」, 『개벽』 29호, 1922. 11.

其 원인은 勿論 사회적 제도에서 나온 必然의 결과이겠다. 卽 사회를
개인 제도로 조직함과 가족제도로 조직하는 구별 如何로 개인에 대한
독립자영의 心의 차이가 스스로 나게 되는 것이라……동양인의 가족
제도상 親子의 관계를 볼지라도 親은 子의 성장 후까지라도 親權으로
써 子를 干涉하고 子는 又 親에게 盲從하며 親의 業을 그대로 繼承함
이 그의 이상이었다. 又 夫婦의 관계상 婦는 夫에게 순종할 뿐으로 夫
는 如何히 非義非道를 獨專할지라도 婦는 오직 夫에 복종할 뿐이
며……물론 과거 사회에 在하야는 家族 및 國家의 안전을 圖하는 上
그보다 적응한 제도가 없었고 그로써 또한 사회 및 개인의 행복을 圖
하였던 것이다. 그러나 그의 餘弊는 문명의 今日에 至하여도 오히려
개인의 자유의지를 속박하며 자유 발전 자유 활동을 拘禁하야 사회로
하여금 보수에 姑息하고 退化에 安如하야 浸浸然腐敗衰□의 境에 入
케 하나니 今日 吾朝鮮社會에 俊秀有爲의 청년으로 얼마나 此 因襲
의 監獄中에서 그의 천재를 抹殺하고 재능을 空腐케 하는 者가 多함
을 見하면 實로 恨心不堪하리라.[60]

子가 父에 婦가 夫에 맹종하는 사회제도는 조선인의 자립과 자영의
독립심을 키우는 것을 방해하고 개인의 자유로운 활동과 자유의지를
억제하여 또 준수한 청년을 인습의 감옥에 가두기 때문에 사회의 발전
을 저지하고 있다. 그렇기 때문에 사회제도는 개인을 중심으로 재조직
되어야 한다. 이처럼 노동문제 인식은 노사 간의 '조화'에서 유교문화
를 중심으로 하는 전통에 대한 총체적인 부정이라는 특징을 나타내고
있었다.

부인문제에 관한 해결책 역시 세계와 '조선'의 부인문제를 비교하면
서 찾고 있었다. 제1차 세계대전 당시 남자들 못지않은 능력을 발휘했
고 국가에 대한 의무도 수행했던 영국 부인들, 그리고 선거권뿐만 아

---

60) 社說 「三大問題」, 8~10쪽.

88

니라 피선거권을 획득한 영국, 미국, 프랑스 부인들의 사례가 소개되었
다. 그것은 부인들 역시 사회적 평등을 넘어서서 남자들과 같이 동등
한 정치적 권리를 갖는 것이 이상적이라는 의식의 표현이었다. 그러나
'조선'의 부인문제의 경우에는 정치적 평등보다는 사회적 평등의 실현
이 먼저라는 인식이 있었기 때문에. 남녀차별을 일으키는 男尊女卑의
폐풍을 없애기, '신의 절대관념으로부터 나온 인권평등이 균재한 宗敎
上 信仰의 觀念'으로 부인문제를 바라보기, '다수의 무식한 여자'를 지
도하고 또 '사리에 어둡고 완고(冥頑)한 남자'를 교육하기 등의 3가지
해결방법이 제시되었다.61) 그것은 사람은 모두 평등하다는 人乃天이
라는 종교적 신념을 갖고 여자를 남자와 같이 동등하게 대우하고, 그
러한 의식을 갖도록 여자와 남자 모두를 교육하자는 의견이었다. 부인
문제 해결책에서도 유교문화의 극복이라는 의제가 또 다시 반복되고
있었다.62)

천도교 교리 또한 유교문화를 부정하고 근대적 사회에 적용될 수 있
는 논리적 체계를 가다듬고 있었다. 천도교 신파의 이론가인 이돈화에
의하면 인내천주의는 '사람性과 神性이 一致되는 것'으로 정리했다.
사람이 수련(沒我)를 통해 神性을 체득하고 그것을 생활로 표현하는
날이 '地上天國'이 실현되는 때이다. 다시 말해 인내천주의에서는 초

---

61) 위의 글, 10~16쪽.
62) 『개벽』에는 三綱五倫을 비판하는 논설들이 자주 실렸다. 특히 小春 김기전의
    글이 많았다. 김기전에 관해서는 윤해동, 앞의 논문을 참조.
    金小春, 「長幼有序의 末弊, 幼年男女의 解放을 提唱함」, 『개벽』2호, 1920. 7
    ; 李敦化, 「生活의 條件을 本位로 한 朝鮮의 改造事業, 이 글을 特히 民族
    의 盛衰를 雙肩에 負한 靑年諸君에 부팀」, 『개벽』15호, 1921. 9 ; 起瀍 抄,
    「上下·尊卑·貴賤, 이것이 儒家思想의 基礎觀念이다」, 『개벽』45호, 1924.
    3 ; 李東谷, 「思想의 革命」, 『개벽』52호, 1924. 10 ; 起田, 「내가 본 中國 大
    動亂, 噫 張作霖의 沒落과 日本의 出兵」, 『개벽』65호, 1926. 1 ; 梁明, 「文學
    의 階級性과 中間派의 沒落」, 『개벽』66호, 1926. 3.

월적 신의 존재가 부정되고 인간에 내재하는 神性이 인정되면서 사람과 신이 정신적인 면에서 동일할 수 있다는 점이 강조되고 있었다. 이러한 교리체계는 기독교 교리의 창조설·내세관·부활관 그리고 불교의 윤회설과 구분되는데,[63] '사람주의'(혹은 인본주의)와 '현세주의'라

---

63) 이돈화는 천도교가 유교, 불교, 기독교 등의 타 종교와 다른 점 11가지를 정리한 것인데, 이것은 어려운 교리서보다 인내천주의의 요점을 잘 전달해주고 있다. 第1,「神」을 汎神觀的 一神으로 본 것. 人乃天主義는 神을 사람性 無窮과 일치한 것이라 하나니 사람性 無窮이라 함은 사람性과 神性이 일치됨을 이르는 말이다. 第2,「宇宙」萬有는 진화한 것으로 보는 것. 第3,「理想境」은 地上天國으로 한 것이니 人乃天은 神과 人을 구별치 안이함으로 人으로써 神性의 생활을 表顯하는 날이면 地上이 곧 천국된다 信하는 것이라. 第4,「禍福」은 사람의 自業自得의 因果律로 信하는 것. 第5,「인성의 善惡」은 無善無惡으로 보는 것. 第6,「神人的 神政敎」人乃天은 神人敎도 안이며 神政敎도 아니오 此 兩者를 합일한 神人的 神政敎로 볼 수 있나니 人乃天은 원래–사람으로써 한울되게 하고 한울된 사람이 자기의 神心으로 人世의 極樂을 圖케 하는 신정이므로 이를 神人的 政敎라 이르는 것이라. 第7,「沒我的 主義」人乃天은 沒我로써 主我를 엇고 主我로써 沒我를 보게 하는 교화인 것. 人乃天의 수양은 원래–個體我 즉 私知私欲을 沒케 하야 大我 즉 神性我를 表顯케 하고 因하야 神性我로 主義를 삼는 교화인 고로 沒我的 主我敎 혹은 主我的 沒我敎로 볼 수 잇는 것. 第8,「動的과 靜的」人乃天은 본래 –神性의 진화를 인정하는 고로 무궁의 動으로 즉 無窮의 진화로 그 理法을 삼은 것이니 이 점이 基督敎의 動的 방면보다 一層 廣義的이며 且 의의가 相異한 것. 第9,「來世」人乃天에서도 來世를 信함은 물론의 事이나 그러나 人乃天의 來世說은 涅槃과 天堂을 理想한 말이 안이오. 지상 천국의 來世를 信하는 것이며 그리하야 人의 靈의 생활도 또한 지상천국의 靈의 생활을 信하는 것이라. 第10,「復活」人乃天은 肉的 부활을 信함이 안이오. 靈的 復活을 信하는 것. 第11,「愛」人乃天은 愛의 代에 敬을 說한 것이라. 曰人을 事하되 天과 如하라 함이 愛의 의미라 하니 보다 敬의 의미가 一層–多한 것이라. 總히 말하면 人乃天主義는 萬有의 德性이 발전 又는 生長의 終点에서 가장 원만하고 가장 완전한 境涯를 의미한 것이니 그러한 境涯가 안이면 人乃天이 되지 못하고 그러한 境涯에서야 오즉 人乃天이라 명명할 수 있을 뿐이라(李敦化,「世界三大宗敎의 差異點과 天道敎의 人乃天主義에 對한 一瞥」,『開闢』제45호, 1924. 3).

는 특징을 지니고 있었다. 사회적으로 평등과 자유를 실현하는 것은 사람에게 속한 권리와 의무를 인내천의 원리에 일치시키는 것으로, 그 것은 시대정신에 따라 사람의 의의를 철저하게 하는 인내천의 사람성 주의의 실현이라 할 수 있다. 자유와 평등은 사람성 평등과 사람성 자 유를 그 근거로 삼아야 하며, 이를 실현하는 방법으로 한울의 法性인 事人如天의 실천이 강조되었다.[64) 또 靈肉一致主義에서 육의 해방 즉 의식주의 해방을 구하고자 하는 사람의 인심이 스스로 인내천주의에 가까이 오는 것은 우연이 아니라는 것이다.[65) 인내천종지는 평등과 자 유를 실현하는 세계개조의 정신이 되고, 사인여천의 도덕으로는 혼돈 의 사회가 一精해지고, 靈肉雙全의 제도는 몽매한 인류의 性이 원만 해지는 기반이 된다.[66) 천국은 "오직 善의 평등으로 조직된 것이니 거 기에는 귀천의 차별이 없으며 유산 무산의 계급이 없으며 전쟁이 없으 며 모든 고통이 없는 안온의 세계"이다.[67) 그러나 이돈화는 절대평등 론에 대해서는 "무법한 무차별 평등 관념으로 다수를 점한 열악자의 수평선으로 인간을 하향평준화하는 것에 불과하다"고 경계하였다.[68)

사람성주의 형성과정은 인내천주의가 문화주의 개조론과 결합하면 서 종교적 색채를 희석시키고 사회개조론으로 탈바꿈하는 과정이었 다.[69) 사람성주의는 자본주의적 시장질서에 대한 사회적 방어심리를 반영했다고 볼 수 있다. 제1차 세계대전을 계기로 그동안의 물질편중

64) 『人乃天要義』, 64~65쪽.

65) 이돈화, 「자기해방과 인내천주의」, 『천도교회월보』 118, 1920. 6 ; 이돈화, 「자 기해방과 인내천주의 속」, 『천도교회월보』 119, 1920. 7.

66) 玄波, 「世界改造의 精神과 吾敎」, 『天道交會月報』 116, 1920. 4 ; 花岡, 「改造 의 精神과 人乃天」, 『天道交會月報』 121, 1920. 9.

67) 이돈화, 「天國行」, 『개벽』 49, 1924. 7.

68) 김정인, 앞의 논문, 2003, 240쪽 ; 白頭山人, 「文化主義와 人格上 平等」, 『開 闢』 6호, 1920. 12.

69) 허수, 앞의 논문, 77쪽.

의 자본주의 문명을 비판하는 '문화주의'가 득세하고, 그 영향을 이돈화 등 『개벽』 주도층도 받고 있었다.[70]

이러한 사람중심의 인내천주의는 동학시대의 후천개벽사상과 잘 부합되는 종교사상이며, 농업을 기반으로 하는 신분사회에서 억압받는 민중들의 사회개혁 요구와 잘 부합한다고 할 수 있다. 1920년대는 19세기 후반에 비해 산업의 발달 수준과 사회적 조건이 달라진 식민지 자본주의체제이었지만 여전히 농업이 산업의 중심이었다. 경제의 중심이 지주만이 아니라 산업·상업자본가를 포함한 부르주아계급에 있었지만, 농민이 대다수였다. 그래서 인내천주의는 농민의 입장에서 자본주의 근대문명을 비판하는 이론적 근거가 될 수 있었다. 그런데 현실에서는 한편으로는 부르주아가 주도할 수밖에 없는 실력양성론이 주장되고 있었고, 다른 한편에서는 조선총독부와 일본자본이 주도하는 식민지 자본주의화가 진행되고 있었다. 천도교(주로 신파)는 교리적 입장에서 자본주의 근대문명이 확대되고 있는 현실 사회에 대해 신랄하게 비판할 수밖에 없었지만, 그러나 식민지 지배체제를 극복하기 위한 구체적인 실천은 거의 없었다. 관념적으로는 자본주의에 대해 과격했지만 현실적으로는 일제나 자본가에 대한 도전은 없었다. 자연스럽게 천도교는 관념적으로 자본주의 근대문명을 비판하는 서구의 낭만주의 사조와 가까워질 수 있었다.

또 '현세주의'적 경향이 강한 교리적 특성은 천도교신파가 자치운동에 나설 수 있는 배경일 수 있었다. 최린은 그 필요성을 다음과 같이 역설하였다. "一國의 경제는 정치의 힘으로 보호조장해야만 그 경제가 안정이 되고, 따라서 민족은 안전한 생활을 할 터인데, 우리 조선 사람은 아직까지 우리의 손에 정치의 세력이 없는 까닭으로 아무리 현하와

---

70) 허수, 위의 논문, 80~81쪽.

같이 전 민족이 파산을 당하더라도 구제의 道가 없습니다."71) 인내천주의는 유교문화를 극복하고 자본주의 근대문명을 비판하는 이론적 기반이었지만, '현세주의'는 자본주의체제를 골간으로 하는 식민지 지배체제와 어울리는 자치운동을 전개할 수 있는 기반이었다. 1930년대에 체제적 위기를 대륙침략과 블록화로 돌파하려고 하던 일제가 농촌통제와 사상통제를 강화해오자, 천도교는 다시 '修道第一主義'를 내세우고 대외적 활동보다는 종교적 활동을 중시하는 전환을 시도하였다. "때를 따라서 修道에 치중할 때도 있고 時事問題에 더 주력할 때도 있습니다.……오늘과 같은 비상한 때에 있어서는 修道에다가 더 치중하지 않아서는 아니 되겠습니다." 이 말은 정치활동을 뒷받침하던 性身雙全 · 敎政一致의 논리를 시대의 변화에 따라 '用時用活'이라는 차원에서 '敎主政從'이라는 논리로 새롭게 단정한 것이었다.72)

'지상천국의 來世를 믿는다'는 의미의 '현세주의'는 인내천주의와 함께 천도교의 현실지향적 종교 특성을 잘 보여준다고 할 수 있다. 20세기 초에 손병희는 동아시아에서 일본의 부상이라는 국제관계의 현실을 토대로 하여 천도교를 출범시켰고, 또 자본주의 근대문명화론을 제창하였다. 1920년대 『개벽』의 자본주의 근대문명 비판은 제1차 세계대전을 계기로 형성된 개조사상이 힘을 발휘하는 현실을 배경으로 하고 있었다. 또 천도교 신파가 개입한 자치운동 역시 일본제국주의의 지배라는 현실적 조건을 부정하지 않았다. 천도교는 역시 인간의 자유로운 사상과 활동을 억제하고 양반중심의 신분제적 유교문화를 비판하는 교리체계 위에서 평등과 자유의 실현이라는 이념적 목표와, 인간

---

71) 최린, 「代表할 만한 組織的 機關이 잇서야 합니다」, 『開闢』 66, 1926. 2.

72) 金秉濬, 「三世神聖의 修道行蹟」, 『新人間』 72, 1933. 10, 13쪽 ; 金道賢, 「修道生活의 要諦 - 用時用活에 대한 吟味 - 」, 『新人間』 77, 1934. 3, 3쪽 ; 鄭用書, 앞의 글, 1999, 261쪽 참조.

이 평등하다는 근대적 인간관을 갖고 있었지만, 항상 그것은 현실이라는 조건 안에서 제약되고 있었다. 그렇기 때문에 근대적 교리체계를 갖고 있으면서도 자본주의체제와 부합되는 종교로 거듭나지 못했고 관념적인 '현세주의'로 귀결되었다. 이러한 경향성은 일제가 대륙침략을 강화하면서 '조선'에 대한 통제와 압박을 강화하자 다시 반복되었다. 손병희 시대의, 일본을 맹주로 하는 아세아주의는 1930년대에 '대동방주의' 혹은 '대아세아주의'로 부활되고 있었다.[73] 최린을 중심으로 천도교 교단의 대부분 인사들은 일제의 군국주의·황민화정책에 순응해 갔다.

5. 맺음말

동학은 손병희 주도로 1905년에 천도교로의 개신을 세상에 알렸다. 천도교의 출범은 19세기 말과 20세기 초에 일본제국주의의 부상이라는 동아시아 국제정세의 변동 속에서 농민을 기반으로 태동한 토착종교의 근대화라는 성격을 지니고 있었다. 그것은 토착종교가 서양·일본의 자본주의 근대문명을 대면하면서 사회진화론적 세계관의 영향을 받아 자본주의 근대문명을 수용하는 과정이었고, 또 얼마 있다가 제1차 세계대전을 계기로 형성된 개조사상의 영향을 받아 자본주의 근대문명을 비판하는 과정이기도 했다. 손병희 시대의 천도교는 동학시대에 부정되었던 서양과 일본의 문명을 수용했고, 『개벽』에 나타난 1920년대 천도교 이론가들은 또 다시 서양과 일본의 근대문명을 비판했다.

---

73) 金璟載,「興亡岐路에 선 天道敎」,『삼천리』6-7, 1934. 6 ; '大東方主義'에 관해서는 鄭用書, 위의 글, 1999, 264~268쪽 ; 김정인, 앞의 논문, 2002, 228~234쪽 참조.

부정의 부정을 거듭하면서도 천도교는 인간의 평등과 자유를 강조한 '사람성주의'로 대표되는 인내천주의와 '지상 천국의 來世를 믿는다'는 '현세주의'는 계속 변하지 않았다. 특히 '현세주의'는 천도교가 시대의 조건에 대응하여 사상적 정치적 변신을 할 수 있는 배경이었다. '변한 것'과 '변하지 않은 것'이 중첩되고 있었지만 천도교의 역사적 성격을 결정짓는 변수는 농민을 기반으로 하는 종교와 자본주의의 만남이었다.

손병희 시대의 천도교는 그동안 배척했던 서양의 근대문명은 수용과 모방의 대상으로, 일본은 협력과 제휴의 대상으로 인식하고 있었다. 산업의 발달을 통한 민부와 국부의 증가, 다시 말해 '실력양성'은 강조되면서 동학의 사회개혁적 후천개벽론은 천도교의 문명개화론적 후천개벽론으로의 전환을 보이고 있었다. '강력은 정의'가 되었고 자본주의 근대문명화는 천도교가 도달해야 할 목표가 되었지만, 삼강오륜은 중요한 덕목으로서 존중되고 있었다.

제1차 세계대전 이후 휘몰아친 '개조'사상은 천도교의 사상적 변신을 자극했다. 1920년대 이후 교단을 실질적으로 주도했던 천도교 신파가 주도했던 잡지 『개벽』은 자본주의 근대문명에 대해 비판적이고 식민지 조선의 현실을 자각하는 논설들을 지속적으로 자주 실었다. 공식적으로 진행된 것은 아니었지만 손병희의 문명개화론적 후천개벽론은 후진 세대에 의해 부정되고 있었다. 또 손병희가 중시했던 삼강오륜도 철저하게 부정되었다. 여성과 부인은 남자와 동등한 인간이라는 의식이, 여성과 개인의 자유로움을 억제하는 전통적인 가족중심의 사회제도를 비판하는 주장이 표출되었다. '유의도식'하는 양반문화, 개인의 창발성과 성장을 억제하는 가족제도와 삼강오륜 등 유교적 가치와 질서는 부정되었다. '청년'은 새로운 시대의 '희망'으로 새롭게 인식되었다. '소년'은 그런 연장에서 중시되었다. 그들은 '자본주의적 타민족'에 의해 시달리고 있는 조선민족의 미래를 개척할 수 있는 주역들이었다. 이것은 유교적 문화에 구속되지 않는, 자립적이고 자영하는 '개인'의 출현을 기대하는 사상적 의지의 발로라 할 수 있다.

손병희 시대의 천도교는 '한국'이 도달해야 할 목표로서 서양의 자본주의 근대문명을 상정하였다면, 1920년대 천도교는 식민지 '조선'의 개혁 좌표로서 서양의 자본주의 근대문명을 비판하는 사상을 수용하고 있었다. 양자는 서양·세계의 흐름을 의식하고 그것에 견주어 '조선'을 개벽시키고자 했다는 점에서 공통되는 바가 있었지만, 그 안에는 서양을 이해하는 차이가 있었다.

1920년대 『개벽』에 나타난 천도교는 서양의 자본주의 근대문명을 항상 의식하고 있었지만 노동문제의 핵심을 '농업적 노동'에 있다고 보고 그 해결책을 지주와 소작인간의 '조화'에서 찾는 것에서, 아직 천도교의 사회의식이 전통적인 농촌공동체적 문화의 테두리를 벗어나지 못했음을 표출하고 있었다. 또 그것은 '노동의 신성'을 강조하는 관념적 경향으로 나타나기도 했다. '개인', '사회', '민족' 등 3가지 범주의 개벽의 문제도 도덕적 힘의 양성에서 해법을 찾고 있었다.

'도덕'과 '정신'으로 무장한 '주의적 단결'은 천도교 신파 최린이 자치운동에 나서는 이론적 기반이기도 했다. 그러나 여기에는 두 가지 모순되는 측면이 있었다. 하나는 자본주의 근대문명에 비판적인 천도교 계열의 인사가 자본주의체제를 근간으로 하는 식민지 지배체제를 수용해야 한다는 점이고, 다른 하나는 자본의 육성과 산업화를 통한 실력양성을 추구하는 동아일보 계열의 인사들과 협력해야 한다는 문제였다. '지상천국의 來世를 믿는다'는 의미의 '현세주의'는 그 딜레마를 해결할 수 있는 열쇠였다. 현실지향성이 강해서 '종교세력의 정치화'를 추구했던 천도교는 식민지라는 조건과 부르주아라는 주변 환경을 인정하고 그 위에서 정치적 헤게모니를 추구하고 있었다. 이것은 동아일보 계열이 경제적 실력을 바탕으로 사회적 정치적 헤게모니를 추구하는 것과 대비되는 측면이다. 천도교의 '현세주의'적 경향성은 일제가 대륙침략을 강화하면서 '조선'에 대한 통제와 압박을 강화하자 그 국면에 다시 적응해 갔다. 손병희 시대의, 일본을 맹주로 하는 '아세아주의'는 1930년대에 '대동방주의' 혹은 '대아세아주의'로 부활되었고, 최린을 중심으로 천도교 교단의 대부분 인사들은 일제의 군국주의·황민화정책에 순응해 갔다.

'사람성주의'와 '현세주의'로 대표되는 천도교 교리는 유교문화를 비판하고 서양의 역사에서 태동한 평등과 자유의 이념에 접목될 수 있는 근대성을 갖고 있었지만, '현세주의'라는 이론적 경향성은 천도교가 자본주의와의 관계를 일관되게 설정할 수 없는 이유이기도 했다. 그래서 그것은 천도교가 시대의 굴곡 속에서도 존립할 수 있었던 힘이기도 했지만, 자본주의체제 아래에서 주류적 종교로 성장할 수 없었던 이유이기도 했다.

'朝鮮學運動' 系列의
自己正體性 摸索과 近代觀

백 승 철*

1. 머리말

1930년대는 미증유의 世界 恐慌期에 접어들면서 제반 정세가 크게 변하고 조선에 대한 일제의 수탈이 재편 강화되던 시기였다. 일제는 조선 수탈을 강화함으로써 군국주의 파시즘체제의 물적 토대를 확보하고자 하였고, 이를 위해 사상탄압을 강화하였다. 아울러 일제는 조선에 대한 수탈정책의 사상적 학문적 기반을 마련하기 위한 식민주의적 조선연구를 강화하기 시작하였다. 朝鮮史編修會, 靑邱學會, 京城帝大 朝鮮經濟硏究所 등 일제 관학을 중심으로 『朝鮮史』 정리와 사회경제사 연구가 집중적으로 이루어졌다. 또한 이에 발맞추어 崔南善 등 민족개량주의 사학의 패배적 민족주의, 즉 劣等性과 不具性을 강조하는 民族性論 등이 노골화되었다.

이러한 일제 관학의 확산과 식민주의 사상 강요에 대한 대응으로, 조선학계에서도 역사관, 학문관을 달리하는 각 조류가 자체 진영을 정비하기 시작하였다. 이러한 활동은 주로 조선인 학자들에 의한 다양한 학회의 설립으로 나타나, 이전까지 일본인이 주도하던 조선연구에 대

* 연세대학교 교수, 한국사학

응하여 1933년 朝鮮經濟學會, 哲學硏究會, 1934년 震檀學會 등이 창립되었다. 또한 비타협적 민족주의 진영에서는 '朝鮮學運動', 사회주의 진영에서는 '朝鮮學 振興運動'을 전개하였다.

이와 같이 1930년대 중반을 전후한 이 시기는 일제에 의한 민족적 정체성 파괴와 그에 대한 대응으로써 '朝鮮認識' 즉 민족적 정체성에 대한 집중적인 고민과 탐구가 충돌하는 가운데 '朝鮮學' 연구에 대한 학술적 검토와 운동이 활발하게 이루어진 시기라 할 수 있다. 따라서 이 시기 조선 지식인들 사이에서 전개된 학술연구와 운동은 우리 민족의 전통과 그에 입각한 자기정체성의 재확립이라는 과제에 대한 당대인들의 모색이 집약된 것이었고, 나아가 해방이후 건설될 새로운 국가체제, 사회체제의 정체성 확립을 내포하고 있는 것이라 할 수 있다.[1]

당시 민족적 입장에 입각한 自己正體性 모색은 크게 두 경향으로 나타나고 있었는데, 하나는 白南雲 등을 중심으로 마르크스주의에 입각한 과학적 조선인식 朝鮮像을 수립하려는 노력이었고, 또 하나는 鄭寅普, 安在鴻 등이 주도한 '朝鮮學運動'이었다. 양자 모두 위기에 선 민족의 진로에 대한 심각한 고민과 방향을 모색하려는 실천적 의지의 발로임은 말할 필요도 없다. 전자는 거대담론인 마르크스주의라는 틀 속에서 조선사회, 조선역사의 보편성과 특수성을 추출하려고 했다면, 후자는 조선사상의 내면적 주체를 도출하려는 작업 즉 '민족의 주체적 학문 사상의 틀과 내용'을 추출하려는 작업이었다. 특히 후자의 노력은 궁극적으로 향후 전취해야 할 근대 민족국가의 자기정체성 확립과 연결된다는 점에서 식민지하에서의 이른바 '傳統의 創造'라 할 수 있다.

따라서 본고에서 주목하고자 하는 것은 朝鮮學運動에서 시도되었던

---

1) 이에 대한 학술사적 정리는 李智媛, 「일제하 문화운동 연구의 현황과 과제」, 『한국사론』 26, 1996 ; 방기중, 『한국근현대사상사연구 - 1930, 40년대 백남운의 학문과 정치경제사상』, 역사비평사, 1992, 서론 참조.

조선사상의 내면적 主體化의 방법과 시각이다. 自己正體性을 모색, 재
창조해간다는 것이 他者와의 대결에서 자신을 수호하는 논리=힘의 근
거를 마련하는 것이라면, 조선학운동에서의 타자는 近代 西歐, 근대
日本, 유교사상에 내재된 '中華'일 것이다. 타자에 대한 인식은 주체의
내면화과정이기도 하다. 조선학 운동가들의 타자에 대한 인식은 어떠
했으며, 그것은 조선학 개념의 보편성과 특수성이라는 측면에서 어떠
한 영향을 미쳤는지 살펴볼 필요가 있다. 둘째로 그와 같은 타자에 대
한 인식(近代觀에 대한 접근과 비판)이 전제될 경우, 朝鮮學의 정수로
추출되는 조선후기 實學의 실체는 무엇이며, 이 시기 요청되었던 민족
진로의 모색과 관련성은 어떻게 설정되었는가? 셋째는 조선학의 실체
로서 추출된 실학이 근대적 자기정체성의 사회적 기능을 실제로 어느
정도 수행했는가 하는 점이다. 본고에서는 이 같은 몇 가지 점을 염두
에 두면서 1930년대 朝鮮學運動의 내용과 실체를 살펴보고자 한다.

2. 1930년대 일제의 朝鮮文化 왜곡과 '朝鮮學運動'의 擡頭

1930년대 일본은 1929년 세계대공황, 1930년 농업공황 등에 직면하
여 미증유의 체제적 위기를 겪게 되었다. 이에 일제는 경제통제체제를
확대하는 한편, 국내의 민중운동과 사회주의에 대한 탄압, 치안유지법
의 개정 등을 통해 사상통제를 강화하였다. 아울러 체제 위기를 모면
하기 위한 방안으로 대륙침략전쟁을 도발하고 식민지 수탈을 강화하
였다.

따라서 1930년대 전반기 식민지 조선은 세계대공황의 첨예한 모순
을 전가 받게 되었고 이러한 상황은 운동계, 사상계, 학계에도 그대로

반영되었다. 특히 사상계, 학계를 중심으로 볼 때 이러한 동향은 조선에 대한 일제의 수탈증대와 '皇民化'를 논리화하는 사상적, 학문적 기반의 강화를 의미하였다. 이는 두 가지 측면에서 전개되었는데, 하나는 조선에 대한 식민지 수탈정책의 사상적, 학문적 기반을 제공하고 있는 日帝 官學의 발달이었고, 다른 하나는 그 일환으로 관학이 주체가 되어 정책적으로 추진된 植民主義的 朝鮮硏究의 강화였다.[2]

일제는 1920년대 중반부터 이를 제도적으로 추진하고 지원하기 위한 관학 연구조직을 체계화하였는데, 그 대표적인 것이 1925년 朝鮮史編修會를 설치하고 작업에 착수하여 1932년부터 간행되기 시작한 『朝鮮史』의 편찬이었다.[3] 또한 이와 밀접한 관련하에 청구학회, 경성제대 조선경제연구소 등 일본인 관학자의 조선사 연구조직이 체계화되어, 총독부의 지원 하에 韓末에서 日帝下에 이르는 조선의 사회, 경제 전반에 대한 방대한 연구를 추진하였다. 그 핵심내용은 실증주의에 입각하여 이른바 '民族性論', '停滯性論' 등으로 일제는 이를 통해 조선인을 회유하고 '皇國臣民化'의 학문적 기초를 마련하는 동시에 舊來의 조선사회를 정체된 사회로, 일제하의 조선을 발전한 사회로 검증해 내고자 하였다.[4]

또한 조선사 편찬을 위해 병행되었던 유물, 유적, 자료 등 조선문화유산에 대한 정리는 '實證'이라는 이름으로 조선역사와 민족정서를 왜곡하는 데 활용되었다. 1920년대 본격적으로 추진된 조선의 風習, 사회문화 實態에 대한 조선 연구는 1930년대까지 지속되었다. "조선의

2) 방기중, 앞의 책, 1992, 85~87쪽.
3) 朝鮮史編修會에 대해서는 金容燮, 「日本, 韓國에 있어서의 韓國史敍述」, 『歷史學報』 31, 1966 ; 金性珉, 「朝鮮史編修會의 組織과 運用」, 『한국민족운동사연구』 3, 1989 참조.
4) 金容燮, 앞의 논문, 1966, 135~136쪽 ; 李萬烈, 『한국 근대역사학의 이해』, 문학과 지성사, 1982, 제5장.

문화를 규명하고 民衆의 정신적 생활을 了解하는 좋은 자료"5)를 확보하는 것이 조선문화를 활용한 이데올로기 지배정책의 효용성을 장기적으로 유지할 수 있었기 때문이었다. 그리고 이러한 조사작업을 통해 일제 官學 측의 조선에 대한 학술적 연구의 기초를 조성하게 되어 조선에 대한 문화적 이데올로기적 지배가 보다 치밀해질 수 있었다.

이러한 일제 관학의 조선 역사 문화에 대한 연구 성과들은 日鮮融和, 內鮮一體라는 구호 속에서 파시즘체제로 나아가는 일제의 정신주의 정책의 강화와 맞물려서 사회교화에 적용되었다. 그것은 조선민족의 전통과 고유성을 일선동조의 血族的 의미의 동화주의 틀 내에서 변용함으로써 일본적 國家主義, 국민의식을 주입하는 데 적극적으로 활용한 것이었다. 총독부는 이러한 조선의 역사와 문화를 1930년대 이후 일제의 국제적 팽창이 가속화하는 시점에 대외적으로 '조선 統治의 문화적 施設'을 과시하고 일선동조의 물적 증거로 제시함으로써 일선융화의 동화 이데올로기를 선양하는 데 활용할 것을 적극 추진하였다.6) 이를 위해 일제는 1933년 8월 制令으로 「朝鮮寶物古蹟名勝天然記念物保存令」을 반포하기도 하였다.7)

총독부는 이러한 조선 역사, 문화의 관제적 장악을 기반으로 일본제국주의의 문화업적으로서 관민일치, 일선융화의 사회교화 운동을 추진하였다. 이 시기 활발하게 설립된 博物館, 각 지역에 민간유지나 군수 등이 중심이 된 官民 합작의 古蹟保存會 등은 이러한 일제의 정책방안을 현실화하는 기구였으며, 이를 통하여 정비된 유물과 유적은 '古蹟'이라는 역사성을 갖는 상징물을 통해 日鮮同祖的인 국민의식을 굳히기 위한 사상정책의 일환이었다.8)

---

5) 「調査資料刊行」, 『朝鮮』 1933. 9, 150쪽.
6) 藤田亮策, 「朝鮮에서의 古蹟의 調査 및 保存의 沿革」, 『朝鮮』 9, 1933, 86쪽.
7) 朝鮮總督府, 『朝鮮總督府官報』 제1978호, 1933.

　나아가 일제는 民間信仰을 조선의 고유신앙으로 부각시키고 이를 神社制度의 틀 안에서 敬神思想 함양과 愛鄕精神 진작의 이데올로기 정책의 도구로 삼았다.[9] 이에 宇垣一成 총독은 1934년 4월 중추원 회의에서 心田開發의 방법을 제안하면서 민간신앙을 미신으로서 타파하기보다는 조선인의 신앙심 향상을 위한 방도로서 대책을 세울 것을 주장하였다. 이에 따라 조선 향촌사회의 전통적 신앙체계인 部落祭, 民俗信仰 등을 일본의 神道를 결합시키는 제 방안이 강구되었다.

　이와 같이 조선총독부는 1930년대 공황기의 위기를 타개하기 위해 農工竝進의 경제정책의 추진과 병행하여 파시즘 문화지배정책을 통해 정신적 지배를 강화하고 있었다. 이는 당시 일제 관학 아카데미즘의 성과에 기초하여 內鮮融和의 이데올로기를 강화하기 위한 식민주의적 조선연구의 성과를 기반으로 한 것이었다. 그것은 형식적으로는 조선문화의 전통과 고유성을 부각시키되 帝國主義 문화지배의 틀 내에서 사상적 통제를 강화하여 일선융화, 일선동조의 일본적 국민의식을 양성하는 데 활용하는 것이었다. 따라서 외형적으로 강조된 고유성은 조선인 국민국가를 지향하는 것이 아니라, 일제의 국가, 국민문화의 하부문화로서 위치하게 되어 그 主體性을 상실케 하는 것이었다. 즉 조선의 주체적이고 독립적인 민족의식을 말살하고, 일본식의 全體主義的 국민의식, 문화의식을 주입하는 사상적 통치기술의 일환으로 조선의 고유문화가 변용되고 그 본질이 糊塗되는 상황인 것이다. 따라서 민족운동 진영에서는 당시 이념적, 계급적 대립의 격화에 따른 분열과 아울러 일본의 민족 고유성 왜곡을 통한 정신주의적 지배정책에 대응하여 '民族文化'의 개발을 통한 자기 정체성 강화에 더욱 신경을 쓰지 않을 수 없었다.

---

8) 李智媛, 앞의 글, 250~254쪽 참조.
9) 李智媛, 위의 글, 255~256쪽 참조.

한편 1920년대 후반 이후 조선의 思想界, 知性界는 부르주아 민족주의 계열과 마르크스주의 계열로 분화되는 가운데, 일제의 민족전통, 민족인식 왜곡에 대응하여 민족 주체성의 기반이 되는 '朝鮮認識'의 중요성이 강조되는 가운데 전체적인 연구 분위기가 고양되고 다양한 활동을 전개하고 있었다. 1933년 6월 백남운, 감광진, 이여성, 서춘 등을 중심으로 朝鮮經濟學會가 창립되어 조선의 경제에 대한 연구와 조사활동을 벌여 나갔다. 그리고 1934년 5월에는 이병도의 주도하에 震檀學會를 창립하고 기관지인 『震檀學報』가 발간되었다. 이러한 가운데 1934년을 전후하여 안재홍, 정인보, 문일평 등 비타협적 민족주의자들이 주도한 '朝鮮學運動'이 전개되었다.

주지하다시피 조선학운동은 1934년 9월 '茶山逝去99周年記念事業'을 계기로 전면화되었다. 물론 '朝鮮學'의 개념과 연구방향에 대한 모색은 기념사업 이전부터 이미 제기되고 있었지만,[10] 이것이 하나의 운동으로서 세간의 주목을 받으며 공개적으로 시작된 것은 다산기념사업을 계기로 이루어진 것이었다. 이 기념행사는 新朝鮮社의 茶山 丁若鏞 全集 『與猶堂全書』의 간행 계획과 관련되어 개최되었는데, 1934년 9월 8일 시내 중앙기독교청년회관에서 鄭寅普, 安在鴻, 文一平, 玄相允 등이 연사로 참여한 가운데 진행되었다.

이날 강연에서 정인보는 「茶山先生과 朝鮮學」이라는 제목의 강연에서 드러나듯이 다산의 연구를 '조선학'과 결부시켜 이해하고자 하였다. 그가 처음 사용한 것은 아니었지만, 당시 일반적으로 쓰이던 용어가 아니었던 만큼 정인보의 강연은 '조선학'이라는 개념에서 특히 세

---

10) '茶山逝去99周年記念事業' 이전 '朝鮮學'의 개념과 관련된 글로서 대표적인 것으로는 金台俊, 「朝鮮學의 國學的 研究와 社會學的 研究」(전2회), 『朝鮮日報』 1933. 5. 1, 2 ; 洪淳革, 「讀史漫論-朝鮮學에 관한 區文著書의 日本에 미친 영향」, 『朝鮮日報』 1934. 2. 1~4. 등이 있다.

간의 주목을 받았다. 당시 동아일보는 9월 11~13일에 걸쳐 「朝鮮硏究의 機運에 際하야」라는 제목으로 이 분야의 권위자인 백남운, 현상윤, 안재홍을 탐방하여 '朝鮮學'의 정의를 질문하였다. 이에 대한 세 사람의 조선학에 대한 이해는 사상과 학문관의 차이를 확연히 드러내는 것이었다. 백남운의 경우 그는 비판적 입장에서 조선학을 정의하였다. 그는 "朝鮮心, 朝鮮魂, 조선민족의 본래성 등을 찾아보자는 것이 어렴풋하나마 일부 학자들 사이에서 일어나고 있는 것" 같지만 "조선민족 하면 檀君 때부터 있는 줄 알지 민족과 종족을 구별하지 못 한다"고 비판하고, 조선학이 조선의 민족의식을 고조하는 학문인 것처럼 생각해서는 곤란하다는 입장을 취하였다.[11]

이에 비해 安在鴻은 기본적으로 조선학의 개념에 동의하면서 그 내용을 한층 분명하게 규정하고자 하였다. 그는 조선학을 廣義와 狹義 두 가지로 나누어, 광의의 조선학이란 '온갖 방면으로 조선을 연구 탐색'하는 것이고, 협의의 조선학은 '조선의 고유한 것, 조선문화의 특색, 조선의 독특한 전통을 천명하여 학문적으로 체계화'하는 것이라고 정의하였다. 그리고 한 마디로 조선학을 규정한다면 '조선역사를 기초로'하여 연구하는 것이라고 명료하게 결론지었다.[12]

한편 현상윤은 조선학이란 명사부터 크게 반대하였다. 그는 한 나라의 문물을 한데 모아서 규정하고 연구할 수는 없다는 논리에서 조선의 문화에 대해서도 그런 식의 연구가 결국은 남을 경멸하는 것으로 귀결된다는 입장을 보였다. 그리고 조선학이라는 포괄적인 개념을 설정하기보다는 문화의 각 부분을 전문적으로 연구하는 것이 우선되어야 하

---

11) 『東亞日報』 1934. 9. 11, 「朝鮮硏究의 機運에 際하야(1) - 朝鮮學은 어떠케 規定할가, 白南雲씨와의 一問一答」.
12) 『東亞日報』 1934. 9. 12, 「朝鮮硏究의 機運에 際하야(2) - 世界文化에 朝鮮色을 짜너차, 安在鴻씨와의 一問一答」.

며, 따라서 조선학이 아니라 '朝鮮文化硏究'가 타당하다고 주장하였다. 나아가 그는 군이 이름하자면 '조선의 學'이라든가 '조선의 魂의 學'이라고 하는 것이 적절할 것이라는 입장을 취하였다.[13)

이와 같은 세 사람의 조선학에 대한 이해는 그들이 사상과 학문관의 차이를 확연히 드러내는 것이었다. 기본적으로 조선연구의 기운에 동의하면서도 마르크스주의와 민족주의라는 사상의 차이, 또한 민족주의 내부에서도 신채호 이래의 민족주의의 맥을 계승하며 전통을 학문적으로 체계화하려는 비타협적 민족주의의 입장과 근대주의적, 문화주의적 성격이 강한 진단학회의 입장이 대별되고 있었다.

이후 조선학에 대한 관심은 1934년 12월 『新朝鮮』에서 안재홍이 「조선의 문제」라는 글을 실어 '朝鮮學運動'을 제창하면서[14) 그 논의가 본격화되는 가운데 조선학에 대한 개념이 막연하게나마 정리되고 하나의 운동으로 전개되기 시작하였다. 특히 비타협적 민족주의 진영에 대한 마르크스주의 진영의 비판이 본격화되면서 조선학을 하나의 과학으로 정립하려는 움직임이 일어나기 시작하였다. 조선학운동을 계기로 내부에 존재하던 朝鮮認識의 차이가 전면적으로 드러나게 된 것이었다.

3. '朝鮮學'을 둘러싼 민족주의 진영의 方法論과 '朝鮮認識'의 分化

조선학에 대한 인식의 차이와 방법론에 대한 분화는 1935년에 개최

---

13) 『東亞日報』, 1934. 9. 13, 「朝鮮硏究의 機運에 際하아(3) - 朝鮮學이란 「名辭」에 反對, 玄相允氏와의 一問一答」.
14) 樗山, 「朝鮮學의 問題 - 卷頭言을 對함」, 『新朝鮮』 7, 1934. 12, 2~4쪽.

된 '茶山逝世百周年記念行事'를 전후하여 본격화되었다. 전년에 이어 조선학의 개념에 대한 논의가 진전되면서 각 계열별로 이에 대한 입장이 서서히 드러나게 되었고, 그것은 크게 4계열로 분화하였다.[15] 조선학운동을 제창한 비타협적 민족주의진영을 제외하면, 첫째 조선학운동의 사상적 입장이나 방법론의 영역을 넘어서서 민족적인 표지 일체를 모두 國粹主義的인 것으로 매도하고 조선학 자체를 무시하는 계급주의적 경향을 강하게 띤 한 부류의 마르크스주의적 입장이 있다.

둘째, 정치색을 배제한 순수 학문적 차원에서 광범한 의미의 조선문화를 연구할 것을 주장하는 震檀學會의 입장, 셋째 조선학운동의 관념론적 과학관이나 방법론에 대해서는 명백히 반대하면서도 조선학의 중요성을 인정하고, 과학적 입장에서의 '批判的 朝鮮學'의 진흥을 주창하는 일부 마르크스주의의 입장이 그것이다. 조선학 자체를 부정하는 극단적 입장의 마르크스주의 진영을 제외하면, 세 계열에서 조선학 연구가 진행되는 것이었다. 이들 가운데 조선학의 범주를 인정, 발전시켜 나가면서도 이를 운동론적인 차원에서 접근했던 것은 안재홍을 중심으로 하는 비타협적 민족주의 진영의 朝鮮學運動과 백남운을 중심으로 하는 일부 마르크스주의 진영의 과학적 朝鮮硏究論이었다. 이들이 조선학 진흥운동의 양대 주체였다.

일제 식민지하의 1930년대는 공황기 자본주의적 모순의 심화, 그에 대한 민족주의 진영과 사회주의 진영의 대응방식이 대립하면서 민족문제 인식의 사상적 차별성이 커지고 있었다. 사회주의 진영은 대공황기의 자본주의 위기론에 입각한 계급 대 계급 전술을 채택하여 비타협적 민족주의자들과의 연합전선이었던 新幹會마저 해체시켰고, 민족주의를 부르주아 이데올로기라 하여 타도해야 할 대상으로 설정하였다.

---

15) 이에 대해서는, 전윤선, 「1930년대 '朝鮮學' 振興運動 硏究 - 방법론의 모색과 민족문제인식을 중심으로」, 연세대학교 석사학위논문, 1998 참조.

민족주의 대 사회주의라는 이념적 대립이 심화되는 가운데, 민족주의
자들은 타협적이건 비타협적이건 모두 민족문제의 계급주의적, 國際
主義的 관점에 대하여 비판적 입장을 취하였다. 대신 민족주의 진영
전반은 '역사와 문화의 주체로서의 민족'의 실체를 전제로 한 민족문
화운동을 제기함으로써 이념적으로 민족주의를 옹호하였다. 그리고 민
족주의 계열은 민족주의 이념을 재정립하고 선양하기 위하여 합법영
역에서 가능한 改良的인 문화운동을 전개하였다.

그러나 1930년대 민족주의 민족문화운동 주체들의 민족문화 인식과
운동이 단일한 것은 아니었다. 역사와 전통에 기반한 민족주체성, 자기
정체성의 재확립이라는 공통적인 입장은 공유하였지만, 현실인식과 미
래에 대한 전망에 따라 그 민족인식과 운동방법에는 차이가 있었다.
그 속에는 1920년대 문화주의 민족문화운동이나 자치운동의 연장선상
에서 민족문화를 선양하려는 '文化革新論'의 입장과, 저항적, 주체적
관점에서 민중적 근대 민족국가 지향의 조선문화건설을 추구하는 입
장이 병존하였다.[16]

文化革新論은 특히 1920년대 지식층들에게 유행처럼 확산되었던 사
회주의에 대한 비판적 입장을 기반으로 하고 있었다. 이들은 자본주의
적 문명개화의 역량이 충분히 성숙하지 못한 상황에서 사회주의가 수
용되어 과학적 사색의 역량이 미약하고 따라서 조선의 전신적 힘을 강
화하는데 사회주의는 하등 도움이 되지 못한다고 비판하였다.[17] 이는
조선의 지도원리가 여전히 反封建에 입각한 자본주의적 문명화를 기
본으로 한다는 부르주아적 사고에 근거한 것이었다. 문화혁신은 자본
주의적 문화수립을 위한 과학적 사고에 입각하여 외래의 각종 신문화,

16) 이지원, 「1930년대 전반 民族主義 文化運動論의 性格」, 『國史館論叢』 51,
       1984 ; 박찬승, 『한국 근대 정치사상사 연구』, 역사비평사, 1992 참조.
  17) 『東亞日報』 1932. 2. 1, 사설 「力의 源泉」.

108

신사상을 외관상 받아들이기에 급급하여 빚어진 부작용을 제거하고 문화적 역량을 제고시킨다는 것을 의도한 사상적 기초작업이었다.

이러한 점에서 문화혁신의 주목표는 부르주아적 의식과 '朝鮮的인 것'의 결합을 통해 조선의 지도원리를 창출하는 것이었고, 이를 위한 구체적인 방법으로 조선 고유의 문화, 사상을 부르주아적 관점에서 부흥시키고 선양하는 일이었다. 지금까지 自我의 喪失로 걸어온 자취는 공허 뿐이므로 이를 회복하기 위한 '민족의 발견', '민족의 선양'이 필요하다는 입장이었다.[18] 자아의 회복을 위해 '역사를 가진 민족으로서 고유 독특한 민족문화를 완성하는 주체'로서의 민족을 확인하고 민족의 문화적 사상적 공감대를 확산하자는 의도였다.[19] 아울러 이들은 문화의 혁신이 과거 문화에 대한 감상적 復古主義가 아니라 慕華主義에 대신하여 조선문화에 산재한 拜金主義, 崇洋主義를 청산하고자 하는 현재의 정신적 문제임을 강조하였다.[20] 그리하여 민족문화혁신론은 민족과 민족의 고유성을 부각시키기 위한 방법으로 민족문화의 선양사업을 강조하였다. 선양방법은 과거 위로부터의 국민통합의 상징이었던 국가주의적, 영웅주의적 偉人의 유적을 보존, 선양하는 데 집중되었다.[21] 이는 일면 조선적인 구국의 위인을 선양하는 형식을 취하였지만, 파시즘적 전체주의의 군중동원 이데올로기적 성격을 띠고 있었다.

비타협적 민족주의자들의 朝鮮文化運動論은 파시즘기의 국가주의, 국민주의의 대두가 강대국의 현상이며 이에 대응하는 약소민족, 후진사회인 조선에서는 독자적인 민족주의 운동성을 견지해야 한다고 강조하였다. 즉 선진강대국의 국민주의와 후진사회의 민족주의를 질적으

---

18) 『東亞日報』 1933. 1. 14, 사설 「朝鮮을 알자」.
19) 『東亞日報』 1934. 1. 2, 사설 「民族과 文化」.
20) 『東亞日報』 1933. 1. 14, 사설 「朝鮮을 알자」.
21) 李智媛, 앞의 글, 1984, 282~293쪽 참조.

로 다른 것으로 파악하여, 민족주의란 "一 人民이 낙후된 처지에서 진정한 생존경재의 투쟁적인 역량을 길러내는 데는 반드시 한번 지나가는 필요한 階段"[22]으로서 조선의 상황에서는 더욱 유효한 과제라는 것이다. 이러한 점에서 일제의 파시즘적인 지배와 사조가 확대될수록 이에 대응한 약소민족으로서 '민족적 순화 정진'의 대응이 필요하다는 논리가 제시되었다. 민족적인 의식과 의도를 가지는 것은 "그 인민 자체의 主我的 향상만이 아니라 그 인민을 일부 구성요소로 삼는 세계의 인류—국제의 列國民으로서 구체적 진보발전이기 때문에 반가워할 유용한 동력으로서 가치가 있다"[23]고 하였다. 파시즘적 국민주의가 발호하는 상황에서 "조선적이거나 민족적인 것을 관심을 갖고 討究 공작하는 것이라고 해서 모두 반드시 반동 보수거나 感傷的 復舊主義거나 소부르주아적 排他主義만은 아니며, 민족주의 역시 아무 말살, 저주될 이유가 없다"고 주장하였던 것이다. 따라서 민족의 고유성, 특수성에 입각하여 조선의 민족해방운동에서도 민족을 단위로 하는 '민족운동의 독자성'을 강조하게 되었던 것이다.

이런 맥락에서 자주적이고 근대적인 민족국가 수립을 위한 민족주의를 재정립하는 '조선문화운동'이 전개되었다. 조선문화운동은 기본적으로 1920년대 민족협동전선운동과 같은 비타협적 정치운동이 불가능하다는 정세판단에서 나온 '最善한 次善策'으로서 개량적인 문화운동이었다. 안재홍은 이를 '革正과 改良의 竝進論—체제적 계급적 모순을 일거에 제거하는 革正과 합법적 공간에서 당면한 제 역량을 고양시키는 改良이 병존한다는 세계관—'으로 설명하고 있다.[24] 이러한 관점에서 제기된 조선문화운동론은 조선인의 문화적 순화, 심화, 정화를 궁

---

22) 安在鴻,「國民主義와 民族主義」,『朝鮮日報』1932. 2. 18.
23) 安在鴻,「朝鮮人의 處地에서」,『朝鮮日報』1932. 12. 2.
24)『朝鮮日報』1930. 1. 1, 사설「數道竝進의 新一年」.

극적 목적으로 하는 '朝鮮學'을 천명하자는 독창적 문화운동이었다. 이러한 민족문화운동은 기본적으로 "역사적으로 문화적으로 동일한 정신적 존재인 것을 심화 인식하는 總體"[25]인 민족개념에 입각한 관념적, 유기체적인 민족인식을 전제로 한 것이었다. 그러나 1930년대 상황에서 유기체적인 민족인식은 부르주아적 민족의식을 고양시키려는 보수주의적이고 파시즘적인 국수주의가 아니라 계급성과 세계성이 병존하는 '第3新生的인 民族主義'였다. 즉

  우리 자신의 문화 밋 그 思想에서 朝鮮人이면서 世界的이오 세계적이면서 朝鮮 밋 朝鮮的인 第3新生的인-現代에서 세련된 새로운 自我를 창건하고 아울러 그들의 자신에게 具全妥當한 新生的인 사회를 창건하자는 숭고하고 엄숙한 현실의 필요에서 출발 파악 지속 또는 고조되는 것이다.[26]

라고 하여, 자신들의 민족주의가 민족문화의 고유성과 세계성이라는 문화의 중층성과 병존성을 중시하여 세계에 대하여 이미 고립적일 수 없는 민족의 현실을 전제로 식민지 조선이라는 특수상황을 해명하려는 노력임을 분명히 하였다. 아울러 대내적으로는 민족문화의 주체성을 계급문제와 전면적인 대립구도로 설정하는 것이 아니라, 계급조차도 민족 내부의 변화요인이 되는 만큼 "一階級이 一階級을 領導 支配하는 變革의 道程에 躍進한다면 그것은 결국 一民族의 사회적 機構에 일대 變化가 생겼음을 意味"한다고 보고, 계급과 민족의 병존성을 강조하였다. 따라서 이들이 제시한 민족주의는 민족문제의 특수성을 세계성과 계급성이라는 보편성 속에서 중층적으로 설정함으로써 민족

25) 안재홍, 「社會와 自然性-客觀環境과 歷史傳統」, 『朝鮮日報』 1935. 10. 16.
26) 安在鴻, 「國際連帶性에서 본 文化特殊過程論(1) - 後進社會와 文化的 重層性」, 『朝鮮日報』 1936. 1. 1.

주의의 새로운 전형을 창출하려는 논리였다. 이러한 민족주의는 계급
주의 관점에서 민족을 부정하는 논리나 부르주아 민족주의의 입장에
서 계급성을 배제하는 논리에 공히 비판적이었으며, 日鮮同祖論的인
파시즘 이데올로기 강화 속에서 민족의 정체성과 고유성을 재정립하
고자 하는 것이었다. 이러한 민족주의에 입각한 朝鮮文化運動論은 약
소민족의 민족주의를 새롭게 정립하기 위한 문화운동적 실천이 구체
화한 것으로, 학술운동으로서의 朝鮮學의 수립, 實學과 朝鮮歷史硏究
로 나타나고 있었다.

한편 비판적 조선학의 진흥을 주창하는 입장의 일부 마르크스주의
진영에서는 조선학을 과학적 조선연구 방법론으로 인식하고 있었다.
즉 마르크스주의 이론에 입각한 조선인식의 진흥운동이었다. 이들은
현 朝鮮學에는 과학적인 것과 비과학적인 것의 대립이 있다고 파악하
고 진정한 조선학의 수립은 唯物史觀에 기초한 과학적인 방법론에 의
해서만 가능하다고 보았다. 조선학의 비판적 진흥을 주창하는 마르크
스주의 진영의 '朝鮮認識' 내용은 백남운에게서 가장 뚜렷하게 드러난
다.27) 그는 무엇보다도 과학적 연구대상으로서의 조선학 개념을 강조
하고 있다. 그에게 있어 조선학의 의미는 객관적 대상으로서의 조선사
회와 역사를 과학적으로 분석하자는 것이며, 과학적 제 방법을 충분히
활용하여 조선인식의 수준을 확대하자는 것이었다. 그는 "과거는 어찌
되엿든지 상관할 것이 없다 하야 파보랴고도 하지 안코 심하게는 불문
에 부치랴"는 계급주의적 편향성을 가진 마르크스주의 내부의 경향을
비판하는 한편, "우리의 과거를 자랑거리로만 내세우랴"는 민족주의
진영에 대해서도 비판을 제기하였다.28) 아울러 그는 조선인식의 기운

27) 白南雲의 朝鮮認識에 대해서는 方基中, 앞의 책, 1992, 2장 2절 참조.
28) 申南澈, 「最近 朝鮮研究의 業績과 그 再出發 - 朝鮮學은 어떠케 樹立할 것
인가」, 『東亞日報』 1934. 1. 5~7.

을 조장, 촉진하되 그 인식방법은 반드시 특수성을 일반성으로, 일반성을 특수성으로 추출할 수 있는 과학적 방법으로 해야 한다고 강조하였다.[29] 이러한 입장에서 그는 조선학은 역사의 내면적 원동력으로서의 사회적 생산관계를 과학적 법칙에 의하여 파악할 것을 전제로 해야 하며, 나아가 학술적 연구에만 국한된 것이 아닌 사회적 제운동, 즉 실천적 방면을 조선학의 他者로서 내포하지 않으면 안된다고 하였다.

당시 마르크스주의자들은 자본주의와 사회주의의 격렬한 체제 대립 속에서 사회주의 사회의 절대적 우월성을 전제하고 있었다. 제1차 세계대전 후 세계자본주의 패권을 차지한 미국을 시작으로 세계대공황의 나락으로 떨어지고 있는 자본주의 제국과는 달리 제1차 경제개발 5개년 계획의 성공적 완수에 따른 소연방의 공업화의 진전은 "마르크스주의의 역사적 정의와 창조적 역량에 대한 산 증거이자 唯物辨證法的 방법의 풍만한 성과를 보이는 것"[30]이었다. 결국 소연방은 민족해방을 통해 전취해야 할 朝鮮 新國家의 구체적인 모델이었다. 이러한 현실인식을 바탕으로 한 마르크스주의자들에게 있어 조선학 진흥운동이 갖는 의미는

우리는 언제나 우리의 현재의 생활을 기준으로 하여 과거의 사회적 정신적 생활의 형태를 연구하고 음미한다.……그러므로 조선의 문화를 연구하야 우리의 선인들의 살아온 자취를 찾고 그 끼쳐 노흔 유산을 계승하여 그 의의를 천명하며 그것에 의하여 앞으로의 우리의 전망을 마련하자면 조직적인 협력에 의하여서만 가능할 것이다.[31]

---

29) 白南雲, 「朝鮮特有의 社會制度」(1회), 『東亞日報』 1934. 10. 20.
30) 申南澈, 「이데올로기와 社會파시즘 - 新修正主義와 現階段」, 『新階段』 1-1, 1932, 16~17쪽.
31) 申南澈, 「歷史 文化 資料 - 朝鮮文化資料館의 필요성을 論함」(1회), 『東亞日報』 1939. 1. 1.

즉 조선학 연구에 있어서도 조직적 협력의 중요성이 강조되고 있는 것이다. 그것은 학술진영의 조직화와 그 대중적 실천을 일제의 식민지 배를 타파하는 유력한 民族解放運動의 실천영역으로 간주하고 있었기 때문이었다. 이와 같이 마르크스주의자들에 있어서 조선학 진흥운동은 보편을 구성하는 개별로서의 특수성의 해명, 이를 통한 사회주의 혁명의 필연성 획득과 함께 운동에 있어서 부문운동의 결집을 위한 조직화의 의미가 있었던 것이다.

4. '朝鮮學運動'에 나타난 民族問題 認識과 近代觀

1) 古代史硏究와 民族正體性認識

1920년대 최남선이 제기하였던 조선학 연구가 價值中立的인 인류학적 의미의 민족문화를 현양하기 위하여 民俗, 土俗 등의 연구에 집중된 것이었던 데 비하여, 1930년대 '조선학운동'에서는 자립적, 주체적 근대 민족국가의 가능성을 찾기 위한 '전통'의 재현과 창조에 집중되었다. 이러한 목적에 따라 민족주의와 마르크스주의 양 진영은 조선학에 대한 서로 다른 입장, 방법론을 기반으로 '檀君'과 '實學' 연구에 집중하였다. 이 두 주제는 양 진영의 민족문제 인식이 집약된 것으로서, 민족기원의 해명과 근대 민족국가, 국민국가의 형성을 어떻게 파악할 것인가 하는 문제의식이 내포된 것이었다.

한말 이래 민족주의 운동의 이념적 기반으로 대중에게 깊이 뿌리를 내린 '단군조선'에 관한 관념은 단순히 단군에 대한 인식뿐만 아니라 부르주아의 歷史觀, 民族觀, 國家觀을 모두 내포한 개념이었다. 민족주의 진영에서 檀君을 주목한 이유는 일제 官學者들이 부정하고 왜곡한 단군의 실체를 확인함으로써 그들의 식민사관을 극복하는 것은 물론, 당시 조선총독부의 황민화 정책에 의해 위협받고 있는 민족적 정체성에 대한 인식을 확고히 하기 위한 것이기도 하였다.

조선학운동의 대표적 이론가이자 실천가였던 안재홍은 자신이 단군을 주목하는 이유를 다음과 같이 지적하고 있다.

> 조선을 앎에는 현재의 정세가 긴요한 것인 만큼 과거의 역사가 상당한 암시와 해석을 주는 것이다. 과거를 검토하는 데에는 사회발달의 여러 단계에서 物力的 작용이 어떠한 경로를 지나왔는가를 구명함이 매우 필요한 것이요, 이와 동시에 전민족 생존사상에서 중요한 承統이 어떻게 계속 혹은 변천하여 왔는가는 후진적인 조선의 다양한 목적성에서 상당히 중요한 가치를 가지게 되는 것이다.[32]

즉 조선의 현실을 정확히 인식하기 위해서는 일제에 의해 왜곡된 조선의 역사, 즉 조선사회의 발전단계의 경로를 규명하는 것이 필요하며, 이는 곧 민족의 기원 또는 계통을 파악하여 민족의 정체성을 확인하기 위한 방편으로 삼기 위해서라는 것이다. 즉 '단군과 단군시대가 현하 어용학자들에 의해 부정 말살되려는 상황'[33]은 민족정체성에 대한 심각한 위협이었고, 이를 극복하기 위해서는 민족의 기원과 민족사의 전개과정에 대한 재확인이 꼭 필요하였던 것이다.

안재홍이 단군을 "언어동일체로서 산만하나마 동일한 혈통 관계로서 민족적 동일문화권의 생활을 형성하고, 국가적 형태와 요소를 갖추어 역사적 고귀한 생장의 胚種을 지었던 구현적인 사상의 존재자"[34]로서 민족의 시조이며, 古朝鮮이 최초의 국가라고 규정한 것은 이를 위

---

32) 安在鴻, 「檀君과 朝鮮史 - 學徒로서 가질 態度」, 『朝鮮日報』 1930. 7. 5.
33) 安在鴻, 「檀君과 朝鮮史的 價値 - 開天節에 臨한 一論點」, 『朝鮮日報』 1930. 11. 23.
34) 安在鴻, 「檀君과 朝鮮史 - 學徒로서 가질 態度」, 『朝鮮日報』 1930. 7. 5.

한 것이었다. 또한 그는 일인 학자들에 의해 중국문화의 영향으로 강
조되었던 箕子朝鮮에 대해서도 '기'의 어원을 고찰하여 부여의 '解'씨
와 연결시킴으로써 은나라 기자의 東來敎化說을 부정하였다. 나아가
이를 바탕으로 檀君朝鮮이 부여, 삼국으로 계승된다고 하여 민족사의
계통을 단일화하고자 하였다.[35] 안재홍에게 있어서 단군과 민족사의
전개에 대한 연구는 곧 민족의 정체성에 대한 확인인 동시에 현실에서
의 민족의 진로를 모색하는 문제와 직결되는 문제였던 것이다.

　이러한 점은 정인보 또한 마찬가지였다. 鄭寅普는 일본인들이 펴낸
『朝鮮古蹟圖譜』를 보고 이 책에 내포된 일본학자들의 조선사 왜곡이
갖는 의미를 다음과 같이 지적하고 있다.

　　어느 해인가 일인들이 "朝鮮古蹟圖譜"라는 "첫 책"을 낸 것을 보니
　　그 속장 二三葉을 넘기기 전에 벌써 '분'한 한마디가 나타나므로 "이
　　것 그냥 내버려둘 수 없구나" 하였고……일본학자의 조선사에 대한 고
　　증이 저희 총독정책과 얼마나 긴밀한 관계가 있는가를 더욱 깊이 알아
　　'언제든지 깡그리 부셔버리라' 하였다.[36]

즉, 민족사에 대한 왜곡이 곧 당시 조선총독부의 식민통치 정책, 즉
민족말살 정책과 직접 연결되어 있음을 간파하고 있는 것이다. 정인보
에게 있어 이러한 일본인들의 시도를 타파하고 민족정체성을 확립하
는 가장 근본적인 방안이 역사연구였던 것이다. 그는 안재홍과 마찬가
지로 민족사의 계통을 단일화하는 한편 조선역사 전체를 관통하는 관
점 즉 史觀으로서 민족정신, 즉 '얼'을 제창하기도 하였다.[37]

　요컨대 민족주의 계열의 조선학운동은 혈연과 지연을 중심으로 한

---

35) 安在鴻, 『朝鮮通史』, 『民世安在鴻選集』 4 참조.
36) 鄭寅普, 『朝鮮史研究(下)』, 서울신문사, 1947, 361쪽(附言).
37) 鄭寅普, 「五千年間 朝鮮의 '얼'」, 『朝鮮史研究(上)』 참조.

116

민족의 연속성에 입각한 민족정체성을 보다 더 확고히 하는 동시에, 이러한 민족정체성에 입각한 민족통합에 의한 근대 민족국가 수립의 당위성을 정립하기 위한 것이었다.

한편 마르크스주의 진영에서는 민족주의 진영의 檀君觀 및 그에 입각한 민족정체성 인식에 전면적 비판을 전개하였다. 그 비판의 요점은 家族, 氏族의 기원과 階級國家의 형성과정을 통해 민족이 계급관계에 기초하고 있다는 점을 해명함으로써 초월적 절대적 관념에 의해 민족의 발전과 민족의 특수성을 강조하는 단군론을 부정하고, 형이상학적 윤리적 민족관념 내부에 내포된 부르주아적 계급성을 밝힌다는 것이었다.

白南雲은 단군신화에 대한 무조건적 부정이나 불신의 입장에는 반대하고 단군신화의 의의를 인정하는 한편, "신화는 인간의 자연에 대한 또는 인간의 인간에 대한 생산관계의 반영 또는 지배 복종의 관념형태로 규정된 것"이라고 보아 신화를 신비화, 절대화하는 태도를 비판하였다.38) 따라서 그는 단군신화의 실재를 증명하여 이를 민족사의 기원으로 삼기보다는 단군신화가 원시적 農業共産體의 붕괴를 나타내며, 이로서 조선민족의 경제적 발전사가 원시씨족공동사회로부터 출발하여 인류사의 보편적인 발전과정을 걷고 있다는 점에 초점을 맞추고 있다.39) 백남운의 이러한 관점은 특수성, 독자성만을 강조하는 민족주의 진영의 단군 및 단군신화의 신비화, 절대화를 비판하고 우리 역사의 세계사적 보편적 발전과정이 조선역사에도 존재했음을 입증하고자 한 것이었다.40) 또 다른 측면의 민족정체성에 대한 인식인 것이다.

金台俊 역시 단군조선이나 기자조선은 '李朝' 이후에 발생한 지배

---

38) 白南雲, 「檀君神話에 대한 批判的 見解」, 『朝鮮社會經濟史』, 1933.
39) 白南雲, 위의 글, 1933.
40) 白南雲, 「朝鮮經濟史의 方法論」, 『新東亞』 3-2, 1933. 12.

계급의 이데올로기에 불과한 것[41]으로 파악하고, 廣開土王碑文 이하
여러 기록은 "단군이 점점 고구려의 國祖로 李朝의 국조로 조선민족
의 始祖로까지 관념적으로 발전되는 경로를 명시"[42]한다고 보았다. 그
는 당시의 단군신화에 대한 여러 견해를, 첫째 단군을 조선민족의 시
조로 철저히 인격화하는 견해(신채호, 최남선 등), 둘째 실증주의 입장
에서 이를 말살 타기하려는 학자의 일군, 셋째 인간의 자연 또는 인간
에 대한 생산관계적 행동의 반영이거나 지배 복종의 관념형태로써 규
정하려는 과학적 연구자(백남운 등)으로 구분하는 가운데, 백남운의 견
해에 동조하면서 단군신화는

　　원시 조선사회의 男系 추장의 호칭에 불과하든 전설이 봉건사회에
　　와서는 그 시대의 외피를 입고 나타나게 되는 것이요, 그 신화의 주인
　　공도 어느 것은 雜神으로도 변하고 어느 것은 민족의 始祖처럼 밧들
　　게 되는 것이다.[43]

라고 하였다. 또한 고조선의 지배층이 箕子의 후손을 칭한 것도 통치
에 유리하였기 때문이며, 고구려, 고려를 거쳐 조선에 이르러 國體宣
揚과 사대외교의 정책적 필요성 때문에 기자의 崇奉이 필요하였다고
주장하였다.[44] 그리하여 그는 기자란 인물은 실재조차 의심나며, 기자
에 대한 사실은 후대에 조작된 것이라고 기자조선의 존재를 부정하였
다. 신화는 어디까지나 지배계급의 이데올로기에 의해 조작된 것이라

41) 天台山人, 「朝鮮의 地理的 變遷(전5회)」, 『朝鮮日報』 1935. 6. 2~5.
42) 金台俊, 「檀君, 箕子 文化說 - 無智의 暴露」, 『批判』 제5권 제8·9합병호,
　　1937. 7.
43) 金台俊, 「檀君傳說의 檢討 - 神話와 民族神(전2회)」, 『朝鮮日報』 1935. 7. 13
　　~14.
44) 金台俊, 「箕子朝鮮辨」, 『中央』 4권 5호, 1936. 1.

는 입장에서 기자조선에 대한 기록도 그 연장선상에서 보고자 한 것이
다.

李淸源은 단군신화의 내용분석에 백남운이나 김태준과 같은 의견을
제시[45]하면서도 민족주의 진영의 신화해석, 나아가 사관에 대해서는
보다 직접적이고 구체적인 비판을 가하고 있다. 특히 정인보의 '얼' 史
觀에 대해서는

> 현실 조선의 무한히 다른 사유와 입장을 가지고 있는 역사적 현실을
> 무시하고 세계사의 역사적 과거의 모든 민족이 가진 공동정신과 발전
> 을 압살하고 조선 현실의 - 특히 과거의 역사적 현실에 있어서의 사실
> 과 행동을 측량할 수 없는 고로 신적 섭리의 표현으로서 미화, 성화하
> 며 이상화하고 과거의 조선사회의 정예한 선구적 分子의 전통과 유산
> 을 무조건적으로 인민에게 강요하면서 그 중에서 특점, 장점만을 과거
> 의 민족적 특성이라고 주장하는 데 의하야 세계사적 일반 합법칙성으
> 로부터의 해방과 따라서 조선 고유의 발전행적을 설명하고 그에 특징
> 적인 생명(내용)을 부여할려고 하는 것이다.[46]

라고 하여 특수성, 독자성만을 강조하는 것은 오류라고 하였다. 아울러
그는 "인간의 의지가 그들의 사회적 존재를 규정하는 것이 아니고 오
히려 반대로 그들의 사회적 존재가 그들의 의지를 규정한다는 것"이라
는 마르크스의 정식을 인용하면서 "檀君은 조선을 만들고 단군에 있어

---

45) "단군이라는 것은 원시적인 고급추장의 한사람이며 따라서 이것은 적어도 원
   시농업공산체 해체기의 어떤 종족의 고급추장을 의미하며 왕검이라고 하는
   것은 그 음이 암시하는 것과 같이 '님금'의 의미며 단군이라고 하는 원시고급
   추장 중의 어떤 한 씨족계통에 규정된 사람일 것이다."(李淸源, 「檀君神話에
   대한 科學的 批判 - 懷古的 文辭의 流行을 보고서(전3회)」, 『朝鮮中央日報』
   1936. 3. 5~7).
46) 李淸源, 「'朝鮮의 얼'의 現代的 考察」, 『批判』 35, 1937. 2.

서 조선의 政敎가 생기였다고 하는 것"은 허위라 하여 '조선의 얼'에
나타난 민족정체성의 오류를 비판하였다. 그리고 이러한 입장에서 "朝
鮮의 檀君을 논할 때 조선의 원시씨족사회의 경제적 발전상태의 분석
으로부터 그 行論的 구성의 發足點으로 하지 않으면 아니 되는" 것이
라고 하였다.[47]

이처럼 사회주의 진영의 논자들은 단군의 실재는 부정하지만, 단군
또는 단군신화가 가지는 나름대로의 의미, 즉 조선사의 역사적 발전단
계가 原始氏族社會에서 노예제 사회로 이행하는 단계에서 나타난 農
業共同體의 붕괴를 보여주는 지표로서 인정하고 이를 통하여 세계사
적 발전과정이 조선역사에도 존재하였음을 입증하고자 하였다.

이상과 같이 민족주의 진영과 마르크스주의 진영에서는 단군 또는
단군신화에 주목하고 있었다. 이들의 '朝鮮學' 진흥이라는 공통된 목표
아래 일제 관학자들에 의해 주장된 단군에 대한 부정이나 기자조선의
강조에는 모두 반대하고 있었다. 민족주의 진영에서는 단군을 민족의
시조로서 그 실재를 인정하고 그 계통을 부여 삼국에까지 연결시킴으
로써 민족사의 단일계통을 세우고자 하였다. 그들은 이를 통하여 민족
정체성을 확립하고 나아가 민족국가 수립의 역사적 근거를 마련하고
자 한 것이다.

마르크스주의 진영에서는 단군의 실재를 인정한 것은 아니었지만,
단군 또는 단군신화에 대한 분석을 통하여 조선역사의 세계사적 발전
과정을 확인함으로써 또 다른 의미 즉 세계역사의 일원으로서의 정체
성을 확인하고 있다고 할 수 있다.

2) 實學硏究와 近代觀

---

47) 위와 같음.

120

1930년대 진행된 조선학운동에서 특히 주목되었던 것은 실학이었다. 실학은 민족주의 진영이나 사회주의 진영을 막론하고 식민사관의 역사왜곡 특히 가장 쟁점이 되었던 停滯性論 즉 '봉건사회 결여론'을 극복하고 조선역사가 근세 자본주의 국가의 방향으로 나아가고 있음을 증명하는 '근세 자본주의 국가사상'으로 인식되고 있었다. 특히 다산 정약용의 사상과 개혁론은 그러한 국가사상의 가장 완결된 형태를 보여주는 것으로 인식되었다. 따라서 그들의 近代觀은 실학사상에 대한 인식에 잘 드러난다고 할 수 있다.

실학연구를 통하여 드러난 민족주의 계열의 근대관은 정인보의 실학개념에 대한 정의에서 보이듯이 주체적 自我, 民族正體性에 대한 확립이었다. 그는 "實學의 歸要는 '新我舊邦'이 그 골자"인데, 이는 "오직 自心으로 自立함에서 나는 것"이라고 하여 실학이 갖는 근대성을 예속으로부터의 해방으로 정의하고 있다.[48]

조선 수백 년간 학문으로는 오직 儒學이요, 유학으로는 오직 程朱를 신봉하였으되, 신봉의 폐가 대개 두 갈래로 나뉘었으니, 一은 그 학설을 받아 자가편의를 도모하려는 私營派이요, 一은 그 학설을 배와 中華嫡傳을 이 땅에 드리우자는 尊華派이다. 그러므로 평생을 몰두하여 心性을 강론하되 實心과 얼러 볼 생각이 적었고 일세를 揮動하게 道義를 표방하되 자신밖에는 보이는 무엇이 없었다.[49]

즉 그는 조선문화와 중국문화, 조선문화와 서구문화(일제문화) 사이의 관계를 분석하는 가운데 그 예속성을 지적하고 중국문화와의 관계에서 예속성이 심화된 원인을 주자학에서 찾았다. 그리고 이러한 학

---

48) 남궁효, 「정인보의 '조선학'이론 체계에 관한 일연구」, 연세대 석사학위논문, 1993, 124쪽.
49) 鄭寅普, 『陽明學演論』, 114쪽.

문은 '오직 假행이요 虛學'이라 규정하고, 주체적인 자아의 확립정신
은 星湖 李瀷에서 시작되어 茶山 丁若鏞에 이르러 정밀하게 갖추어졌
다고 주장하였다. 나아가 당시의 현실 역시 서구의 학자와 사상가의
이론에 역시 주체적으로 대응하지 못하고 그것에 매몰되고 있음을 비
판하였다.[50] 그의 민족주의적 역사인식에 비추어 볼 때, 主體性을 상
실한 서구중심의 근대화는 '假學이자 虛學'에 지나지 않는 것이었다.

다음으로 실학연구를 통하여 드러난 민족주의 계열의 근대관은 민
중 중심의 사회, 민주주의 사회였다. 정인보는 다산을 민중적 경학, 정
법을 확립한 선구자로[51] 평가하여 실학의 민중적 성격을 지적하고 있
다. 이러한 인식은 安在鴻의 실학연구에서도 나타난다. 안재홍은 다산
을 '近世法理學者', '司法政策論者', '政治學者'라거나, '近代 國民主
義의 선구자'로 규정하고,[52] 특히 다산의 토지론에 주목하여 그의 사
상을 다음과 같이 평가하였다.

선생이 「平賦」, 「經田」의 諸科와 그 「田論」 등에서 條列한, 閭田制
라는 공동경작의 법과, 10분의 1의 국가징수로써 田租를 대신할 것을
정치개혁의 가장 근본책으로 역설한 점은, 근세 土地國有論에서 출발
한 일부 사상과 공통되면서, 그 실제 적용에서는 한층 진보적인 정책
사상으로 보이는 것으로, 다만 왕실을 중심으로 하고 국가를 단위로
한 점에서만 近世 社會主義 思想과 서로 다른 것이다. 그러므로 그 함
축의 내용이 다르나 이 점으로서는 일종의 國家的인 社會民主主義의
명백한 사상체계를 방불케 하는 것이다.[53]

---

50) 남궁효, 앞의 논문, 124쪽.
51) 鄭寅普, 「唯一한 政法家 丁茶山先生 敍論(전6회)」, 『東亞日報』1934. 9. 10~
15.
52) 安在鴻, 「朝鮮史上에 빛나는 茶山先生의 學과 生涯」, 『新朝鮮』6, 1934. 10,
22~32쪽.
53) 安在鴻, 「朝鮮史上에 빛나는 茶山先生의 學과 生涯」, 『新朝鮮』12, 1935. 8,

다산의 토지개혁론을 "국가적인 사회민주주의의 명백한 사상체계를 방불케 하는 것"이라고 한 그의 평가 속에서 우리는 안재홍이 근대를 민중중심의 민주주의 사회로 생각하고 있음을 알 수 있다. 文—平이나 玄相允 등의 다산 평가도 크게 다르지 않았다. 특히 현상윤의 경우 "실학운동이 계속되고 성공되었다면 필연적으로 구미의 물질문명이 훨씬 용이하게 또는 일찍이 조선에 수입되었을 것"[54]이라 하여 조선사회의 내적인 근대화의 가능성을 제기하기도 하였다.

마르크스주의 진영에서도 白南雲, 金台俊, 崔益翰, 李淸源 등 많은 논자들이 실학, 그 가운데서도 다산 정약용에 주목하였다. 백남운은 실학의 본질적인 학풍을 경제정책이론, 즉 사회개혁론으로 보고, 사상가나 선각자란 그 역사의 변동성과 사회의 운동성을 정당하고 기민하게 인식한 사람들이라고 규정하였다. 그는 다산의 思想을

양반출신이면서도 '양반'은 아니고, 유학의 출신이면서도 '순유학자'는 아니며 서학의 신도이면서도 '溺惑'이 아니라 섭취였고, '배교자'이면서도 실천자였던 것이며, 봉건시대의 출생이면서도 소극적이나마 봉건사회를 저주하였던 것이다. 그러나 전적으로 보아 봉건사상을 완전히 해탈한 것도 아니고 근세적 자유사상을 적극적으로 제창한 것도 아니다. 이것은 과도적 존재의 반영으로 이해하지 않으면 안될 것이다.[55]

라고 하여 봉건사회에서 근대사회로의 移行期에 존재했던 과도적 사상가로 정의하면서도 여전제 이론에 주목하여 다산을 "조선의 近世的 自由主義 — 先驅者"[56]로 평가하였다. 즉 그는 다산의 사상을 통해 역

27~30쪽.
54) 玄相允, 「李朝 儒學思想의 丁茶山과 그 位置」, 『東亞日報』 1935. 7. 16.
55) 白南雲, 「丁茶山의 思想」, 『東亞日報』 1935. 7. 16.
56) 白南雲, 「丁茶山百年祭의 歷史的 意義」, 『新朝鮮』 12, 1935. 8, 20~23쪽.

사 발전법칙의 필연성을 확인하고 그 토대인 사회구성의 시대적 변화
과정을 인식하였던 것이다.

　김태준의 견해도 백남운의 그것과 유사하였다. 그는

　　新舊 社會의 전환기에 있어서 항상 남보다 빠르게 구사회의 모순을
　　적발하고 거기에 대한 개조책을 말하고 때로는 新社會의 건설책까지
　　상상하려는 시대적 선구가 있는 것이니, 이를 朝鮮史 위에서 구한다면
　　李朝 말기의 소위 實事求是의 학파라는 일파다.[57]

라고 하여 실학의 시대적 선구사상으로 규정하고, 다산의 위치를 높이
평가하였다. 그러면서도 그는 다산에 대한 맹목적인 美化나 시대적 의
의를 떠난 다산에 대한 敬仰을 경계할 것을 주장하였다.[58] 또한 다산
의 土地論의 핵심은 '土地共有'에 있다고 보아 다산이 살았던 시기를
"토지제도를 중심으로 한 封建 붕괴과정"으로 보았다.[59]

　최익한 역시 다산을 역사적, 사회적 법칙에 의해 연구할 것을 강조
하였다. 그는 다산의 「原牧」을 분석하면서 최초 사회의 官民關係에
대한 원칙적인 立論이 루소의 社會契約說에 방불한다고 보았다. 이청
원 또한 백남운과 마찬가지로 실학파를 '과도적 존재'로 파악하면서

　　그들은 이미 구열된 봉건사회에서 태여낫으므로 이런 일련의 사정에
　　제약되어서 소극적이고 부분적이나마 구래의 봉건사회를 저주하엿으
　　나 그것이 근대 시민적인 자유, 평등, 우애를 적극적으로 주장한 것은
　　아니다. 즉 그들은 사회발전의 역사적 전환기에 잇어서, 과도기적 존재

---

57) 天台山人, 「진정한 丁茶山 硏究의 길 - 아울러 茶山論에 나타난 俗學的 견해
　　를 批判함(전10회)」, 『朝鮮中央日報』 1935. 7. 25～8. 6.
58) 위와 같음.
59) 위와 같음.

=의식으로써 일방에 잇어서는 급진적이면서도 또 역시 보수적이엇엇
다.[60]

라고 하여 급진성, 보수성을 강조하기도 하였다.

　이상과 같이 민족주의 진영과 마르크스주의 진영의 논자들은 새로
운 사상의 경향으로 실학파의 사상에 주목하면서 우리 민족의 주체적
근대사회로의 이행 가능성을 제기하였다. 두 진영에서 모두 다산의 사
상을 '근세사상', 혹은 '근세적 자유주의'의 한 형태로 규정하고 있다는
점에서 그들의 인식에 내포된 근대사회의 공동적인 모습은 주체성이
확립되고, 근대시민적인 자유, 평등, 우애가 실현되는 민주주의 사회였
을 것으로 생각된다. 그러나 다산에 대한 평가에서 드러나듯이 각각이
의미하는 '근세=근대'의 내용은 달랐다. 그것은 그들의 민족주의에 대
한 인식, 그에 따른 新國家의 전망에 차이가 있었기 때문이었다. 민족
주의 진영에서는 민족주의가 현 단계 조선에서 반드시 거쳐야 할 필수
적 과정으로 절대화되었던 반면, 마르크스주의 진영에서는 그것이 형
성되는 역사적 과정 속에서 나타나는 배타적 계급적 성격에 주목하고
이를 부정하고 있었던 것이다. 朝鮮學 振興이라는 동일한 주제에 집중
하면서도 民族認識, 近代觀의 차이에 따른 입장의 차이가 반영되고
있는 것이었다.

5. 맺음말

　1930년대 조선총독부는 공황위기를 타개하기 위해 農工竝進의 경제

---

60) 李淸源,「朝鮮人 思想에 잇어서의 '아세아的' 形態에 대하야(전5회)」,『동아일
　　보』1935. 11. 30~12. 5.

정책의 추진과 병행하여 파시즘 문화지배정책을 통해 정신적 지배를 강화하고 있었다. 이는 당시 일제 관학 아카데미즘의 성과에 기초하여 內鮮融和의 이데올로기를 강화하기 위한 식민주의적 조선연구의 성과를 기반으로 한 것이었다. 그것은 형식적으로는 조선문화의 전통과 고유성을 부각시키되 帝國主義 문화지배의 틀 내에서 사상적 통제를 강화하여 일선융화, 일선동조의 일본적 국민의식을 양성하는 데 활용하는 것이었다. 따라서 외형적으로 강조된 고유성은 조선인 국민국가를 지향하는 것이 아니라, 일제의 국가, 국민문화의 하부문화로서 위치하게 되어 그 主體性을 상실케 하는 것이었다. 즉 조선의 주체적이고 독립적인 민족의식을 말살하고, 일본식의 全體主義的 국민의식, 문화의식을 주입하는 사상적 통치기술의 일환으로 조선의 고유문화가 변용되고 그 본질이 糊塗되는 상황인 것이다. 따라서 민족운동 진영에서는 당시 이념적, 계급적 대립의 격화에 따른 분열과 아울러 일본의 민족 고유성 왜곡을 통한 정신주의적 지배정책에 대응하여 '民族文化'의 개발을 통한 자기 정체성 강화에 더욱 신경을 쓰지 않을 수 없었다.

한편 1920년대 후반 이후 조선의 思想界, 知性界는 부르주아 민족주의 계열과 마르크스주의 계열로 분화되는 가운데, 일제의 민족전통, 민족인식 왜곡에 대응하여 민족 주체성의 기반이 되는 '朝鮮認識', '民族文化認識'의 중요성이 강조되는 가운데 전체적인 연구 분위기가 고양되고 다양한 활동을 전개하고 있었다. 1933년 6월 백남운, 감광진, 이여성, 서춘 등을 중심으로 朝鮮經濟學會가 창립되어 조선의 경제에 대한 연구와 조사활동을 벌여 나갔다. 그리고 1934년 5월에는 이병도의 주도하에 震檀學會를 창립하고 기관지인 『震檀學報』가 발간되었다. 이러한 가운데 1934년을 전후하여 안재홍, 정인보, 문일평 등 비타협적 민족주의자들이 주도한 '朝鮮學運動'이 전개되었다. 조선학운동은 1934년 9월 '茶山逝去99周年記念事業'을 계기로 전면화 되었다. 이후 조선학에 대한 관심은 1934년 12월 『新朝鮮』에서 안재홍이 「조선의 문제」라는 글을 실어 '朝鮮學運動'을 제창하면서 그 논의가 본격화되는 가운데 조선학에 대한 개념이 막연하게나마 정리되고 하나의 운동으로 전개되기 시작하였다.

비타협적 민족주의자들의 朝鮮文化運動論은 파시즘기의 국가주의, 국민주의의 대두가 강대국의 현상이며 이에 대응하는 약소민족, 후진사회인 한국에서는 독자적인 민족주의 운동성을 견지해야 한다고 강조하였다. 조선문화운동은 기본적으로 1920년대 민족협동전선운동과 같은 비타협적 정치운동이 불가능하다는 정세판단에서 나온 '最善한 次善策'으로서 개량적인 문화운동이었다. 이들은 자신들의 민족주의가 민족문화의 고유성과 세계성이라는 문화의 중층성과 병존성을 중시하여 세계에 대하여 이미 고립적일 수 없는 민족의 현실을 전제로 식민지 조선이라는 특수상황을 해명하려는 노력임을 분명히 하였다. 아울러 대내적으로는 민족문화의 주체성을 계급문제와 전면적인 대립구도로 설정하는 것이 아니라, 계급조차도 민족 내부의 변화요인이 되는만큼 "一階級이 一階級을 領導 支配하는 變革의 道程에 躍進한다면 그것은 결국 一民族의 사회적 機構에 일대 變化가 생겼음을 意味"한다고 보고, 계급과 민족의 병존성을 강조하였다. 따라서 이들이 제시한 민족주의는 민족문제의 특수성을 세계성과 계급성이라는 보편성 속에서 중층적으로 설정함으로써 민족주의의 새로운 전형을 창출하려는 논리였다. 이러한 민족주의에 입각한 朝鮮文化運動論은 약소민족의 민족주의를 새롭게 정립하기 위한 문화운동을 실천이 구체화한 것으로 학술운동으로서의 朝鮮學의 수립이었고, 實學과 朝鮮歷史硏究로 나타나고 있었다.

한편 비판적 조선학의 진흥을 주창하는 입장의 일부 마르크스주의 진영에서는 조선학을 과학적 조선연구 방법론으로 인식하고 있었다.

즉 마르크스주의 이론에 입각한 조선인식의 진흥운동이었다. 이들은 현 朝鮮學에는 과학적인 것과 비과학적인 것의 대립이 있다고 파악하고, 진정한 조선학의 수립은 唯物史觀에 기초한 과학적인 방법론에 의해서만 가능하다고 보았다. 마르크스주의자들에게 있어 조선학 진흥운동이 갖는 의미는 학술진영의 조직화와 그 대중적 실천을 일제의 식민지배를 타파하는 유력한 民族解放運動의 실천영역이었다. 따라서 마르크스주의자들에 있어서 조선학 진흥운동은 보편을 구성하는 개별로서의 특수성의 해명, 이를 통한 사회주의 혁명의 필연성의 획득과 함께 운동에 있어서 부문운동의 결집을 위한 조직화를 위한 운동의 부문으로 의미가 있었던 것이다.

1930년대 '조선학운동'에서는 자립적, 주체적 근대 민족국가의 가능성을 찾기 위한 '전통'의 재현과 창조에 집중되었다. 이러한 목적에 따라 민족주의와 마르크스주의 양 진영은 조선학에 대한 서로 다른 입장, 방법론을 기반으로 '檀君'과 '實學' 연구에 집중하였다. 이 두 주제는 양 진영의 민족문제 인식이 집약된 것으로서, 민족기원의 해명과 근대 민족국가, 국민국가의 형성을 어떻게 파악할 것인가 하는 문제의식이 내포된 것이었다.

민족주의 진영에서 檀君을 주목한 이유는 일제 官學者들이 부정하고 왜곡한 단군의 실체를 확인함으로써 그들의 식민사관을 극복하고, 즉 혈연과 지연을 중심으로 한 민족의 연속성에 입각한 민족정체성을 보다 더 확고히 하는 한편 민족통합에 의한 근대민족국가 수립의 당위성을 정립하기 위한 것이었다. 마르크스주의 진영에서는 특수성, 독자성만을 강조하는 민족주의 진영의 단군 및 단군신화의 신비화, 절대화를 비판하고 우리 역사의 세계사적 보편적 발전과정이 조선역사에도 존재했음을 입증하고자 하였다.

한편 양 진영은 한국의 자주적 근대국가 수립의 내재적 역량과 국가 단위의 힘, 문화의 主體性을 강조해 온 조선후기 실학에 주목하였다. 두 진영에서는 실학파의 사상이 갖는 근대성에 주목하였는데, 특히 다산의 사상을 '近世思想', '近世的 自由主義'의 한 형태로 규정하였다. 또한 실학에 나타난 '민족주의'에 주목하였는데, 양 진영의 입장은 차이가 있었다. 민족주의 진영에서는 민족주의가 현 단계 조선에서 반드시 거쳐야 할 필수적 과정으로 절대화되었던 반면, 마르크스주의 진영에서는 그것이 형성되는 역사적 과정 속에서 나타나는 배타적 계급적 성격에 주목하고 이를 부정하고 있었던 것이다. 조선학 진흥이라는 동일한 주제에 집중하면서도 民族認識, 近代觀의 차이에 따른 입장의 차이가 반영되고 있는 것이었다.

'토속'의 발견과 민족문화의 구성
－손진태를 중심으로

차 승 기[*]

1. 머리말

전통이란 매우 역설적인 존재이다. 전통이 말 그대로 '자연스럽게' 안정적으로 전승되는 사회에서라면 전통은 전통이라고 칭해질 필요조차 없다. 그곳에서 전통이란 그것을 자명한 것으로 받아들이는 사람들의 현재를 이루는 필수적인 일부분이 될 것이기 때문이다.[1) 반면에 전통이 '전통'으로 대상화되는 사회에서라면 전통은 그것과 단절되었다거나 그것의 본래적인 가치가 심각하게 훼손되고 있다는 의식을 수반하지 않을 수 없다. 전통이라는 어휘가 반복적으로 사용되면 될수록 그것은 그만큼 전통이라는 말이 지칭하는 과거의 특정한 양식(樣式)과 가치가 위기에 처해졌다는 사태를 지시하는 징표가 된다. 따라서 전통은 그것이 뚜렷하게 드러날수록 그 자체의 존재가 위협받고 있음을 나타내는 역설적인 존재인 것이다.

전통이 가장 많이 말해지면서 동시에 가장 위기에 처한 시대는 말할 것도 없이 근대이다. 단적으로 말해서 근대는 일체의 '과거의 것'을 타

130

자화함으로써만 진보할 수 있는 시대이기 때문이다. 더욱이 식민지화
와 더불어 타율적인 근대화가 이루어지면서 과거와의 단절을 이중으
로 강요받게 된 조선에서 전통은 희망과 부정이라는 모순적인 힘에 의
해 빈번히 호출되었다. 급진적인 문명개화론자들에게는 부정되어야 할
구태의연함이었지만, 외세의 침탈과 폭력을 거부하는 이들에게는 고수
해야 할 자주성의 원천이었다. 또한 사회주의적 변혁의 전망을 품고
있던 세력에게는 미래에 의해 비판적으로 극복될 과거의 유산이었지
만, '조선적인 것'의 고유성을 확신하는 이들에게는 시간을 뛰어넘어
언제나 반복되는 삶의 리듬이었다. 이렇듯 누가 말하는가에 따라 전통
은 상이한 내용, 상이한 가치를 담지하는 상이한 존재가 되었다. 그러
나 일제의 식민지 지배정책2)과 근대의 발전 논리라는 이중의 강제력
에 의해 일반적으로 전통 또는 '과거의 것'은 멀어져 가는 것이 되지
않을 수 없었다. 이 멀어져 감을 유쾌하게 또는 안타깝게 바라보는 주
체의 태도와는 상관없이 근대가 전통에게 불리한 환경임에는 틀림없
을 것이다.

　하지만 식민지에서는 바로 이 불리한 환경이 타율적으로 조성된 것
이라는 의식이 보다 지배적이므로, 전통은 멀어져 감에도 불구하고, 아

---

2) 물론 일제의 식민지 정책이 초지일관 단일한 것은 아니었다. '일선동조론(日
鮮同祖論)'으로부터 '내선일체'까지 이어지는 동화정책이 일제의 조선 지배정
책의 기조를 이룬다고 할 수는 있겠으나, 언제나 '동화(同化)'를 통한 지배만
을 꾀했던 것은 아니다. 정작 동화정책과 이데올로기 자체도 엄존하는 '차별'
의 현실에 의해 허구임이 입증되었거니와, 그뿐 아니라 특정 국면에서 의도
적으로 '이화(異化)' 정책을 펴기도 했기 때문이다(예컨대 水野直樹, 「朝鮮植
民地支配と名前の<差異化>」, 山路勝彦・田中雅一 編著, 『植民地主義と人
類學』, 關西學院大學出版會, 2002 참조). 여기서 '이화'의 목적이 단순한 '차
이'의 확인이 아니라 '조선적인 것=열등한 것'이라는 도식의 확립에 있었음
은 물론이다. 이러한 맥락에서는 전통 또는 '과거의 것'은 언제나 현재의 것으
로 호출된다.

니 멀어져 가기 때문에 오히려 적극적으로 보존하고 유지시켜야 할 것
이 된다. 따라서 스스로 시대의 첨단에서 근대적 변화의 모델을 만들
어 나간다는 의식이 지배함으로써 그 '창조 행위'가 파괴하고 소멸시
킨 것들이 오랫동안 무시되어 왔던 서양[3]에 비해, 상대적으로 더 강한
'전통지향성'이 드러나곤 한다. 그러나 근대 사회에서 전통을 옹호하는
것이 반드시 반근대(또는 탈근대)의 지향을 의미하지 않는 것과 마찬가
지로, 식민지 상황이라고 해서 그것이 반드시 반제국주의적 저항을 뜻
하지는 않을 것이다. 어떠한 맥락에서 누가 말하는 어떤 전통인가에
따라 극단적으로 다른 효과가 산출될 수 있기 때문이다. 문제는 특정
한 '과거의 것'을 전통으로 명명하는 시선, 그것을 전통으로 다룰 수
있게 하는 기술, 규정된 전통이 반복적으로 수행될 수 있게 하는 사회
적·교육적 장치 등, 말하자면 전통을 규정하고 보존하고 계승하고자
하는 적극적인 행위가 이루어지는 포괄적 **상황**을 이해하는 데 있다.[4]
    이 글은 이러한 전통 구성(또는 생산)의 상황을 이해하고자 하는 시
도의 하나로서, 식민지 시기 '민중적 문화 전통'을 발견하고 그것을 '민
족문화'의 토대로 삼을 수 있었던 역사적·제도적 조건들을 살펴보고
자 한다. 이를 위해 흔히 송석하(1904~1948)와 더불어 민속학의 기초
를 닦은 인물로 평가되는 손진태(1900~?)를 중심으로, 그가 서 있었던
인류학·민속학이라는 학문적 장과 그의 민족주의적 의식, 그리고 그
가 '민속'을 선택적으로 구성하는 방식을 함께 검토할 것이다. 식민지
시기 근대적 의식, 학문, 제도들을 통해 과거의 것이 어떻게 명명되고
다루어지는지를 살피는 일은 전통과 근대의 복잡한 상호작용을 이해

---

3) David Gross, *The Past in Ruins : Tradition and the Critique of Modernity* (Amherst : The University of Massachusetts Press, 1992) 참조.
4) 물론 매일매일의 반복을 통해 굳어진 다양한 습속들은 실천의 차원에서 언제
   나 현재하는 것이지만, 그것들을 '전통'으로 의미화하고 가치평가하는 행위는
   이 같은 상황 **내에서** 이루어진다고 할 것이다.

하는 하나의 실마리를 제공해 줄 수 있으리라 기대한다.

손진태는 민속학을 "독자적인 과학"으로 정립하는 데 "가장 중추적 역할을 담당했던 학자"로 평가되는 것이 통설이다.[5] 뿐만 아니라 그의 '민중적 민족문화'에 대한 민속학적 관심은, 해방 후 이른바 '신민족주의 사관'[6]에 따른 민족사 서술을 가능하게 한 내적 · 필연적 계기를 이룬다고 보는 것이 지금까지의 일반적인 평가이다.[7] 그러나 최근 들어 손진태의 민속학과 역사학에 대한 비판적 접근이 이루어지고 있다. 남근우에 의해 주로 이루어지고 있는 이러한 접근은, 기존의 연구들을 전반적으로 비판하면서 니시무라 신지(西村眞次, 1879~1943), 구보타 우쓰보(窪田空穗, 1886~1954), 쓰다 소키치(津田左右吉, 1873~1961) 등 일본인 스승들과의 관계 속에서 손진태 민속학의 형성과정을 검토[8]함으로써 그의 역사민속학이 만선사학(滿鮮史學)과 공유하는 측면을 드러내는가 하면,[9] 그의 '신민족주의'를 근본적으로 비판하여[10] 손

5) 인권환, 「1930년대의 민속학 진흥운동」, 『민족문화연구』 제12집, 고려대 민족 문화연구소, 1977, 87쪽 참조.

6) 그 자신의 회고에 따르면, 손진태는 태평양전쟁이 발발하던 무렵부터 '신민족 주의적' 역사서술을 기도하고 있었다고 한다. 손진태, 『조선민족사개론(상)』, 『손진태선생전집』 1, 태학사, 1981, 282쪽.

7) 김용섭, 「우리나라 근대역사학의 발달」, 『문학과지성』 1971년 여름호 ; 이필 영, 「남창 손진태의 역사민속학의 성격」, 『한국학보』 제41집, 1985년 겨울호 ; 홍여구, 「남창 손진태의 국문학 연구」, 『계명어문학』 제10집, 1997 ; 최광식, 「손진태의 생애와 학문활동」, 한국역사민속학회, 『남창 손진태의 역사민속학 연구』, 민속원, 2003 등 참조.

8) 남근우, 「'손진태학'의 기초연구」, 『한국민속학』 제28호, 1996.

9) 남근우, 「손진태의 민족문화론과 만선사학」, 『역사와 현실』 제28호, 1998.

10) 남근우, 「'신민족주의 민속학'의 방법론 재고」, 『역사민속학』 제10호, 2000 ; 「'토민'의 '토속' 발견과 '신민족주의'」, 한국역사민속학회, 『남창 손진태의 역 사민속학 연구』, 민속원, 2003. 이 글들에서 남근우는 그동안 새로운 '민족사 관'으로 평가되곤 했던 손진태의 '신민족주의'가 일제말기 대동아공영권의 이 데올로기와 만나는 지점을 암시하고 있다.

진태의 민속학이 일제의 식민주의와 공모하고 있다는 혐의까지 드러
낸 바 있다.[11] 이와 같은 일련의 비판적 연구들은 손진태에 대한 기존
의 평가들에 덧씌워져 있던 민족주의적 이데올로기를 걷어내고 그의
'실체'에 접근해가는 방향에서 이루어지고 있다. 그 과정에서 '민속적'
관심이나 '민족사' 서술 그 자체에 대한 과대평가, 일제시기 손진태 민
속학이 놓여 있던 정치적 맥락에 대한 이데올로기적 망각, 손진태의
해방후 진술들에 대한 무비판적 수용 등의 문제가 지적되었다. 그러나
기존 연구에 의해 왜곡되거나 과장된 '손진태상'을 교정하는 방향으로
연구가 진행되면서, 자칫 통설의 반대쪽에 손진태의 '실체'라는 또 다
른 상을 구축하는 결과를 낳을 가능성도 없지 않다.[12] 전통 구성의 상
황을 이해하고자 하는 이 글의 목적에 비추어볼 때 강조점이 놓여져야
할 곳은, 한 개인의 지적·이데올로기적 특징과 한계가 아니라 특정한
실천의 가능성의 조건이 되어야 할 것이다.

2. 방법과 보편성

앞서 근대 세계가 '전통'에게 불리한 환경이라고 언급했거니와, 근대
적인 변화가 급속하게 진행되면 될수록 멀어져 가는 과거의 흔적은 그
에 비례해 빠르게 소멸되어간다. 손진태에게도 역시 과거의 것은 안타

---

11) 남근우, 「'민속'의 근대, 탈근대의 민속학」, 『한국민속학』 제38호, 2003.
12) 이 점은 그의 일련의 연구들이 손진태와 그의 학문의 "전체상"을 포착하고자
    하는 관심을 바탕에 두고 있다는 점에서도 드러나는 것이지만(남근우, 「손진
    태의 민족문화론과 만선사학」 등 참조), 그렇다고 해서 그가 전적으로 '허상/
    실상'의 대립틀에 기대고 있지는 않은 것으로 보인다. 특히 최근에는 민속학
    이라는 분과학문의 경계에 대해 문제제기를 하고 있어(남근우, 「'민속'의 근
    대, 탈근대의 민속학」 참조), 이 글의 논점을 구체화하는 데 그의 연구가 많은
    시사점을 주었다.

134

깝게 사라져 가는 것으로 포착된다. 그는 방대한 조선 민담을 수집하고 일역(日譯)하여 펴낸 책의 서문에서 다음과 같이 말하고 있다.

새로운 문명의 침입에 따라 그들의 생활에는 심적으로도 물적으로도 급격한 변동이 일어나, 이미 옛날의 유치한 이야기에는 만족할 수 없게 되었을 뿐만 아니라, 그러한 이야기를 하며 즐기는 시간의 여유도 없어졌다. 그들의 두뇌는 직접생활에 관한 생각으로 가득 차게 되었다. 또한 젊은이들은 이것(민담 : 인용자)을 황당무계한 이야기나 미신적인 이야기라고 업신여기게 되었기 때문에 부인들도 이것을 아이들이나 손주들에게 이야기하려 하지 않게 되었다. 이리하여 조선의 민담은 나날이 쇠멸의 길을 걷고 있다. 민풍토속(民風土俗)에 있어서도 마찬가지라고 말할 수 있다. 안타까운 일이기는 하지만 또한 어쩔 수 없는 일이기도 하다. 우리들은 한시라도 빨리 이것을 집대성하지 않으면 안될 의무와 책임은 십분 느끼고 있어도, 어쨌든 세상일은 뜻한 대로 되지 않고, 허무하게 사라져 가는 그 모습을 응시할 뿐이다.13)

타율적인 근대화가 사람들을 과거의 습속, 전통으로부터 급격하게 분리시킴으로써 민담으로 대표되는 전통적인 문학장르들과 그 속에 용해되어 있는 과거의 삶, 나아가서 "민풍토속" 일반이 사라져 가고 있음을 안타까워하는 전통지향적 지식인의 전형적인 진술이다. 그는 사라져 가는 무형·유형의 과거 유산들을 신속히 채집·정리해야 할 "의무와 책임"을 느끼지만, 그것들이 사라져 가는 현실 자체는 "어쩔 수 없는" 사태이다. 합리성과 계산가능성이 사고의 기율(紀律)이 되는 근대 사회에서 민담은, 즉 입에서 입으로, 세대에서 세대로 오래된 지혜와 더불어 전승되던 이야기는 "황당무계"하고 "미신적"인 것에 불과할 뿐이다. 그 옛이야기로부터는 "직접생활"에 대한 지식을 전혀 얻을 수

13) 손진태, 「自序」, 『朝鮮民譚集』, 鄕土硏究社, 1930, 1~2쪽.

없기 때문이다.

그런데 왜 손진태는 "어쩔 수 없는" 현실의 변화와 그에 따른 가치 전도에 반해 이렇듯 '쓸모 없는' 옛이야기를 집대성할 "의무와 책임"을 느꼈던 것일까. 삶의 질서 전체를 뒤바꾸며 진행하는 근대적 변화의 시간과 사라져 가는 과거를 응시하는 손진태의 의식의 시간이 상반된 방향으로 엇갈리도록 만든 것은 무엇일까. 외적인 근대화의 폭력에 의해 상실된 '과거의 것'을 그 폭력이 침범할 수 없는 어떤 '내적 시간' 속에서 고유한 경험으로 보존하고 있기라도 했던 것일까. 그러나 그렇게 여겨지지는 않는다.

그가 이렇듯 사라져 가는 민담에 관심을 갖고 그것을 수집할 필요성을 느끼게 된 것은 그에게 조선의 전통 민담과 관련된 어떤 특별하고 고유한 경험이 있었기 때문은 아닌 것으로 보인다. 그는 "어려서 할머니도 어머니도 잃었고, 누이도 없어서 다른 아이들에 비해 옛이야기에 친숙할 기회를 얻지 못했다". 게다가 가난에 쫓겨 여기저기 떠돌아다녔기 때문에 옛이야기에 대한 "흥미도 지식도" 거의 가지지 못했다. 그러던 그가 민담에 "흥미와 일종의 책임감을 느꼈던 것은 10년 전(1921년 : 인용자)……동경에 건너와 **인류학**과 **민속학**에 관한 책을 읽기 시작한 무렵부터였다".[14] 그는 중동학교 졸업 후 도일하여 와세다 제1고등학원(1924년 졸업)과 와세다대학 사학과(1927년 졸업)를 거쳐 '동양문고'에서 사서로 근무(1930~1934)하고 있던 시점에서 이 말을 하고 있는데, 여기서 말하는 10년 전이란 와세다 제1고등학원에서 니시무라로부터 '토속학' 및 '인류학'에 대한 수업을 받기 시작할 무렵을 지칭한다.[15] 손진태는 무엇보다도 인류학과 민속학이라는 근대적인 분과학문을 통해서 '민속적 전통'에 "흥미와 일종의 책임감"을 느끼게 된 것

---

14) 위의 글, 1쪽. 강조는 인용자.
15) 남근우, 「'손진태학'의 기초연구」, 96쪽 참조.

136

이다.16)

손진태가 '민속적 전통'을 발견하고 그것에 접근하는 방식을 결정하

16) 물론 백지상태에서 출발하여 인류학과 민속학을 배운 후에야 비로소 '과거의
것'이 보이기 시작했다는 가정은 추상 속에서만 가능할 것이다. 더욱이 그가
20대 초반에 영향 받았다는 인류학과 민속학이 얼마나 학적 체계를 갖춘 것
이었는지도 의심스럽다. 그러나 중요한 것은 그 근대적 분과학문의 개념, 범
주, 언술방식 등이 '민속적 전통'을 대상화하고 그것을 진술하는 데 있어 기본
적인 준거가 되었다는 사실이다.
여기서, 그가 배운 인류학과 민속학을 역사화하기 위해 니시무라의 인류학
분과체계와 '토속학', '민속학'의 관계를 간략하게라도 살펴보는 것이 좋겠다
일반적으로 민속학은 '포클로어(folklore)'의 의미로서 서민들의 생활에 전승되
고 있는 그 사회의 기층문화를 조사·연구하는 것을 목표로 하고 있다. 이러
한 의미에서 민속학은 특정 공동체에 살아남아 있는 "가장 좋은 것"(장철수,
「민속학 50년사」,『한국학보』제82집, 1996년 봄호, 32쪽)을 통해 그 공동체의
생활문화와 생활관을 이해하고자 한다는 점에서 민족문화학인 동시에 현재
학이다. 한편 니시무라가 토속학이라 명명한 것은 '에스노그래피(ethnography)'
의 번역어로서 여러 인종적·민족적 문화의 비교연구를 위한 기초자료를 제
공하는 것을 목표로 하고 있어 흔히 '민족지' 또는 '기술적 민족학'이라고 번
역되고 있다.
오늘날 민속학이라고 하면 일반적으로 '포클로어'를 지칭하지만 니시무라와
손진태에게 있어서는 '에스노그래피'의 의미가 더 강하다. 니시무라는 문화인
류학의 한 분과인 '토속학=에스노그래피'를 통해 특정 인종·민족의 문화적
발전과정과 그 특색을 전체적으로 파악하고자 했던 것으로 보이며, 따라서
단순한 자료조사뿐만 아니라 그 역사적 변천에도 관심을 갖고 있었던 것으로
보인다(전경수,『한국 인류학 백년』, 일지사, 1999, 62쪽 참조). 그의 인류학 분
과체계에서 '민속학=포클로어'는 '종교학', '신화학'과 함께 '토속학=에스노그
래피'의 하위에 놓인다(송석하, 「민속학은 무엇인가?」,『학등』제4호, 1934 참
조). 손진태 역시 민담, 가요뿐만 아니라 고대 제의, 무속, 신화 등을 조사·연
구의 대상으로 삼았다는 점에서 '토속학'의 학문적 장 속에서 실천하고 있었
다고 하겠다. 이 점을 고려할 때 손진태의 민속학을 '토속학'으로 명명하는 것
이 타당하겠으나, 그 자신이 민속, 민속학이라는 용어를 더 많이 사용하고 있
기도 하고, 또한 오늘날 한국의 민속학 역시 토속학과 엄밀하게 구별된다고
말하기 어렵기 때문에 이 글에서는 '민속학'이라는 명칭으로 토속학까지 지칭
하고자 한다.

는 데 기여한 또 다른 중요한 영향으로, 일본 동양사학의 핵심 인물인
시라토리 구라키치(白鳥庫吉, 1865~1942)의 제자이자 그와 함께 만선
사학을 정초한 쓰다 소키치의 실증적 과학주의를 들 수 있다.[17) 1920
년부터 와세다대학 사학과 교수로 재직하고 있던 쓰다에게서 강의를
들으며 손진태는 그의 실증주의적 방법으로부터 영향을 받았는데, 손
진태의 첫 민속학 자료집인『조선고가요집(朝鮮古歌謠集)』(1929)의 서
문을 써 주기도 한 쓰다는 손진태를 기억하며 이렇게 쓰고 있다.

　　졸업하는 조선의 학생이 왔기에 어떻게 생각하면 조선에 돌아가서
　역사교사가 되는 것이 어떨까라고 말해 주었다. 일본인은 무엇이든지
　일본이 잘난 것으로 생각하고, 조선이 옛부터 일본에 복종하고 있는
　것처럼 말하고는 한다. 한편 조선에서는 그 반대로 조선은 옛부터 훌
　륭한 독립국이라고 말한다. 양측 모두 잘못된 생각이다. 양측 모두 사
　실과 다르다. **역사는 사실을 밝히는 것이다. 사실을 사실대로 보는
　데에서 진실한 사고가 솟아난다.** 이것이 하나이다. 다른 하나는 일본
　인은 조선인만을 상대로 하고 있고, 조선인은 일본만을 상대로 하고
　있다. **좀더 높은 차원에서 좀더 넓게 세계를 보지 않으면 진실된 일
　본이나 조선도 알 수 없다.** 조선인은 조선에 집착하고 일본인은 일본
　에 집착하기 때문에 감정적으로 충돌되고 참된 감정적 융화는 불가능
　하다.[18)

---

17) 남근우는 이 밖에도 손진태의 신민족주의적 역사서술의 근간을 이루는 "'균
　등한' 씨족공동사회의 이상화와 그것에 대치되는 '불균등한' 전제적 귀족국가
　론", 그리고 "중국문화와 유교에 대한 가차없는 비판"이 쓰다 소키치의 세계
　관에서 영향받은 것이리라 추측한다. 남근우, 앞의 글, 105쪽 참조.
18) 津田左右吉,『津田左右吉全集』第二十七卷, 岩波書店, 1965, 439쪽(최길성,
　「柳田國男의 국학사상과 조선」,『일본학보』제27집, 1991, 45쪽에서 재인용).
　강조는 재인용자.

138

쓰다는 실증적 과학주의를 역사적 연구에 있어서의 필수불가결한
원칙으로 여긴다. 그리고 이러한 과학주의야말로 특정한 민족의 경계
를 넘어 보편적인 진리를 탐구할 수 있는 근거가 되는 것이다. 과학주
의, 보편주의 속에서는 일본도 조선도 결코 대립하지 않는다. 이 과학
주의와 보편주의의 원칙은 조선에 대해서[19) 뿐만 아니라 일본의 과거
에 대해서도 관철되어야 했다. 쓰다는 일본 고대의 이른바 '신대사(神
代史)'에 대해 언급하면서 "신대의 전승들은 역사적 전설이 아니라 가
공된 전승들"이라고 주장하였다.[20] 그는 신화적 존재들이 실재했다고
여겨왔던 그동안의 일본고대사 연구자들을 비판하면서 과학주의·보
편주의의 칼날을 날카롭게 세웠다. 그러나 그가 "신대의 전승들"을 가
공된 것이라고 주장하게 만든 실증적 과학주의는 일본을 과거의 '동
양'으로부터 분리시키는 결과를 낳았다. 그의 스승 시라토리까지만 해
도 일본적인 것 내에 포함시키지 않을 수 없었던 인도적인 것·중국적
인 것을 '역사 시대' 이전으로 배척해 버릴 수 있었기 때문이다.[21]

　이러한 과학주의의 관점은 손진태에게 동일하게 나타난다. 그는
1920년대부터 저널리즘과 학계에서 상당한 쟁점이 되고 있었던 '단군
시조론'에 비판적으로 개입하였다. 여기서 그는 '단군'이 실재했다는
설을 하나의 넌센스로 여기면서, 단군시대를 이상적 시대라고 찬미하

---

19) 쓰다는 손진태의 『조선고가요집』의 서문에서 일본어로 번역된 조선의 고가요
　를 통해 일본인 독자들이 "자기와 같은 '사람'을 발견하고 자기와 같은 민중
　을 인지하고 자기와 같은 생명의 약동을 느낄 것"이라고 쓰고 있다. 사실을
　있는 그대로 가감 없이 대하면 "조선의 사람들에 대한 이해와 동정"이 발생
　할 수 있다는 것이다. 조선의 옛노래에서 민족도 인종도 아닌 '사람'을 발견하
　는 데에서 쓰다의 보편성에 대한 지향을 엿볼 수 있다. 津田左右吉, 「序」, 孫
　晉泰編, 『朝鮮古歌謠集』, 刀江書院, 1929, 1~2쪽 참조.
20) 津田左右吉, 『神代史の研究』, 岩波書店, 1923 ; Stefan Tanaka, 『일본 동양학의
　구조』, 박영재·함동주 옮김, 문학과지성사, 2004, 259쪽 참조.
21) 위의 책, 259쪽 참조.

는 것은 "공상적 중세사가들의……시적 상상"[22]에 불과하다는 주장을
한 바 있다.

> 나는 종종 이런 말을 듣습니다. 우리 조선민족을, 왜 천강민족(天降
> 民族)이라 하여 단군을 조선(祖先)으로 모시지 않고, 퉁구스족(通古斯
> 族)이니 몽고족이니 미개민족들을 우리의 조선(祖先)으로 만들고자 하
> 느냐고 하는 비난을 듣습니다.……그러나 그것은 미개시대의 사람이나
> 중세 종교시대의 사람들이나 많이 믿을 바이요, 식자(識者)들이 그렇다
> 고 강요하면 우민(愚民)들이 그런가? 하고 생각하였을 바이지, **과학시**
> **대에 처한 우리로서는 그런 말을 믿을 수 없는 것**은 물론,……나
> 는……천강민족설을 무리하게 주장할 수 없습니다.[23]

그는 창조설을 주장하는 신학자들에 맞선 다윈처럼, 민족의 기원을
신화적(종교적)으로 설명하고자 하는 이들에게 과학자의 입장에서 말
하고 있다. 철저하게 근대 이후의 과학적 인식론에 입각하고자 하는
그에게, 비합리적인 자민족중심주의의 이데올로기는 오히려 민족주의
를 올바르게 정립하기 위해서도 배척되어야 할 것이다. 그리하여 "편
협한 애국사상은, 민족의 정신을 좁게 하며 배타적 감정을 조성하게
하여 장래 위대한 민족사상이나 민족문화를 건설함에 많은 저해가 있
을" 것이라고 경계하면서, 그는 "좀더 이론적이오, 과학적인 방법으로
얼마든지 민족정신을 지도할 수도 있으며, 함양할 수도 있을 것"이라
고 말한다.[24] 이곳에서 손진태 자신이 해방 후에 주창한 '신민족주의

---

22) 손진태, 「조선민간설화 연구 - 민간설화의 문화사적 고찰(1)」, 『신민』 27호,
   1927, 123쪽.
23) 손진태, 「朝鮮民族の構成と其文化」, 『朝鮮思想通信』, 1927(『전집』 6, 46쪽).
   강조는 인용자.
24) 위와 같음.

140

사관'의 단초를 볼 수도 있겠지만, 중요한 것은 그가 **과학의 입장**에서 이데올로기와의 접점을 찾고 있었다는 점이다. 여기서 과학이란-적어도 이 맥락에서는-인류학이다. 그는 인류학의 관점에서 조선민족의 과거를 바라보고, 그 속에서 민족문화의 원천들을 찾고자 하는 것이다. 그가 과학적 방법이라고 생각하는 인류학의 입장에서 볼 때, 단군은 결코 실재할 수 없지만, 단군신화를 만들어내고 스스로를 '천강민족'이라고 믿는 인종의 한 갈래는 틀림없이 존재하는 것이 된다. 그러므로 그는 단군 문제를 대하는 자신의 입장을 "신화로서의 긍정론자"25)라고 규정할 수 있었다.

이것이 그가 과학의 입장에서 전(前)과학적인 것과, 역사학의 입장에서 전(前)역사적인 것과 만나는 방식이었다고 할 수 있을 것이다. 쓰다 소키치가 신대사(神代史)를 '가공의 것'으로 규정하면서도 천황 중심의 일본사를 위태롭게 하기는커녕 오히려 더욱 강화할 수 있었던 것처럼, 손진태는 단군을 고대 종교의 산물, 즉 전역사적인 것으로서 구별함으로써 오히려 '민족사'를 학문의 지위에 올려놓게 하는 결과를 가져왔다고 해도 좋을 것이다.26) 이러한 관점은 식민지 시기 그의 민속

---

25) 손진태, 「檀君壇君」, 『문장』 1939. 4, 145쪽. 이러한 입장은 해방후 그의 신민족주의적 역사서술에서도 반복된다. 즉 그는 한국사를 서술하는 첫대목에서 "단군전설"은 "가시적 사회적 事實이었기보다는 사상적인 소산이요 사상상의 전통이었던 것"이라고 명시하고 있다. 손진태, 『국사대요』, 을유문화사, 1949(『전집』 1, 4쪽). 이렇듯 신화나 전설의 '허구성'은 비판하지만 그 '정신'을 '사상적 전통'으로 받아들이는 방식은 일찍이 쓰다에게서 찾아볼 수 있는 것이었다 : "神代가 관념상의 존재라고 한다면, 그 神代라는 것의 의미도, 그 神의 성질도, 또한 그 代의 이야기도, 이러한 관념을 구성했던 시대의 사람들의 사상이 그것에 반영되어 있다고 보지 않으면 안 된다." 津田左右吉, 앞의 책, 8쪽.
26) 고대문화를 다룬 초기의 연구에서도 손진태는 '선사'와 '유사'를 비슷한 맥락에서 분명하게 구별하고 있다. 그에 따르면, 선사시대의 "원시문화는 그 소유주인 사람의 몸을 떠나서는 그렇게 이동할 가능성이 없는 것"이기 때문에

학적 조사와 연구 과정에서 관철되고 있었다고 하겠다.

3. '토속인'에 대해 쓰기

　손진태가 과학의 입장에 서 있었다고 한다면, 그곳은 무엇보다도 인류학과 민속학(토속학)이라는 학문적 장(場)이다. 그에게 인류학과 민속학은 합리화되어 가는 '주술적 세계'를 발견할 수 있게 해줄 뿐만 아니라 그것을 합리적인 언어로 설명할 수 있게 해주는 **방법**으로 존재한다. 이러한 방법의 위치에 설 때, 시베리아 어느 '원주민'의 습속인 "Prostitution of hospitality", 즉 손님을 위해 아내의 성을 접대하는 풍습도 경멸의 대상이 아니라 인류학적 연구대상, 심지어는 "애상(愛想)과 존경"의 대상이 된다. 자문화의 윤리적·관습적 가치척도를 맹신하는 사람들과는 반대로 "인류학(Anthropology)이나, 토속학(Ethnography) 혹은 사회인류학(Social anthropology)을 연구하는 사람, 또는 그러한 학문에 대한 이해를 가진 사람에게는 (그러한 이질적 풍습이 : 인용자) 발견의 흔희(欣喜)와 학적 감흥을 무한히 주는 것"이 된다.[27]
　이렇듯 이질적인 습속을 다문화주의적으로 대할 수 있게 해주는 것이 인류학 또는 민속학이라는 '과학'의 힘이거니와, 이 힘이 작용하기 위해서는 특정한 '거리'가 전제되어 있어야 한다. 즉 '야만적'으로 보

　"移來 민족들의 輪來한 문화의 接觸融合에 의하여 성립된 것"이지만, "역사시대의 문화는 마치 무슨 물품과 같이 그 소유주인 사람을 떠나 단독으로 존재"하기 때문에 민족적 정체성을 잃지 않은 채 선택적으로 타문화를 수입할 수 있는 것이다. 손진태, 「조선상고문화연구」, 『신민』 1926. 8(『전집』 6, 53~54쪽). 이 진술에서 엿보이는 '문화 전파' 관념의 문제에 대해서는 뒤에서 좀 더 살펴보겠다.
27) 손진태, 「토속연구여행기」, 『신민』 1926. 5(『전집』 6, 465쪽).

142

여지는 이질적인 풍습은 물론이고, 그 이질적인 풍습을 '야만적'인 것으로 보게 만드는 자문화의 관습으로부터도 거리를 둔 곳에 인류학자와 민속학자가 서 있어야 하는 것이다. 이 거리는 공간적일 뿐만 아니라 보다 근본적인 의미에서 시간적이다. 요하네스 파비안(Johannes Fabian)의 표현을 빌려 말한다면, 이 같은 거리는 "동시대성의 부인(denial of coevalness)"을 그 특징으로 한다.[28] 그리하여 인류학자 또는 민속학자가 그의 '대상'과 동시대를 살고 있다는 사실을 체계적으로 부인 또는 망각할 때, 양자 사이의 다양하고 복잡한 관계는 오직 '인식론적 관계'만으로 환원되고 만다.

민속학자가 자신이 속해 있는 공동체의 과거 생활문화를 조사·연구한다고 해서 이러한 거리가 자동적으로 사라지지는 않는데, 이곳에서는 '동시대성의 부인'이 함축된 공간적 거리두기의 양태를 통해서 그것을 살펴보도록 하겠다. 민속학의 방법으로 사라져 가는 '민풍토속'의 흔적들을 조사·수집하고 그것을 합리적으로 설명할 때, 민속학자는 특권적인 시각(視覺)의 권력을 소유하게 된다.[29] 대상으로부터 실천적·심리적으로 거리를 두고 있는 관찰자의 시각 앞에 모든 현상은 특수하고 개별적인 사례들로 관찰된다. 이 점에 있어서 민속학은 "초연한 시점을 가진 주체의 현존"에 의존하고 있는 근대 과학 일반과 근본적으로 구별되지 않는다.[30]

---

28) "우리가 너무나도 다양한 예들에서 확인할 수 있는 이러한 거리두기 장치는 전지구적인 결과를 산출한다. 나는 그것을 **동시대성의 부인**이라고 칭할 것이다. 이 표현으로 나는 **인류학의 지시대상(들)을 인류학적 담론 생산자의 현재와 다른 어떤 시간 속에 위치시키는 완고하고 체계적인 경향성**을 나타낸다." Johannes Fabian, *Time and the Other : How Anthropology makes its object* (New York : Columbia University Press, 1983), 31쪽. 강조는 원문.

29) 모든 인류학자들도 자신들의 지식이 관찰에 근거하고 있으며, 또한 관찰에 의해 승인된다는 사실을 인정한다. Johannes Fabian, 위의 책, 107쪽 참조.

30) Jonathan Crary, 『관찰자의 기술』, 임동근·오성훈 외 옮김, 문화과학사, 2001,

차는 또 달린다. 역시 어디에도 인가(人家)는 보이지 않는데 밭에서
는 어린이들이 2, 3인 바위 위에서 한가로이 놀고 있다. 도대체 이런
돌투성이의 적지(赤地)뿐인 밭의 그 어디에 그들은 마음이 끌려서 멀
리 여기까지 왔을까.

이러한 단조(單調) 그것뿐인 비좁고 답답한 골짜기를 돌고 돌아서 가
는데 불쑥 가슴이 트이기 시작했다. 조그마한 평야가 있고 냇가도 상
당히 큰데, 경원선이 지금 여기까지 통하고 있는 것이다. 처음으로 인
간을 구경한 것 같은 느낌이 든다. 지금까지의 처녀나 어린이들, 그것
은 자연이었던 것이다.[31]

민속자료 채집을 위해 동경에서 조선으로 건너와 수개월간 평북지
역 일대를 답사하면서 보고 느꼈던 일들을 기록한 글이다. 위 인용문
은 자동차를 타고 이동하던 중 목격한 화전민들의 모습을 기술한 한
대목이다. 여기서 흥미로운 것은 그가 차를 타고 지나가면서 차창으로
보고 있다는 것이다. 손진태와 화전민은 차창에 의해 '안'과 '밖'으로
구별되어 있다. 달리는 차 '안'에 있는 손진태는 차 '밖'으로 스쳐 지나
가는 화전민을 그저 바라볼 수 있을 뿐이며, 따라서 화전민은 관찰자
손진태의 독백 속에서만 대상화될 수 있을 뿐이다. 여기서 손진태는
그들을 "자연"이라고 명명한다. 이렇게 명명함으로써 그는 자신이 자
연의 반대편에, 즉 '문명=과학'의 입장에 서 있음을 확증하고 있는 것
이다.[32]

16쪽. 그러나 사실 "관찰자는……미리 규정된 가능성들의 체계 안에서 보는
사람이며 관습과 제한의 체제에 박혀 있는 사람이다"(18쪽). 손진태에게 있어
"미리 규정된 가능성들의 체계"란 인류학, 민속학의 개념·범주·언술방식들
이 상호작용하는 場이었다고 할 수 있을 것이다.

31) 손진태, 「民俗採訪餘錄」, 『향토연구』 1932. 4『전집』 6, 434쪽).

32) 손진태가 '토민=타자'를 '자연'으로 표상한다는 사실에 대해서는 남근우, 「'신
민족주의 민속학'의 방법론 재고」; 남근우, 「'토민'의 '토속' 발견과 '신민족주

위 인용문을 하나의 비유로 해석하자면, 손진태가 타고 있던 차안은
그가 자리잡고 있던 과학의 장소였다고 할 수 있다. 그 과학의 장소는
관찰자와 관찰대상 사이에 안전한 거리를 확보하게 해주는데, 여기서
말하는 '안전한 거리'란 인식론적 초점화를 가능하게 하는 근대 과학
의 필수적인 공간감각이라고 해도 좋을 것이다. 그러나 이 공간감각은
시간적 거리를 함축하고 있다. '문명=과학'의 장소에서 보여진 '자연'
은 시간이 공간적으로 계층화된 곳에 자리잡고 있는 대상인 것이다.[33]
따라서 민속학자의 눈앞에 실재함에도 불구하고 '자연'은 '인위적인
노고'가 가해지기를 기다리고 있는 '아직 아닌' 존재, 즉 현재에 있으
면서도 과거에 속하는 역설적인 존재가 된다. 과거에 속하기 때문에
그 대상은 합리적인 언어로 스스로 말할 수 없으며, 다만 민속학자의
독백을 통해서만 재현될 수 있을 뿐이다.

한편, 손진태는 '토속학자'(ethnographer)로서 특히 '민풍토속'의 **유래**
와 **기원**을 탐색한다. 민속학적 대상의 연원에 대한 강한 관심이 그의
민속학을 '역사민속학'이라고 특별히 지칭하게 하는 한 근거가 되기도
한다.[34] 그는 움집, 검줄, 소도, 적석단, 입석 등[35]뿐만 아니라, 자신이
다루는 다양한 '민풍토속'의 기원을 찾고자 하는 시도를 꾸준히 행하
는데, 이는 궁극적으로 조선민족의 기원을 해명하고자 하는 목적으로
수렴된다. 그리고 민족의 기원에 대한 물음은 인류학 및 인종학의 과

의'」에서 이미 지적된 바 있다.

33) 이런 의미에서 손진태가 대하는 '토속인'은 **과거의 존재**라고 할 수 있을 것이
다. 그가 성천 지역에서 만난 '토속인'들은 사진에 찍히면 영혼을 빼앗긴다고
믿어서, '민속자료'를 사진에 담고 있는 그를 "적의를 갖는 눈으로" 바라보는
'야만인'인 것이다. 손진태, 「民俗採訪餘錄」, 『전집』 6, 428~429쪽 참조.

34) 이필영, 「남창 손진태의 역사민속학의 성격」, 『한국학보』 제41집, 1985년 겨
울호 참조.

35) 손진태, 「조선상고문화연구」, 『전집』 6.

제와 만나게 된다. 이를테면 그는 "조선민족의 구성에 대하여 그 근본
의 문제가 되는 것은, 조선민족은 대체 어떠한 인종으로 구성되었느냐
하는 점"[36]에 있다고 말한다. 이러한 인류학적·인종학적 기원에 대한
관심은 해방후 신민족주의적 방법을 표명하면서 서술한 역사에서도
반복적으로 나타나고 있다.[37] 물론 손진태의 경우, 기원에 대한 그의
탐구가 "이민족의 그림자 없이 균질한 문화로 전원이 통합"되어 있는
세계를 구성하고자 한 야나기타 구니오(柳田國男, 1875~1962)류의 민
속학[38]과 동일한 목표를 공유하지는 않는다.

　그런데 기원에 대한 그의 탐색에는 전파론(diffusionism)의 관점이 포
함되어 있다는 점에서 역사적 연구와는 구별되어야 할 것으로 보인다.
특히 그가 한반도에 유입된 인종들을 추적하면서 그 인종들의 계열과
그들의 문화를 동일시할 때[39] 전파론적 전제가 드러난다. 문화인류학

---

36) 손진태, 「朝鮮民族の構成と其文化」, 『전집』 6, 29쪽. 그는 이 글에서 '한민족'
　　에 대한 인종학적인 탐구를 행하고 있는데, 그 스스로 인종에는 선천적인 우
　　열이 없다고 말하지만 "건전한 체질을 가진 민족"이 진보하리라는 것을 인정
　　하고 있다는 점에서 체질인류학의 관점도 엿보인다 : "장건하기로는 세계적
　　으로 자긍할 만한 퉁구스족[通古斯族]의 체질과, 一時는 전세계를 정복하다
　　시피한 용감한 몽고족의 피를 받은 조선민족은 반드시 선천적으로 약한 체질
　　을 가진 민족은 아닐 것입니다." 같은 글, 49쪽.
37) 즉 『조선민족사개론 上』, 을유문화사, 1948의 緖編 제1장은 '조선민족의 인류
　　학상의 지위'에서부터 출발하고 있으며, 『국사대요』, 을유문화사, 1949의 緖
　　說도 '우리 민족의 인종적 지위'라는 절로 시작하고 있다.
38) 小熊英二, 『일본 단일민족신화의 기원』, 조현설 옮김, 소명출판, 2003, 305쪽
　　참조. 또한 H. D. Harootunian, *Overcome by Modernity : History, Culture, and Community
　　in Interwar Japan* (Princeton and Oxford : Princeton University Press, 2000), 306~328
　　쪽 참조.
39) "인종적 관계는 동시에 문화적 관계를 의미하므로 조선의 문화를 연구하는
　　사람은 반드시 이 관계를 머리 속에 두어야 될 것이다." 손진태, 「토속연구여
　　행기」, 『전집』 6, 478쪽 ; "조선문화의 기초와 연원을 연구함에는 조선민족을
　　구성한 인종적 요소를 연구할 필요가 생기며 그와 반대로 조선민족을 구성한

의 한 이론으로서 전파론은 다양한 문화적 요소나 결합체가 그 자체의 물질적 이동이나 종족적·민족적 이주에 의해 어떤 중심지에서 다른 지역으로 확산되어 간다는 입장이다. 특정 공동체의 문화가 독립적으로 기원했다는 견해를 부정하면서 등장한 이 입장은 그 문화적 요소의 본래적 기원을 확증하고자 함으로써 문화의 중심부와 주변부를 위계적으로 구별할 위험이 있다. 그런데 여기서 문제는 손진태가 전파론적 입장을 취함으로써 한반도의 문화를 어떤 기원적인 '중심문화'로부터 인적·물적 경로를 통해 전달되고 파생된 '주변문화'로 보았는가[40] 여부를 확인하는 데 있지 않다.

전파론과 관련해 보다 중요한 것은 민속학적 대상의 기원과 유래를 추적하는 과정에서 그 대상을 사물화, 본질화하게 된다는 점이다. 특히 인종학과 결합된 전파론적 관심은 민속적 대상을 시간과 공간을 넘어서 실증적으로 확증할 수 있는 사물적 실체로 간주하게 하고, 그 문화적 특성을 해당 인종과 체질적으로 결합된 본질로 여기게 한다.

이렇듯 민속학적 대상을 사물적으로 표상할 수 있게 해주는 시간적·공간적 거리가 대상화의 조건을 이루며, 그 조건 안에서 시각의 권력이 작용하게 만든다. 그러나 필드워크(fieldwork)를 행하는 민속학자에게 이 '거리'와 '시각의 권력'은 언제든 무너질 가능성을 내포하고 있다. 민속학자가 직접 '토속인'의 생활 속으로 들어갈 때 순간적으로나마 그 거리가 사라지기 때문이다.

인종적 요소를 연구함에는 그 유력한 證迹으로 조선민족의 원시문화의 직접 기원이 어디에 있는 것을 고찰할 필요가 일어나는 것이다." 손진태, 「조선상고문화연구」, 『전집』 6, 54쪽.

40) 그의 진술들을 살펴볼 때, 손진태는 한반도까지 전파되어 온 문화의 중심지를 만주와 몽골 지역으로 상정하고 있는 것으로 보인다. 손진태, 「토속연구여행기」, 「조선상고문화연구」 등 참조.

[무제(巫祭) : 인용자] 식(式)이 끝나니 주부는 무녀와 나에게 개고기의 요리를 내놓았다. 한국에서 제일 개고기를 즐기는 것은 함경도와 평안도 사람들이다.……그러나 나는 싫어한다. 그것을 먹으라 한다. **먹지 않으면 친분이 손상되고 내일 그녀를 조사할 때 영향이 있을 것**은 틀림없는 일이다. 용기를 내어 한 조각을 입에 넣었다. 내음이 지독하다. 나는 온밤중 그로부터 익일(翌日)까지 가슴이 나빠서 죽을 지경이었다.[41]

……새신(賽神)의 의식이 끝나고 이번에는 신전에 바친 파리가 득실거리던 것을 내려서 모두 함께 먹자고 한다. 이것은 **반드시 모두가 먹지 않으면 안 되는 모양이다.** 노무당(老巫堂)이 손수 닭고기를 찢어서 준다. 여기에는 정말 당황하였다. 이것을 함부로 먹는 날에는 내 목숨이 붙어있지 않으리라 생각했다.……나는 파리가 먹고 남긴 닭고기의 한편과 소주를 함께 하여 먹어 버렸다. 그날 밤에 나는 노무당의 집을 찾았다. 그런데 또다시 돼지고기를 내놓고 권한다. 또 다음날은 점심을 내놓는다. 나는 이러한 음식물 때문에 드디어 소화불량이 되었다. 기분이 나빠서 견딜 수가 없다. 무녀의 집의 음식물은 왜 그런지 맛도 없고 기분이 나쁜 것이다.[42]

여기서 '민속자료' 채집자로서 손진태는, 싫어도 비위생적이어도 주는 대로 먹지 않으면 안 되는 상황에 처해 있다. 이렇게 내키지 않는 음식물을 받아먹는 것이 자료조사를 원만히 하고자 하는 속셈에서 비롯된 행위라 할지라도, '토속인'의 질서와 관습에 따르지 않으면 안 되는 상황에 처해질 때 일시적으로나마 '관찰자'의 특권적인 자리는 사라진다. 시간적·공간적 거리를 사이에 두고 대상을 관조할 수 있었던 관찰자, 따라서 그 거리를 통해 대상을 사물적으로 파악하고 그것의

---

41) 손진태, 「民俗採訪餘錄」, 『전집』 6, 437쪽. 강조는 인용자.
42) 위의 글, 461쪽. 강조는 인용자.

기원과 유래를 기술할 수 있었던 민속학자는 "내 목숨이 붙어있지 않으리라"는 위험을 감수해야 할 위치로 내려온다.

음식물과 관계된 일화라는 점을 고려하더라도 이 인용문에서 시각적인 묘사는 거의 찾아보기 힘들다. 그보다는 오히려 후각("내음")이나 미각("맛도 없고"), 또는 촉각("가슴이 나빠서", "소화불량")이 두드러져 있다. 객관적으로 '안전한 거리'를 두고 바라보기에는 '관찰자'가 너무 깊숙이 '토속인'의 삶 속으로 들어와 있는 것이다. 이 순간만큼은 대상화된 '과거'가 아니라 경험되는 '현재'이다.

그런데 이 '현재'의 경험은 불쾌함을 수반하고 있다. '토속인', '토속', '자연'이 이미 종결된 '과거'의 세계로 대상화되지 않고 살아 있는 '현재'로 경험될 때 관찰자에게 그것은 불쾌의 경험이 되지 않을 수 없다. 관찰자에게 전제되어 있던 거리가 소멸했기 때문이다. 그러나 이러한 경험은 여행기나 회고담 등의 주변적 텍스트에나 그 흔적을 남길 뿐이다. 반면 인류학적·민속학(토속학)적 **보고**와 **기술**(記述)이라는 과학적 방법의 실천은, '민속학자'와 '토속인' 사이의 위상 차이가 흔들리는 데서 오는 불쾌와 위험을 쉽게 봉합시킬 수 있다. 즉 민속학의 장 속에서 그 개념, 범주, 언술방식 등을 준수하는 실천을 통해, 민속학자는 자신이 탐구하는 사람들과 더불어 그 역시 함께 얽혀 들어가 있는 같은 세계 내의 존재라는 사실,[43] 그 '동시대성'을 체계적으로 부인할 수 있는 것이다.

---

43) James Clifford, "Introduction : Partial Truths", James Clifford and George E. Marcus, ed., *Writing Culture : The Poetics and Politics of Ethnography* (Los Angeles : University of California Press, 1986), 10쪽 참조.

4. 민중의 형상화, 또는 민족문화의 구성

인류학과 민속학은 필드워크를 통해 자료를 수집하고 그것을 토대로 객관적인 기술을 한다. 적어도 필드워크에서 '토속인' 및 그들의 생활과 부딪치게 될 때 그들과의 '동시대성'이 일시적으로라도 상기될 가능성을 품고 있다. 그러나 인류학과 민속학의 장 속에서 이루어지는 기술 과정에 들어가게 되면 '동시대성'은 부인되거나 망각된다. 인류학과 민속학은 민속학자가 자신의 조사 대상인 '토속' 및 '토속인'과 동시대를 살고 있음을 일깨워주는 경험, 즉 앞 절에서 언급한 것과 같은 '불쾌와 위험'의 경험을 중화시킬 수 있는 장치를 내부에 지니고 있었으며, 손진태 역시 그로부터 자유로울 수는 없었다. 그리고 이 장 속에서 구성된 것이 '조선 민속'이라는 개념이었다.

민속학이 가능하게 해 준 것 중 하나는, 각 시대의 지배문화(=지배자의 문화)를 정통으로 여기는 생각에 의해 비루한 것으로 외면당해 왔던 평범하거나 주변적인 생활문화들에 주목할 수 있게 한 것이다. 아니 오히려 이 평범하고 주변적인 생활문화가 공동체적 전통 전체를 가능하게 하는 근본 토대로서 여겨지게 된다. 따라서 민속학적 관심에 의해 적어도 왕조중심, 귀족중심의 문화가 아닌 평민, 하층계급(무당 등), 부녀자 등 민중의 생활의 일부분이 중요한 문화적 가치를 지니는 것으로 평가된다.[44]

손진태는 1920년대 중반 문단 내에서 쟁점이 되었던 이른바 '시조부흥론' 논의에 개입한 바 있는데, 이곳에서도 그는 시조의 민중적 형식

---

44) "개성에는 고려궁전폐허와 선죽교, 박연폭포가 있지마는 우리와 같이 토속을 연구하는 자에게는 그러한 고적이나 자연의 풍경보다도, 차라리 개성의 무당이나 특수한 미신, 풍습 같은 것이 흥미를 끄는 것이다." 손진태, 「토속연구여행기」, 『전집』 6, 465쪽.

150

을 옹호하였다. '시조부흥론'은 최남선의 「조선국민문학으로서의 시조
」(『조선문단』 1926. 5)와 「시조태반으로서의 조선 민성과 민속」(『조선
문단』 1926. 6)이라는 두 편의 글이 촉발하여 프로문학과 민족주의문학
사이의 대립을 선명하게 부각시킨 논의로 평가된다. 이 논의에서 최남
선이나 염상섭[45]이 평시조를 시조의 모델로 상정하고 논의한 반면, 젊
은 민속학도였던 손진태는 평민들에 의한 시조의 파격(破格), 즉 엇시
조와 사설시조에서 조선적인 정서의 특징을 찾는다.

> ……그 유-모어와 향락은 죽림칠현식이나 Epicureans와 같이 초현실적
> 의 것도 아니었었고, Decadent과 같이 야비(野卑)한 것도 아니었었다.
> 소박하고 농후하며, 어디까지든지 조선적 해학과 향락이었었다.[46]

그는 작자불명의 평민들이 그들의 건강한 감정을 솔직하게 표현한
사설시조를, 특히 임진왜란·병자호란 이후의 사회상이 반영된 귀족들
의 퇴폐적·은둔적 시조와 분리시킨다. 물론 손진태가 명명하고 있는
'소박'과 '농후', '해학'과 '향락'은, 차별과 억압과 지배의 현실 속에서
도 매일 매일의 삶을 살아갈 수밖에 없는 민중이라면 어느 시대, 어느
사회에서도 지닐 수 있는 보편적 정서의 건강한 일부분일 것이다.[47]
그것을 굳이 서구적인 사례와 대비시켜 가며 '조선적인 것'으로 본질
화하고 있다는 점에서는 일종의 문화유형학적 일반화의 위험도 발견
되지만, 그가 정형화된 시조 형식을 기준으로 놓지 않고 오히려 평범
한 민중들의 파격을 시조의 기본으로 사고할 수 있었던 데에는 무엇보
다도 민속학적 관심이 결정적인 역할을 했음에 틀림없을 것이다.

45) 염상섭, 「시조에 관하야」, 『조선일보』 1926. 10. 6.
46) 손진태, 「시조와 시조에 표현된 조선사람」, 『신민』 1926. 7(『전집』 6, 545쪽).
47) Mikhail M. Bakhtin, 『프랑수아 라블레의 작품과 중세 및 르네상스의 민중문
   화』, 아카넷, 2001에서 주목되고 있는 '웃음'과 '방종'을 참고할 수 있다.

그러나 여기서 놓치지 말아야 할 것은 민속학적 관심에 의해 포착된 민중적 생활문화와 문학적 표현들은 '토속학적 대상'을 넘어서지 못한다는 사실이다. 이곳에서 민중은 오랜 세월동안 동질적인 민족문화의 원천을 제공해 온 초시간적 존재로 이상화된다. 보다 정확히 말하자면, 그가 형상화하는 민중이란 정치적·사회적으로 규정되는 피지배계급·계층이라기보다 문화적인 언어로 본질화된 '민족'에 다름 아닌 것이다. 민중은 민족의 자연성과 항구성을 입증하기 위한 초역사적 전제로서 요청된 것이지 해방의 주체로서 발견된 것이 아니었다.

예컨대 사설시조로부터 조선적 정서를 읽어내는 앞의 논의에서도 이러한 '민중=민족'관을 확인할 수 있다. 오랜 세월동안 지속되어 온 생활양식, 관습, 습속이 그러하듯이 작자를 알 수 없는 사설시조도 인위적이면서 동시에 자연적인 것이다. 신분도, 성별도, 연령도 확인할 수 없지만 시조를 지은 이의 감정만큼은—작자의 이름이 명기되어 있는 예술적으로 '완성도' 높은 평시조보다—훨씬 더 뚜렷하게 드러나는 사설시조들이야말로 자연스런 형식이다. 더욱이 이름이라는 '고유명사'를 동반하지 않는 문화적 산물은, 어디에나 존재하지만 어디에도 존재하지 않는 평범한 민중들의 자연스런 표현으로 이해되는 것이다. 앞서 '토속인'이 자연적 존재로 인식되었던 것과 동일한 맥락에서, 민중과 민중문화는 자연이 된다. 그리고 이와 같은 민중(문화)의 자연성은 곧 민족의 자연성을 뒷받침해준다. 민중(문화)은 계급적 억압과 지배를 반영하거나 그것을 떨쳐버리고자 하는 의지를 담지하기보다 오히려 역설적이게도 '단일민족'과 동질적이고 '조화로운 민족문화'를 보증해주는 원천이 되는 것이다.

이는 해방 후 이른바 '신민족주의 사관'에 의해 씌어진 역사 서술에서 보다 분명하게 반복된다.

152

　우리 민족은 지난 사오천년 동안 만주와 반도라는 동일지역 내에서 성장하였고, 동일한 혈족체로서 동일한 문화 속에서 변함 없이 공동운명체의 생활을 하여 온 단일 민족이므로, 우리 역사는 곧 우리 민족사가 되는 것이다.[48]

　과거의 조선문화의 주류가 비록 귀족중심적이라 할지라도(이것도 세계 공통적이다) 이것은 결코 피지배민중과는 하등의 관계도 없는 단순한 귀족계급만의 문화는 아니다. 지배귀족계급이란 것이 피지배계급을 토대로 하여 성장된 것과 동양(同樣)으로 그 문화도 민중을 토대로 하여 성장된 것이다. 그러므로 그 문화는 비록 귀족적이나 귀족계급만으로 조성될 수는 없었던 것이요, 두 계급의 관련 상에 있어서만 조성할 수 있었던 것이다. 혹은 이것을 계급문화라고 하나 나는 이것을 일종의 민족문화라 하고자 한다.[49]

　앞서 살펴보았듯이, 손진태는 ‘토속’의 인류학적 · 인종학적 기원을 탐구하면서 다양한 문화적 요소들이 인종적 요소들과 함께 한반도로 유입되어 온 경로를 추적하고자 했다. 그에 따르면 조선민족은 상이한 지역에서 들어온 여러 인종들의 혼합의 산물이다. 그런데 해방 후 역사적 서술에서 조선민족이 ‘동일한 혈족체’, ‘단일 민족’임을 언명하고 있다. 이는 식민지 시기의 인류학적 · 민속학적 연구와 괴리되는 것처럼 보이지만 사실 그가 서 있었던 과학의 장소에서는 모순되지 않는다. 그는 이미, 인종과 문화가 분리되지 않은 채로 전파되어 온 것은 ‘선사’시대일 뿐이며, “역사시대의 문화는 마치 무슨 물품과 같이 그 소유주인 사람을 떠나 단독으로 존재”[50]하기 때문에 타문화와 마주치

48) 손진태, 『국사대요』, 을유문화사, 1949, 1쪽.
49) 손진태, 『조선민족사개론(상)』, 5쪽.
50) 손진태, 「조선상고문화연구」, 『전집』 6, 54쪽.

고 그것을 수입하더라도 민족적 정체성은 전혀 상실되지 않는다고 설명했기 때문이다. 이는－단군신화를 설명할 때도 되풀이되었던－과학의 위치에서 전(前)과학적인 것을 취급하는 그의 방식과 관련된 것이기도 하거니와, 이러한 설명을 전제로 '유사이래' 조선 민중의 문화는 이질적인 문화의 침투를 막아주는 민족이라는 테두리 내에서 자연스러운 공동체의 문화를 발전시켜 온 하나의 단위로 이해된다.

더욱이 계급적 차이와 갈등 역시 오랜 '토속'의 전통을 공유하는 단일한 민족공동체 내에서는 각각 "계급문화"로 분화되기보다는 "민족문화" 속에서 화해될 수 있는 것으로 여겨진다. 귀족들의 고급문화도 "평지에서 돌출한 것이 안이요 저급한 민족 문화에서 진전한 것이며 민족문화는 민중의 생활 그것이요 또 그 발전"[51]이기 때문이다. 그럼에도 불구하고 지금까지 과거의 문화의 주류는 "귀족주의적이요 지배계급적"이었고 **"민족이라든지 민중**이란 것은 항상 종속적이며 제이의적(第二義的)"[52]이었다. 이 같은 진술을 고려할 때 손진태는 적어도 민족 내부의 불균등성을 인식하고 있었던 것으로 보인다. 앞서도 언급했지만, 그의 민속학적 관심이 이러한 불균등성을 인식할 수 있게 해주었으리라는 것은 어렵지 않게 추측할 수 있다. 그러나 "동일한 문화"를 지닌 "단일 민족"을 강조하고 있다는 점을 고려할 때, "민족이라든지 민중"이라는, 민족과 민중을 상호 대체가능한 것으로 표현하는 대목을 주목할 필요가 있다. 그는 "종속적이며 제이의적"이었던 민중을 민족과 동일시함으로써 불균등성에서 균질성으로 교묘하게 이행해 간다.

이러한 이행은, 공동체 내부의 주변부에 위치했던 민중과 세계질서의 주변부에 위치한 약소민족으로서의 조선민족 사이에 일종의 유비관계를 설정할 때에만 이루어질 수 있다. 말하자면 '종속적이고 제이의

---

51) 손진태, 『조선민족문화의 연구』, 을유문화사, 1948(『전집』 2, 24쪽).
52) 손진태, 『조선민족사개론(상)』, 5쪽. 강조는 인용자.

적'이었던 민중 및 민중문화를 재평가하는 것과 동일한 논리에서 민족 자체가 재평가된다. 하지만 민중과 민족이 분명히 범주상 구별되는 개념이라는 사실은 말할 것도 없거니와, 이 차이를 무시하고 양자를 동일시하는 행위는 단순히 개념상의 혼동을 초래하는 데서 그치지 않는다. 지금까지 주변부에 있었지만 기층문화를 형성해 온 (과거의, 또는 초시간적인) 민중을 민족과 겹쳐놓음으로써, 새롭게 형성된 대한민국의 영토를 경계로 하는 민족 내부의 민중은 증발해버리기 때문이다. 이로써 엄연히 존재하는 정치적·경제적 불균등성은 문화적 균질성 담론에 의해 은폐되고, 남는 것은 민족문화를 형성해 왔다는 과거의, 또는 초시간적인 민중의 표상뿐이다. 이러한 민중의 형상은 그것이 해방직후 대한민국 수립과 분단에 이르는 과정에서 제시되었다는 점에서 더욱 의미심장하다.

　그는 해방 후 좌우익의 대립을 극렬히 비판하는 입장에 서 있었다. "계급투쟁은 민족 내부의 균열을 초래하므로 어떠한 경우에 있어서도 비민족적인 죄악"[53]이라고 판단하면서 계급협조를 주장하고 있었던 것이다. 문면의 의미를 그대로 받아들여 그가 좌우익의 대립이 초래할 민족분열을 우려하고 있었다 할지라도 이러한 입장은 결국 기존 지배계급의 이익을 옹호하는 것 이상이 될 수 없었고,[54] 결과적으로 그는 민족분열의 결과물이자 또한 민족분열을 더욱 고착시킨 분단국가에서 문교부 차관직을 수행하게 된다.

---

53) 손진태, 『조선민족문화의 연구』, 24쪽.
54) 해방기 그가 취한 '우파적' 입장에 대한 비판은 주강현, 「역사민속학의 단절과 복원」, 『남창 손진태의 역사민속학연구』, 한국역사민속학회, 74~75쪽 참조.

5. 맺음말

  지금까지 '토속' 또는 '민중적 문화 전통'을 발견하고 그것을 '민족문화'의 토대로 삼을 수 있었던 역사적·제도적 조건들을 고찰하기 위해, 민속학을 '독자적 과학'으로 정립하는 데 기여했다고 평가되는 손진태를 중심으로 논의를 진행해 왔다. 비록 이 글 전체 논의의 중심에 손진태라는 개인이 가로놓여 있지만, 정작 논의의 지향은 손진태 민속학의 특질을 밝히는 데 있다기보다 과거의 흔적들을 특정하게 선별하고 명명하고 담론화하는 실천의 조건들을 해명하는 데 있었다. 물론 그 조건들은 순수한 학문적 방법론에로 환원될 수 없으며 특정한 역사적 규정 속에서 형성되는 것이기 때문에, 구체적인 실천들을 아울러 살피지 않으면 안 된다. 하지만 그와 동시에 구체적인 실천들을 통해 개별적인 특징을 포착하고자 한다면 그 실천들을 가능하게 하고 그것에 의미를 부여해주는 장 바깥으로 나가기 어렵다. 그래서 이 글에서는 이른바 손진태의 '본격적' 활동과 '주된' 업적보다는 주변 텍스트들을 통해 민속학의 변두리에서 윤곽을 포착하고자 했다.

  '인류학'과 '토속학'이라는 학문적 담론 장 내에서 대상화된 민중들의 생활의 단편과 흔적들은, 동시대의 사회적·경제적 규정과 제약을 드러내는 징후가 아니라 오히려 본질화된 민족문화의 유구함을 지시하는 증거가 되었다. 민중들이 처해 있는 불균등한 사회적·경제적 위치는 문명의 바깥이나 그 주변에 자리잡은 '자연'으로 표상되었다. 그러므로 토속학자는 현재의 시간 속에서 민중 및 그들의 생활문화를 만나지만, 그의 시각이 초점을 맞추고 있는 시간은 과거이다. 그는 현재를 보면서도 과거를 보는 것이다. 비록 채집자로서 그들과 만나는 시공간은 언제나 토속학자와 토속인이 동시대에 존재한다는 사실을 일깨워주고 안전한 관찰자로서의 토속학자의 위치를 위협하지만, 보고와 기술의 과정은 다시금 토속인을 과거로 되돌려보낸다.

토속학자 손진태는 해방후 역사가로서의 역할을 자임하고, 특히 '국사교육'의 확립에 매진하면서, 이러한 시간적 거리를 더욱 굳어지게 하였다. 그는 '신민족주의'—또는 '민주주의적 민족주의'—사관을 확립함으로써, 소련식의 사회주의적 민주주의도 영·미식의 자유주의적 민주주의도 아닌 "조선민족에게 적절하고 유리한 민주주의 이념을 창건"[55]하는 데 기여하고자 하였다. 이러한 정치적 비전에는, 이제 막 제국주의로부터 해방된 약소국인 만큼 강대국들의 이해관계가 첨예하게 상충하는 국제질서에서 독자적인 노선을 찾지 않으면 안 된다는 판단이 투영되어 있다. 그러나 그것이 '민중=민족'의 동일성을 전제하는 역사서술과 교육을 더욱 강화하게 함으로써, 민족 내부에 존재하는 불균등성과 갈등을 이데올로기적으로 은폐하게 만들었음도 사실이다. 사실 대한민국 자체가 이 갈등의 산물이며, 따라서 '단일 민족'의 동질성을 배반하고 있었음에도 불구하고, '민족사' 서술과 '국사' 교육은 이러한 민족 내부의 깊은 상처를 드러내지 않음으로써 현실을 긍정하고 있었던 것이다.[56]

이와 같은 조건에서 토속학이 발견한 민중적 '전통'은 민중의 '현실'로 이어질 수 없었다. 역설적이게도 주변적이고 부차적인 민중들의 생활문화를 대상화하는 토속학은 오히려 전통을 과거의 것으로 묶어두는 역할을 했으며, '민족사'는 그 과거의 민중적 전통을 단일한 민족문화로 본질화함으로써 오히려 현재하는 민중의 삶을 보지 못하게 하는 결과를 낳았다. 과거 민중의 생활의 흔적은 '민족문화'가 되었지만, 당

---

55) 손진태, 「국사교육 건설에 대한 구상」, 『새교육』 1948. 9, 49쪽.
56) 민족주의와 그것을 배반하는 대한민국 政體 사이의 모순, 그리고 그 모순을 은폐하는 이데올로기에 대해서는 Chong-Myong Im, "The Making of the Republic of Korea as a Modern Nation-State, August 1948 - May 1950", Dissertation of Ph.D., The University of Chicago, 2004 참조.

대 민중의 현실적 삶은, 그것이 '민족문화'를 예증하지 못하는 한, 분열
을 조장하는 이질적 문화에 지나지 않는 것이 되었던 것이다. 공동체
의 역사를 본질화하고 동질적인 '민족문화' 속으로 다수 민중들의 정
체성을 수렴시키는 독백의 토속학을 넘어서기 위해서는, 아마도 존재
하는 다양한 삶의 흐름들을 긍정하고 삶·문화의 주체들과 대화하는
민속학[57]을 부단히 시도해야 할 것이다. 여기서 손진태는, '토속인들'
과 대면하는 '민속자료' 채집자로서의 위치와 기술·보고를 행하는 토
속학자로서의 위치를 모순적으로 보여줬다는 점에서, 대화의 민속학이
나아갈 방향을 모색하는 데 중요한 참조점이 되리라 여겨진다.

---

57) 민속학에 대한 반성이 어떠한 방향으로 이루어져야 하는지에 대해서는 남근
　　우, 「'민속'의 근대, 탈근대의 민속학」 참조.

반농반노 : 일제시대 농민운동의 근대적 전환과 노동운동의 형성[*]

김 동 노[**]

1. 머리말

일제시대 전체 인구의 대다수를 차지했던 농민과 노동자에 대한 이해는 당시 사회를 총체적으로 접근하는 데 중요한 기반이 된다. 흔히 일제시대의 농민과 노동자는 식민체제의 형성으로 인해 가장 고통받았던 것으로 여겨지며, 또한 이에 대해 가장 강력하게 저항했던 것으로 묘사된다. 이러한 경향은 특히 민족주의 역사관에서 뚜렷하게 나타난다. 물론 이와는 상반되는 시각도 있다. 흔히 식민지 근대화론이라 불리는 입장에서는 이들이 착취당했다는 사실 자체를 부정하지는 않는다고 하더라도 때로는 이들을 일제가 추구한 근대화의 전파자 내지는 수혜자로 묘사해왔다.[1] 이와 같이 날카롭게 대립하는 두 입장은 일

---

* 이 글은 『현상과인식』 31권 4호(통권 104호)에 게재한 것을 전재한 것이다.

** 연세대학교 교수, 사회학

1) 식민지 시기를 연구하는데 있어 민족주의 입장을 대변하는 연구로는 신용하, 「'식민지근대화론' 재정립 시도에 대한 비판」, 『창작과 비평』 98, 1997 참조. 그리고 식민지 근대화론을 대표하는 연구로는 안병직, 「한국 근현대사 연구의 새로운 패러다임」, 『창작과 비평』 98, 1997 ; 조석곤, 「수탈론과 근대화론을 넘어서」, 『창작과 비평』 96, 1997 참조.

제시대의 사회구성이 상당히 복합적이었음을 보여주는 것이다. 즉, 일제시대는 착취와 약탈 혹은 근대와 개발이라는 대립되는 모습 가운데 어느 하나로 단순화될 수 없는 복합성을 지녔을 수도 있는 것이다. 이 두 모습 가운데 어느 것이 더 사실에 가까운지는 선험적으로 결정될 것이 아니라 경험적 사실의 근거에 하여 판단되어야 할 것이다.

일제시대에 나타난 다양한 사회적 실재 가운데 농민과 노동자의 존재형태를 파악하는 데 있어 가장 적절한 사례는 이들이 주도한 사회운동이다. 많은 경우 농민과 노동자의 사회운동은 이들이 가장 절박한 상황에서 불만을 표출하는 것이기 때문에 이들이 어떤 생각을 가지고 있었고 어떤 삶을 살았는지를 이해하는 데 중요한 지표가 된다. 그런 점에서 이 글은 당시의 농민과 노동자들이 어떤 동기에서 무엇을 위해 사회운동을 전개했으며 어떤 사회적 영향을 끼쳤는가를 살펴보려고 한다. 전통적 농업사회의 주체였던 농민이 어떤 사회운동을 전개했으며 이들이 근대적 노동주체로서 전환한 이후 노동자로서 어떤 사회운동을 전개했는가를 검토하면서 이 두 운동 사이의 연관성을 찾아보려고 한다. 특히 이들의 정체성을 구성했던 주요한 요소였던 계급과 민족의 정체성이 어떻게 이들의 사회운동에 나타났는지를 살펴봄으로써 민족의식과 계급이익이 농민과 노동자의 삶에 어떻게 개입했는지를 분석하려고 한다.

2. 식민지 시기 농민운동의 전개와 농민의 정체성[2]

농민운동의 입장에서 볼 때, 식민지 시기는 크게 세 시기로 구분될

---

2) 식민지 시기 농민운동에 관한 이 글의 논의는 김동노, 「일제시대 식민지 근대화와 농민운동의 전환」, 『한국사회학』 41집 1호, 2007의 연구에 근거함.

수 있다. 즉, 농민운동이 비교적 소강상태였던 1910년대와 1940년대, 다수의 소작쟁의가 발생했던 1920년대와 1930년대 초반, 그리고 적색 농민조합운동이 나타났던 1930년대로 나누어질 수 있다. 1930년대에 나타난 적색농민조합운동이 보다 급진적이고 이념지향성이 강했지만 식민지 시기의 대표적인 농민운동은 1920년대와 1930년대에 일어난 소작쟁의이다. 소작쟁의에는 보다 많은 수의 농민들이 참여했고, 지역 적으로 제한되었던 적색농민조합운동보다 더 직접적으로 농민들의 불 만을 담고 있었다. 따라서 식민지 시기 농민들의 일반적인 삶과 투쟁 을 살펴보기 위해서는 소작쟁의를 연구 대상으로 삼는 것이 적절할 것 이다.

<표 1> 식민지 시기 소작쟁의의 일반적 경향

연도	빈도 (A)	참여자 수 (B)	소작쟁의 당 참여자 수 (B/A)
1920	15	4,040	269.3
1921	27	2,967	109.9
1922	24	2,539	105.8
1923	176	9,063	51.5
1924	164	6,929	42.3
1925	204	4,002	19.6
1926	198	2,745	13.9
1927	275	3,973	14.4
1928	1,590	4,863	3.1
1929	423	5,419	12.8
1930	726	13,012	17.9
1931	667	10,282	15.4
1932	300	4,687	15.6
1933	1,975	10,337	5.3
1934	7,544	22,454	2.9
1935	25,834	59,019	2.0
1936	29,975	72,453	2.4

출처 : 조선총독부 농림국, 『朝鮮農地年譜』, 京城, 1940, 5, 6, 26, 27쪽.

소작쟁의의 일반적인 경향에 관해서는 다양한 자료들이 있는데, 우선 위의 표를 통해 농민운동의 빈도와 참여자 수를 확인할 수 있다.

우리는 이 자료를 통해 식민지 시기 소작쟁의가 얼마나 광범위하게 일어났는지를 파악할 수 있는데, 특히 상당수의 농민들이 소작쟁의를 통해 국가나 국가 관료가 아닌 지주들을 대상으로 적대감을 표출하고 있음을 알 수 있다. 이와 함께 이 자료는 소작쟁의의 발생횟수가 시간이 지남에 따라 계속 증가하고 있는 반면 각 소작쟁의의 참여자 수는 1920년대 중반 그리고 1932년을 전환점으로 감소하여 1933년 이후에는 점차 소규모 운동으로 일상화되었음을 보여준다.[3]

식민지 시기 농민운동의 성격을 규정하기 위해서는 이러한 일반적 경향과 함께 농민들의 불만의 근원은 무엇이었으며, 또 이들이 소작쟁의를 통해 무엇을 얻으려 했는지를 밝혀야 한다. 당시의 많은 자료는 소작쟁의가 일차적으로는 소작권 이동에 의해 그리고 이차적으로는 소작료 인하와 관련되어 발생했음을 보여주고 있다.[4] 소작권 문제는 1920년대 초반의 몇 해와 1930~31년을 제외한 전 시기에 걸쳐 소작쟁의의 주된 원인이었는데, 특히 1930~31년을 제외하면 소작쟁의가 다수 발생한 해에는 예외 없이 소작권 이동이 소작쟁의의 주된 원인으로 작용했다.

소작권 문제는 무엇보다 농민의 생존과 직결되어 있었다. 농업 이외의 영역에서 고용 기회가 거의 없는 전통적 농업경제에서 소작권의 몰수는 농민에게 가장 치명적인 생존의 위협이 될 수 있다. 특히 시간이 지남에 따라 소작쟁의의 주된 원인이 소작료에서 소작권으로 변화한 것은 농민들의 경제적 조건이 점차 악화되었음을 보여주는 것이다. 소

---

3) 이는 총독부가 소작조정령(1932년)과 농지령(1934년)을 통해 지주와 농민 사이의 갈등을 제도적으로 해결하는 조치를 도입했기 때문이다.
4) 朝鮮總督府 警務局, 『最近に於ける治安狀況』, 京城, 1933/ 1938 참조.

작권을 둘러싼 쟁의가 크게 증가하면서 한편으로는 소작지를 둘러싼 농민들 사이의 경쟁이 강화되었고, 다른 한편으로는 지주와 농민 사이의 계급갈등이 심화되었다. 물론 농민들 사이의 대립이 첨예화한 이면에는 소작인들을 이전보다 엄격하게 통제하려고 했던 지주들의 의도가 있었다. 소작인이 소작료를 제때 지불하지 못하거나 지주에 맞서 대항할 경우, 지주는 기존의 소작인을 보다 경제적 여력이 있거나 유순한 태도를 취하는 새로운 소작인으로 손쉽게 교체했다. 1925년의 자료에 의하면, 전국적으로 소작인의 40%가 교체되었고 전라남도에서는 그 비율이 80%에 육박했다.5) 이러한 지주의 전략에 맞서 농민들은 생존위기의 경제적 상황으로 내몰릴 때마다 격렬히 저항했던 것이다.

　이러한 사실들은 식민지 시기의 농민들이 생존을 위해 지주들의 착취에 대항하여 투쟁했음을 보여주는데, 이는 그 이전 시기와 비교할 때 상당히 중요한 변화이다. 조선후기의 농민들은 주로 국가나 국가의 관리에 맞서 싸웠던 반면, 식민지 시기의 농민들은 식민 정부가 아닌 지주에 맞서 절박한 투쟁을 벌여나갔다. 이 시기의 조선인 대부분이 일제에 맞서 싸웠을 것이라는 민족주의적 기대와는 달리, 이들은 민족의 정체성보다는 농민의 계급적 이해관계에 따라 행동하는 모습을 보여주었던 것이다.6)

　이와 같이 식민지 시기의 농민들은 소작쟁의를 통해 대부분 경제적 요구를 표출했는데, 여기에는 소작권 보장, 소작료 인하, 지세 및 수세의 전가 금지 등이 포함된다. 소작농들은 생존을 위한 경제적 요구조

---

5) 朝鮮總督府, 『朝鮮の群衆』, 京城, 1926, 8, 19쪽.
6) 농민운동이 이와 같이 변화한 이유는 일제시대 들어 국가와 계급사이의 관계가 조선시대와는 다르게 새롭게 정립된 것에서 찾을 수 있다. 이에 관해서는 김동노, 『일제 식민지 시기 통치체제의 형성』, 혜안, 2006, 217쪽 ; 배영순, 『한말·일제초기의 토지조사와 지세개정에 관한 연구』, 서울대 국사학과 박사학위논문, 1988, 198쪽 참조.

164

건을 넘어서 정치적 이데올로기의 거대한 대의명분을 내건 적이 별로 없었다. 그러나 이것이 곧 당시의 농민들이 민족문제에 무관심한 채 경제적 이익만을 추구하는 이기주의적 성향을 지녔음을 의미하지는 않는다. 오히려 당시의 농민들이 그만큼 경제적으로 절박한 상황에 처해 있었다고 보는 것이 적절할 것이다. 당시의 사회경제적 조건으로 인해 농민들은 스스로를 식민지화 된 국가의 성원으로 인식하기 이전에 경제적 계급의 일원으로 행동했던 것이다.[7]

3. 근대적 노동주체의 형성과 노동운동의 전개

계급적 기반을 가진 다양한 사회운동 가운데 기층 민중에 의한 대표적인 것이 농민운동과 노동운동이다. 전자가 전통사회의 대표적인 사회운동이라면, 후자는 사회운동의 근대적 전환을 보여주는 전형적 사례이다. 노동운동은 산업화와 함께 산업노동자가 새로운 계급으로 형성되고 이들이 자본가 계급에 대한 적대적 관계를 발전시킴으로써 전통사회의 지주-농민의 계급관계를 대신하는 자본가-노동자의 근대적 계급관계가 수립되어야 발생하게 된다. 이러한 기본 인식에 근거하여 일제시대에 노동자 계급이 어떻게 형성되며 이들은 어떤 사회운동을 전개했는지 살펴보기로 한다.

---

7) 일제시대 농민운동에서 이러한 특징이 나타난 것은 당시에 일어난 사회의 전반적 변화와 연계시켜 생각되어야 한다. 그 가운데 가장 중요한 것은 일제가 시도한 근대적 제도의 도입이다. 토지조사 사업을 통한 근대적 소유권과 조세제도의 도입은 농촌공동체의 변화를 초래했고, 이에 따라 농민들은 계급이익을 추구하는 생존전략을 세울 수밖에 없게 되었다. 그 결과 농민들은 불가피하게 계급투쟁 성격의 농민운동을 전개하게 되었던 것이다. 이에 관한 보다 자세한 논의는 김동노, 앞의 글, 2007 참조.

1) 일제시대 노동운동의 발생 추세와 원인

일제시대 노동자 계급의 형성은 산업화의 궤적에 의해 크게 영향받을 수밖에 없다. 회사령과 같은 억압적 정책으로 인해 산업화가 방해받았던 1910년대와는 달리 1920년대 들어 경공업을 중심으로 산업화가 시작되었고, 1930년대 중반 이후에는 중화학공업을 중심으로 하는 본격적인 산업화가 진행되었다. 이에 따라 노동자가 양산되었고 1920년대 이후 조선사회는 농민운동과 함께 근대적 사회운동으로서 노동운동을 발전시키고 있다. 농촌경제의 피폐로 인해 농촌의 많은 유휴인력과 소작인들은 산업화와 함께 삶의 터전을 도시로 옮겨 노동자로 변신했고, 이들은 치열하게 노동운동을 전개했다.

<표 2> 1920~30년대 노동쟁의 건수와 참가인원

연 도 별	발 생 건 수	참 가 인 원
1920	81	4,599
1921	36	3,403
1922	46	1,799
1923	72	6,041
1924	45	6,751
1925	55	5,700
1926	81	5,984
1927	94	10,523
1928	119	7,759
1929	102	7,293
1930	160	18,972
1931	201	17,114
1932	152	14,824
1933	176	13,835
1934	199	13,098
1935	170	12,187
1936	138	8,248
1937	99	9,146
1938	90	6,929

출처 : 朝鮮總督府 警務局, 『最近に於ける治安狀況』, 京城, 1933/ 1938.

1920년대와 1930년대에 발생한 노동운동의 전반적인 추세는 위의 표로 확인될 수 있다.

위의 표에서 확인되듯이, 시간이 지날수록 노동쟁의의 발생건수와 참여인원이 증가하면서 노동운동은 활성화되었다. 그러나 이 전반적인 경향에서 나타나는 한 가지 독특한 특징은 산업화가 충분히 성숙되기 이전에 이미 노동운동이 상당한 정도로 발전하고 있다는 사실이다. 대규모의 산업화가 주로 1930년대 중후반에 이루어진 것에 반해 노동운동은 그 이전 특히 1920년대 후반과 1930년대 초반에 이미 활성화되었으며, 이 시기는 1937년과 1938년보다도 더 활발하게 노동운동이 일어났다. 1938년까지를 기준으로 본다면 노동운동이 가장 활성화된 시기는 1930년과 1931년이며, 그 이전 시기에도 이 정도에는 미치지 못하더라도 상당한 정도로 노동운동이 폭넓게 일어나고 있었다.

이러한 경향은 노동운동의 연구에 있어 몇 가지 중요한 시사점을 제공해 준다. 노동운동 연구가 주로 의존하는 이론적 자원인 마르크스주의에 따르면 노동운동은 산업화의 본격적 전개와 함께 다수의 노동자가 형성되고 이들이 계급의식을 공유함으로써 하나의 집단으로서 연대감을 갖게 되면서 활성화된다.[8] 그러나 1920년대와 1930년대 조선에서 일어난 노동운동은 이러한 논리적 연관관계에 대해 의문을 제기하기에 충분하다. 물론 1920년대에 전개된 산업화를 완전히 무시할 수는 없겠지만, 대규모의 투자가 이루어지면서 노동자의 양산을 가져온 본격적인 산업화는 1930년대 중후반 이후에 이루어진 것은 분명하다. 그런데 노동운동 활성화의 기원은 그 이전으로 소급하여 찾아질 수 있음

---

8) 이러한 정통 마르크스주의의 해석에 대한 가장 강력하고 설득력 있는 반론은 톰슨(Thompson)에 의해 제기되었다. 그는 영국의 노동계급 형성과 노동운동에 관해 연구하면서 노동운동이 계급 형성 이후에 오는 것이 아니라 노동운동을 통해 계급이 형성될 수 있음을 보여주었다. Thompson, E.P., *The Making of English Working Class*, Penguin, 1968.

이 위의 표를 통해 확인된다.

그렇다면 왜 이렇게 노동운동은 본격적인 산업화가 일어나기 이전에 활성화되었던가? 이에 관한 답을 얻기 위해서는 우선 당시 노동운동이 일어났던 원인이 무엇인가를 분석할 필요가 있다. 즉, 노동운동에 참여한 행위자의 의도가 무엇이었는가를 확인함으로써 이들이 산업화의 초기 단계에 노동운동을 적극적으로 발전시킨 이유를 이해할 수 있을 것이다.

<표 3> 1920~30년대 노동쟁의 원인별 결과별 분류

연도	쟁의 결과/쟁의 원인	거절	관철	철회	타협	계	원인별 구성비
1921~1924	임금인상요구	3	46	19	23	85	42.7
	임금인하반대	1	12	37	27	77	38.7
	대 우 개 선	2	2	4	1	9	4.5
	기 타	4	11	9	4	28	14.0
	계	10	65	69	55	199	
	(%)	(5.6)	(32.5)	(34.6)	(27.7)	(100.0)	100.0
1925~1929	임금인상요구	35	49	35	51	170	37.6
	임금인하반대	15	14	14	21	78	17.2
	대 우 개 선	9	12	15	18	54	11.9
	기 타	18	64	16	65	183	40.1
	계	77	139	80	155	451	
	(%)	(17.0)	(30.8)	(17.7)	(34.4)	(100.0)	100.0
1930~1933	임금인상요구	66	39	35	56	196	28.3
	임금인하반대	56	19	23	78	176	25.4
	대 우 개 선	26	3	14	27	80	11.5
	기 타	42	71	44	84	241	34.8
	계	190	142	116	245	693	
	(%)	(27.4)	(20.5)	(16.7)	(35.4)	(100.0)	100.0

출처 : 朝鮮總督府 警務局, 『最近に於ける治安狀況』, 京城, 1933/ 1938에 의거 작성.

이러한 분석을 위해 1920년대와 1930년대 초반 노동쟁의의 원인을

168

분류해보면, 위의 표와 같다. <표 3>을 통해 확인할 수 있는 것은 노
동쟁의에 참여한 노동자의 동기에 있어 경제적인 이유가 가장 큰 부분
을 차지한다는 사실이다. 물론 이 시기의 노동운동이 상당한 정도로
정치적 목적을 포함하는 민족해방투쟁의 성격을 지니고 있는 것도 사
실이지만,[9] 노동자들의 직접적인 참여 동기는 임금상승에 대한 요구나
임금저하에 대한 저항 등으로 표현되는 경제적 이익이었음을 알 수 있
다.

<표 4> 1930년대 노동자 임금

	조 선 인				일 본 인			
	성년공		유년공		성년공		유년공	
	남	여	남	여	남	여	남	여
1933	0.92	0.50	0.46	0.28	1.94	0.96	0.77	0.53
1934	0.90	0.51	0.36	0.31	1.83	0.88	0.83	0.67
1935	0.90	0.49	0.49	0.30	1.83	1.06	0.81	0.43
1936	0.95	0.48	0.42	0.32	1.88	0.98	0.85	0.78

비고 : 조선총독부조사. 50명 이상 직공사용공장 1일 평균임금, 단위 원
출처 : 희야실(姬野實) 엮음, 『조선경제도표』.

경제적 동기 가운데 모든 시기에 있어 가장 주된 것은 임금인상요구
이다. 이는 당시 조선인 노동자의 임금이 상당히 열악한 상태였으며
특히 일본인에 비해 차별이 심화되어 있었다는 점에서 충분히 이해될
수 있다. 가령, 1930년대 초중반 일본인과 조선인의 임금을 비교·조사

9) 일제시대의 노동운동을 정치적 성격의 민족해방투쟁으로 이해하려는 경향은
기존의 많은 연구에서 나타난다. 이러한 경향은 남북한의 역사학자 모두에게
서 찾아볼 수 있는데, 북한의 대표적인 연구로는 김인걸, 「1920년대 조선에서
의 맑스-레닌주의 보급과 노동운동의 발전」, 『일제하 조선 노동운동사』, 조선
노동당출판사, 1964 ; 강현욱, 「항일 무장투쟁시기 노동운동」, 『일제하 조선
노동운동사』, 조선노동당출판사, 1964 참조. 또한 남한의 대표적인 연구로는
강동진, 「원산 총파업에 대한 고찰」, 『한국근대사론Ⅲ』, 지식산업사, 1977 ;
김윤환, 『한국 노동운동사 Ⅰ』, 청사, 1981 참조.

한 위의 <표 4>에 나타나듯이 조선인의 임금은 전반적으로 남녀노소를 불문하고 일본인 평균 임금의 절반 정도의 수준에 머무르고 있었다. 따라서 경제적 빈곤을 벗어나려는 노동자들의 욕구는 임금인상을 요구하는 노동쟁의를 통해 표출되었고, 그런 만큼 당시의 노동운동을 이끌어간 가장 주된 원인은 바로 이러한 경제적 동기에서 찾아질 수 있다.

이러한 경향은 조선인이 일본인 노동자와 같은 기술수준을 가진 경우에도 그대로 적용된다. 즉, 조선인의 평균임금은 같은 직종에서 같은 기술 수준을 지니고 있었다고 하더라도 일본인 노동자에 비해 상당히 낮은 수준에 머무르고 있었다. 실제로 1920년대 토목건축 노동자의 평균임금을 조사한 한 연구[10]에 의하면 미숙련 노동자의 경우 민족 간 노동자임금의 차이가 가장 크게 나타나 조선인 미숙련 노동자는 일본인 미숙련 노동자 임금의 1/3 정도를 받았다.[11] 따라서 조선인 노동자의 경제적 상황은 상당히 열악했음이 분명한데, 이 연구는[12] 토목과 건축분야 조선인 비숙련 노동자의 53% 가량이 재정적으로 적자 상태에 있었음을 밝혀냈다.

앞의 <표 3>에서 다룬 전시기에 걸쳐 임금인상요구가 가장 중요한 노동쟁의의 원인임은 분명하나 노동운동이 최고조로 달한 1930년대 초반이 되면 임금인하에 대한 반대가 급격하게 높아져 임금인상요구만큼이나 중요한 쟁의발생 원인이 되고 있음은 특이한 사실이다. 두

10) 김영근, 「1920년대 노동자의 존재형태에 관한 연구」, 『일제하 한국의 사회계급과 사회변동』, 사회사연구회논문집 12집, 1988, 177쪽.
11) 1920년대 토목과 건축분야 미숙련 조선인 노동자는 하루에 평균 0.993원을 받았던 것에 반해 일본인 미숙련 노동자는 하루에 2.7원을 받았다. 숙련 노동자의 민족적 임금차별은 어느 정도 줄어들어, 조선인 숙련공은 2.049원을 받았는데 반해 일본인 숙련공은 3.491원을 받았다.
12) 김영근, 앞의 글, 1988, 193쪽.

요구조건이 모두 임금에 관련된 것이라는 점에서는 공통점이 있으나, 실제로 이 둘은 상당히 다른 해석을 필요로 한다. 임금인상요구는 기존에 가진 것을 넘어 보다 많은 것을 획득하려는 의도에서 비롯된 것이라면, 임금인하 반대는 기존에 가진 것을 지키려는 의도로부터 기인한다. 운동의 발생에 필요한 참여자의 동원이라는 관점에서 보면 전자는 공격적 동원(offensive mobilization)의 특징을 지니고 있는 반면, 후자는 방어적 동원(defensive mobilization)의 특징을 보여준다.[13] 흔히 방어적 동원은 기존에 가진 것을 잃어버리면 생존유지의 위협을 받게 되는 상황에서 일어나게 되는 만큼 운동이 과격하고 폭력적인 양상을 띠기 쉽다. 1930년대 초반, 특히 1930년과 1931년은 세계대공황의 영향이 최고조에 달하여 노동자의 경제적 상황이 최악의 시점이었으며, 따라서 노동자는 심각한 생존의 위협에 직면했을 것이라는 사실에 입각해 보면, 이 시기의 노동운동이 왜 방어적 동원의 형태를 띠고 있는가를 이해할 수 있다. 실제로 1930년과 1931년의 경우에는 임금인하 반대가 임금인상요구보다 더 중요한 노동쟁의의 원인이 되고 있다는 점에서 이 추론은 경험적 근거를 지니고 있다.[14]

이러한 사실들은 1920년대와 1930년대 초반에 때 이르게 산업화 초기단계에 노동운동이 급격히 고양된 원인이 노동자의 경제적 이익에 있음을 입증해주는 것 같다. 그러나 이러한 설명이 갖는 한계도 분명하다. 노동자의 경제적 이익이 노동운동에 참여한 노동자의 동기부여에 중요한 역할을 했음은 분명하지만, 노동자의 경제적 이익이 침해된

---

13) 이에 관해서는 Tilly, Charles, *From Mobilization to Revolution*, Reading, MA. : Addison-Wesley, 1978, 3장 참조.

14) 1930년에는 임금인하 반대에 의한 노동쟁의가 41건인데 반해 임금인상 요구는 26건이었으며, 1931년에는 임금인하 반대가 75건이고 임금인상 요구는 58건이었다. 이에 관해서는 朝鮮總督府 警務局, 『最近に於ける治安狀況』, 京城, 1938 참조.

것은 비단 이 시기에 국한된 것이 아닌 만큼 식민지 전 시기에 걸쳐
나타난 현상으로 이해되어야 할 것이다. 결국 이 요인은 산업화 초기
에 일어난 노동운동의 활성화에 기여한 필요조건은 될 수 있지만 충분
조건이 될 수는 없을 것이다. 오히려 이 요인은 식민지 전 기간에 걸쳐
나타난 하나의 상수(constant)의 성격을 지니고 있다. 그렇다면 식민지
초기의 노동운동 활성화를 설명하기 위해서는 다른 요인에 관심을 두
지 않을 수 없는데, 이 글에서 주목하는 것은 사회주의 세력을 포함한
외부 지도력에 의한 노동운동의 조직화와 노동운동에 참여한 노동자
의 과거 경험, 특히 노동자로 전환되기 이전에 농민으로서 가졌던 농
민운동의 경험이다. 즉, 1920년대 중반 이후 사회주의 세력이 다양한
형태로 노동운동을 조직화하고 활성화시켰으며, 동시에 노동자들이 이
전에 소작인으로서 겪었던 소작쟁의의 경험이 근대적 노동자로 전환
된 이후 노동운동에 영향을 미침으로써 산업화의 객관적 조건이 충분
히 성숙되지 않았음에도 불구하고, 노동운동은 때 이르게 활성화 되었
을 수 있다는 것이다.

2) 산업화 초기 노동운동 활성화의 사회적 기반

노동계급의 형성을 위한 산업화의 객관적 조건이 충족되기 이전에
노동운동이 활성화 될 수 있었던 사회적 조건 가운데 하나는 1920년대
중반 이후 조선에서 강한 영향력을 가졌던 사회주의 경향의 사회조직
이었다.[15] 앞에서 설명했듯이, 1920년대와 1930년대의 노동자들은 경
제적 이익의 침해라는 점에서 노동운동에 참여할 만한 동기는 충분히

---

15) 1930년대 초반 노동운동의 활성화와 사회주의 조직의 관련성에 관해서는 강
    진연, 「식민지 초기 노동계급 형성의 식민지성」, 연세대 사회학과 석사학위논
    문, 2001 참조.

부여받고 있었으나 노동운동의 발생을 위해서는 이들을 하나의 조직으로 묶을 수 있는 힘이 필요했다. 이러한 필요성은 외부로부터 개입된 지도력에 의해 상당한 정도로 만족되었다. 1920년대 들어 문화정치가 시작되면서 조선인의 정치적 권리가 제한되게나마 허용되고, 그 가운데 결사의 자유로 인해 많은 사회조직들이 나타났다.[16] 특히 1920년대 후반으로 올수록 각종 사회단체의 결성이 활성화되는데 노동운동의 경우에도 마찬가지였다. 1920년대 후반과 1930년대 초반, 특히 1930년과 1931년에 노동운동이 폭발적으로 증가한 것은 노동운동단체의 증가와 직접 관련이 있는 것으로 판단된다. 그 근거는 실제로 1920년대 이후 많은 노동운동이 외부의 조직 특히 사회주의 계열의 조직에 의해 주도되었다는 사실이다. 1921년 이전까지의 노동조합은 대체로 친목과 상호부조를 목적으로 하는 조직이었으나 1922년 이후 노동운동에 개입하는 노동조직이 나타나기 시작했다.

그러나 본격적인 노동조직이 등장하여 활동을 시작한 것은 1924년 조선노농총동맹이 결성되고 나서이다. 노농총동맹은 한동안 산하에 200여 개의 하부조직과 45,000명의 회원을 가질 정도로 강력한 전국적 조직으로 성장하였다.[17] 이 조직은 50여 건의 노동쟁의에 개입한 것으로 확인되나, 조직 내부의 갈등을 극복하지 못하는 한계를 드러내기도 했다. 조직이 결성된 후 얼마 지나지 않아 '화요파(火曜派)'와 '서울파'의 투쟁이 전개되고 결국 1926년 조선노농총동맹은 노동과 농민의 두 파로 분립하자는 의견에 따라 노동총동맹과 농민총동맹으로 나누어지면서 세력이 약화되었다. 그러나 1925년 4월 조선공산당의 결성은 노동운동에 새로운 전기를 마련하여 지역별 노동연맹의 결성을 활성화

---

16) 1920년대와 30년대 초반에 형성된 다양한 사회조직의 경향은 朝鮮總督府 警務局,『最近に於ける治安狀況』, 1933 참조.

17) 김인걸, 앞의 글, 1964, 51쪽.

시켰다. 종전의 노동조합들은 주로 각종 직업을 가진 개별 노동자들을 망라한 지역별 합동 노동조합이 대다수였으며, 일부 지역에서 조직된 직업별 노동조합들은 같은 지역에서 활동하면서도 상호간의 연계가 없었다. 그러나 조선공산당 창건 이후에는 동일 지역의 노조운동을 통일하기 위한 노동조합 조직의 개편이 단행되어 노동운동 조직의 발전에 중요한 계기가 마련되었다.[18]

이러한 노력으로 인해 지방의 노동조합은 급격하게 증대되었고, 동시에 노동운동도 전국적으로 확산되었다. 당시 언론에 발표된 자료를 근거로 계산하면, 지방 노동조합의 수는 1920년에 12개였으나 1925년에는 76개, 그리고 1926년에는 105개로 증가하였다.[19] 실제로 중앙언론에 포착되지 않은 지방의 노동조직까지 포함하면 이 숫자는 더욱 증가할 것이다. 이러한 경향에 따라 노동운동도 전국으로 퍼져나가게 되었다. 가령 1920년대 전반기인 1921~24년에는 경기, 경남, 전북에서 일어난 노동운동이 전체의 70% 이상을 차지했던 것에 반해, 1925~29년에는 경기, 평남, 함북, 경남, 경북, 황해 등에서 고르게 노동운동이 발생하였다.[20]

이외에도 사회주의 계열이 노동운동의 발전과 활성화를 위해 기여한 여러 측면은 이미 여러 연구에 의해 밝혀졌다.[21] 한편으로는 이런 방식으로 노동운동을 이끌 수 있는 지도력이 필요하지만 다른 한편으

18) 김인걸, 위의 글, 1964, 71쪽.
19) 강동진, 「일제하의 한국노동운동 - 1920년대~1930년대를 중심으로」, 『한국 근현대 민족운동사』, 돌베개, 1980, 48쪽.
20) 김윤환, 앞의 책, 1981, 111쪽.
21) 가령, 강현욱, 앞의 글, 1964 ; 김준엽·김창순, 『한국공산주의운동사』 2권, 고려대학교 아세아문제연구소 편, 고려대 출판부, 1969 ; 정용욱, 「1920년대 공산주의운동 연구」, 정용욱·도진순 외, 『남북한 역사인식 비교강의(근현대편)』, 일송정, 1989 등 참조.

로는 노동운동의 주체인 노동자들이 운동에 참여할 수 있는 역량을 스스로 키워나가는 것도 반드시 필요하다. 즉, 외부 조직이 노동자들을 묶어내어 운동으로 발전시킨다고 하더라고 이를 적극적으로 수용하고 운동을 주체적으로 이끌어갈 역량을 노동자가 지니고 있지 못하다면 외부의 노력은 수포로 돌아가고 말 것이다. 그런 점에서 산업화 초기에 나타난 노동운동의 활성화는 노동자 내부의 역량 향상으로부터 기인하는 측면도 분명히 인정되어야 할 것이다. 이런 측면에서 특히 주목할 만한 것은 당시의 노동자들 상당수가 소작농으로부터 전환되었으며, 이들이 농촌에서 경험했던 소작쟁의를 포함한 농민운동의 경험이 노동운동으로 전이되었을 가능성이다.

당시 농민의 경제적 상태는 시간이 지날수록 열악해져 갔으며 소작인의 비율도 점차 증가해 갔다. 토지를 잃어버린 소작인이 지주의 계급적 약탈에 맞서 저항할 수 있는 여력이 한계에 다다르게 되면 이들이 할 수 있는 선택은 많지 않다. 그 가운데 가장 많이 일어났던 것은 농촌을 버리고 도시로 옮기는 것이었는데, 실제로 당시에 도시로 이입한 인구의 대부분이 농촌에서 한계적인 경제적 위치에 있었던 사람들이었다. 특히 가뭄이나 홍수와 같은 자연재해가 겹친 해에는 농민의 경제적 상태가 극도로 악화되어 농민들은 부득이 가족을 데리고 산업화된 지역으로 이농할 수밖에 없었는데, 이들은 숙련노동을 필요로 하지 않은 영역에서 취업의 기회를 가질 수 있었다.[22]

이러한 이농은 물론 산업화가 가져온 흡인요인(pull factor)보다는 농촌의 극단적 궁핍이 가져온 유출요인(push factor)에 의한 것으로 볼 수 있다. 특히 1920년대에 일어난 산업화가 주로 낮은 기술 수준에 기반

---

[22] 농촌 지역에서 산업 지역으로의 이농 현상에 대해서는 당시 언론이 많이 다루고 있는데, 대체로 당시의 이농은 농촌의 경제적 궁핍에 기인한 것으로 설명되고 있다. 가령, 『조선일보』 1929. 8. 5. 참조.

하고 있었으며 산업노동자의 임금도 그리 높지 않았다는 점에서 서구의 산업화 과정에서 나타난 것과 같은 인구 흡인효과는 그리 크지 않았다.

따라서 농민들은 농촌의 궁핍한 상태를 벗어나는 것만으로도 만족하는 소극적 요인에 의해 이농을 감행했던 것이다. 당시의 언론도 이런 현상에 주목하면서, "공장 공업의 발흥으로 노동력의 수요가 증대되어 농촌의 장정과 청년을 유인하는 것도 아니다"[23]라고 언급하고 있다. 그렇다면 당시에 일어난 농민의 이농과 산업지역으로의 진입은 농촌경제의 파탄과 낮은 수준의 공업화가 결합된 기형적 결과로 이해될 수 있다.

<표 5> 조선 농민의 전업 상황

	1925년		1931년	
	인원(명)	비율(%)	인원(명)	비율(%)
노동 혹은 용인(傭人)	69,644	46.4	22,007	43.74
공업 및 잡업	16,879	11.2	6,985	13.88
상업	23,728	15.8	3,606	7.17
일본, 만주, 시베리아	29,532	19.7	12,224	24.34
일가이산자(一家離散者)	6,835	4.6	4,418	8.78
기타	3,494	2.3	1,069	2.12
합계	150,112	100	50,309	100

출처 : 김영근, 「1920년대 노동자의 존재형태에 관한 연구」, 『일제하 한국의 사회계급과 사회변동』, 사회사연구회논문집 12집, 1988, 145쪽.

기술 수준이 낮은 산업화로 인해 산업화가 제공한 일자리는 대체로 비숙련 노동을 요구하는 것이었으며, 이는 농촌에서 이농한 노동자들이 충분히 채울 수 있는 종류의 직종이었다.[24] 따라서 당시에 이농민

---

23) 『동아일보』 1927. 4. 12.
24) 당시 한 언론에서는 "조선에는 발단한 산업조직이 있지 못하여 노동이라 할 것이 일정한 기술 노동을 요구하는 것보다 수리 공사와 토목공사 등 건설 공

176

이 산업의 영역에서 얻게 된 직종도 비숙련 노동에 집중되었다. 이러한 경향은 위의 표에서 확인된다. <표 5>에서 나타나듯이, 농촌에서 이입된 인구 가운데 절반 정도가 일용노동자로 취업하고 있으며 공업 직종에 취업한 경우는 10%를 겨우 넘어서는 정도에 그치고 있다.

이러한 자료에 근거하여 추론해 볼 수 있는 것은, 당시의 일용 노동자 가운데 상당수는 도시로 이농했음에도 불구하고 여전히 농촌의 기반을 완전히 버리지 않았을 가능성이다. 왜냐하면 도시에서 이들이 확보한 경제적 기반이 취약했기 때문에 이들은 필요한 경우 언제든지 농촌으로 돌아갈 수 있는 여지를 남겨놓았을 것이다. 따라서 이들은 도시로 취업했음에도 불구하고 계절적 노동자의 형태로 존재하면서 농촌의 노동력이 필요한 시기가 되면 다시 농촌으로 되돌아가는 현상을 보여주기도 했다. 결국 이들이 보여주는 삶의 형태는 반농반노(半農半勞)로 규정될 수 있을 것이다. 실제로 한 조사에 의하면 토목건축업에서는 지역에 따라 순노(純勞)와 반농반노의 비율이 45 : 55에 이르기도 했다.[25]

도시노동자 가운데 농촌의 기반을 완전히 버리지 않고 반농반노의 형태로 존재할 가능성은 산업화가 앞선 서울보다는 농촌지역으로부터 산업노동력 유입이 계속 일어나고 있었던 지역의 여러 도시에서 높게 나타난다.[26] 이렇게 반농반노의 위치에 있는 노동자가 광범위하게 존

사가 최상의 노동이요……"라고 하여 낮은 기술 수준에 입각한 산업화에서 요구되는 노동력의 형태를 제시하고 있다. 이에 관해서는 『동아일보』 1929. 9. 27. 참조.
25) 이 조사는 1928년에 실행된 토목과 건축 분야 노동자의 실상을 보고하는 『朝鮮工事用各種勞動者實狀調』이다. 이 보고서에 관한 분석으로는 김영근, 앞의 글, 1988 ; 백욱인, 「식민지 시대 계급구조에 관한 연구」, 『한국사회의 신분계급과 사회변동』, 사회사연구회논문집 8집, 1987 참조.
26) 김경일은 고무공업 노동자의 분석을 통해 서울과 같이 산업화가 앞선 지역은 대체로 도시의 기혼 여성 노동력을 활용하는 비율이 높은 반면 평양과 부산

재하고 또한 농촌의 소작농이 산업 지역으로 대거 유입됨에 따라 농촌
에서의 사회운동 경험이 노동운동의 발생과 전개에 상당한 정도로 영
향을 미쳤을 것으로 여겨진다. 그런 점에서 위의 <표 2>와 <표 4>에
서 나타났듯이, 1931년과 1932년에 소작쟁의와 노동운동이 동시에 크
게 활성화된 것은 단순한 우연적 결과가 아니었을 것이다.

　실제로 개인들이 운동에 참여할 때 이전의 운동경험이 중요한 요인
으로 작용함은 이미 많은 연구에 의해 밝혀졌지만, 우리나라에서 식민
지 시기 소작쟁의 경험이 노동운동에 어떤 형태로 전이되고 있는가
에 관한 자세한 내용은 여전히 밝혀지지 않고 있다. 그러나 1920년대
후반의 노동쟁의가 주로 공업 일용노동자나 부두 노동자, 토목 및 건
축 노동자에 의해 주도된 경우가 많았으며,[27] 이들 비숙련 노동자의
상당수가 농촌을 떠나 산업지역으로 이주한 반농반노였다는 점에서
이들의 소작쟁의 경험이 노동운동으로 전이되었을 가능성은 충분하다.

　이런 이유로 인해 노동운동과 농민운동을 결합하려는 시도가 계속
되었다. 가령, 1924년에 열렸던 조선노농대회에서는 노동운동과 소작
운동의 공동전선 형성에 관한 건이 주요 검토사항으로 상정되었고, 이
를 실행하기 위한 협동방안이 논의되었다.[28] 그러나 앞에서 지적했듯
이 1925년 조선노농총동맹 중앙집행위원회는 농민운동과 노동운동을
분리하기로 결정했다. 이들이 두 운동의 분리를 결정한 이유는 "과거

　　의 경우에는 인접한 농촌에서의 고용도 적지 않았음을 보여주고 있다(김경일,
　　『한국 근대 노동사와 노동운동』, 문학과 지성사, 2004, 97쪽).
27) 노동쟁의를 직업별로 보면, 1921-24년에는 제분 및 정미공이 33.9%를 차지하
　　고 일용노동자 및 부두 노동자가 21.5%를 차지했던 반면 1925-29년에는 일용
　　노동자 및 부두 노동자가 35.6% 그리고 토목 및 건축노동자가 14.9%에 달하
　　여 전체 노동쟁의의 절반 정도가 이들 비숙련 노동자에 의해 주도 되었다. 이
　　에 관해서는 조선총독부경무국, 앞의 책, 1933 참조.
28) 『동아일보』 1924. 1. 31.

에는 노동자가 극소수였고 노동운동이 부진했기 때문에 따로 노동운동을 주도하는 기관이 불필요했고 노동자와 농민이 같은 피착취임으로 인해 같은 방향으로 운동을 전개해 왔으나, 현재에는 두 계급의 이익이 대립되기 때문에 두 운동을 분리함으로써 운동을 효과적으로 전개할 수 있다"[29])는 것이다.

그러나 이러한 분리는 사회주의 계열 내부의 화요파와 서울파 사이의 파벌 투쟁으로부터 기인하는 측면도 무시할 수 없으며, 이 분리로 인해 도시의 노동자들이 개인적으로 농촌에서 겪었던 소작쟁의의 경험을 노동운동으로 전이시키는 데 방해받았을 까닭은 전혀 없어 보인다. 오히려 일부 지식인들은 농민과 노동자 사이의 이익이 대립된다는 분리근거를 비판함으로써 두 운동의 결합이 가진 정당성과 실현가능성을 입증해주고 있다. 가령, 이순탁(李順鐸)은 다음과 같은 주장을 통해 농민운동과 노동운동의 결합 필요성을 강조하였다.

> 歐米에 잇서서는 社會運動上에 노동문제와 소작문제의 협동 云云하는 문제가 당초부터 발생치 아니하겟지마는 東洋에 잇서서는 반다시 이러한 문제가 발생치 아니할 수가 업다. 따라서 자본주의가 아즉 발달되지 못한 露西亞나 기타 近東諸國이나 日本을 물론하고 그 社會運動上에 반다시 이러나는 문제이다. 飜하야 朝鮮의 現 경우를 보면 如何하뇨. 朝鮮에는 노동문제 즉 歐米各國에서 취급하는 공업노동문제나 광업노동문제는 깁흔 의의 내지 중요한 지위를 가진 사회문제가 되지를 아니하고 차라리 歐米各國과 그 성질을 달니하는 농업노동문제 즉 소작문제가 사회문제로서 깁흔 의의 내지 중요한 지위를 가지게 된다.[30])

---

29) 『시대일보』 1925. 11. 21.
30) 李順鐸, 「勞動運動과 小作運動의 協同」, 『開闢』 47호, 1924 참조.

이순탁이 노동운동과 농민운동의 결합을 주장하는 근거는 서구의 사회적 조건과 당시 조선이 처한 조건의 차이였다. 서구에서는 산업화가 농촌 노동력을 끌어들이는 유인효과가 있기 때문에 산업화가 진행된 도시에는 인력이 남아도는 반면 농촌에서는 노동력의 결핍을 맞게 되고 이런 상반된 조건으로 인해 농민과 노동자는 서로 다른 계급적 이해관계를 갖게 된다. 그러나 조선에서는 산업화가 낮은 수준에서 일어났기 때문에 농촌 노동력을 이끌어내는 힘이 약했고 농촌과 도시에서 모두 노동력이 남아도는 특수한 경제적 조건이 형성되었기 때문에 두 계급의 이해관계가 모순되지 않았다. 이러한 이유로 인해 농촌에서 일어나는 농민운동과 도시에서 일어나는 노동운동은 서로의 이익을 침범하지 않은 채 결합될 수 있는 근거를 확보하고 있었던 것이다.

종합적으로 검토하면, 당시 상당수의 노동자들이 농촌에서 도시로 이주했을 뿐만 아니라 도시로 이주한 이후에도 여전히 반농반노의 형태로 존재하고 있었기 때문에 농촌에서 이들이 경험한 소작쟁의에의 참여는 도시에서 일어나는 노동운동으로 전이될 수 있는 충분한 가능성이 있었다. 또한 계급적 이해관계에 있어서도 당시 조선사회가 가진 독특한 상황으로 인해 낮은 기술 수준에 기반을 둔 산업화는 노동자와 농민 사이의 계급적 이해관계에 모순을 야기하지 않을 수 있었기 때문에 두 운동 사이의 결합과 경험의 전이 가능성은 더욱 높았던 것으로 이해된다.

4. 맺음말

이 글은 식민지 시기 조선의 농민과 노동자들이 어떤 정체성을 가지고 어떤 사회운동을 통해 자신을 드러내려 했는지를 검토했는데, 특히

농민운동과 노동운동 사이의 연계에 근거하여 두 운동 사이의 관련성
과 농민운동 경험의 노동운동으로의 전이 가능성을 분석의 초점으로
삼았다. 농민들은 일제의 착취 속에서 소작쟁의라는 사회운동을 통해
생존투쟁을 전개해가다 산업화와 함께 근대적 노동 주체로서 산업노
동자로 변화해 갔다. 그러나 산업화라는 새로운 근대성의 도입도 농민
들에게 새로운 기대를 가져오기보다는 새로운 고통의 근원이 되었을
따름이었다. 즉, 산업화는 농민들에게 새로운 경제적 풍요를 가져다 줄
것이라는 희망보다 경제적 파탄에서 벗어날 수 있는 최소한의 가능성
만을 제공해 주었다. 이 가능성은 상당수의 농민들로 하여금 농촌을
떠나 도시로 가는 계기가 되었다. 그러나 산업의 영역으로 옮긴 이들
도 농촌에서 못지 않은 열악한 경제적 상황에 처했고, 이들의 경제적
고통은 노동운동을 통해 표출되었다. 그런 점에서 식민지 시기에 나타
난 노동운동은 산업화가 본격적으로 진행된 1930년대 중반 이전에 이
미 상당한 정도 앞서(premature) 발전하는 독특한 특징을 보여주고 있
다. 농촌에서와 마찬가지로 이들은 임금인상요구나 임금인하 저지와
같이 경제적 이익을 추구하는 노동운동을 발전시켰고 그만큼 이들도
생존의 위협에 직면해 있었음을 알 수 있다.

도시노동자들이 본격적 산업화에 앞서 노동운동을 발전시킬 수 있
었던 사회적 기반에는 농민운동과 마찬가지로 외부의 조직력이 중요
한 요인으로 작용했다. 농민과 함께 노동자는 사회주의 계열 정치집단
의 주된 조직화 대상이었던 것이다. 그런 점에서 이들은 근대적 경제
의 영역에서 일하면서 근대적 이데올로기의 힘을 얻어 자신들의 불만
을 사회운동을 통해 표현했던 것이다. 그러나 다른 한편으로 이들은
예전의 농업적 기반 위에서 근대적 사회운동을 전개하는 측면도 동시
에 지니고 있었다. 흔히 반농반노로 표현되듯이, 이들의 이농은 농촌으
로부터의 완전한 이탈이 아니라 한 발은 근대의 공간으로 옮기면서도

다른 한 발은 여전히 전통의 공간 속에 남겨두는 그런 모습이었다.[31] 그런 만큼 이들이 예전에 삶의 기반으로 삼았던 농촌에서의 소작쟁의 경험은 도시에서의 노동운동을 위한 중요한 자산으로 작용했던 것이다.

---

31) 이런 방식으로 전통과 근대가 교묘히 교차하는 현상이 나타난 것은 1920년대와 30년대 초반에 진행된 산업화가 낮은 수준의 기술을 기반으로 하는 산업화였으며 이를 위한 노동력도 주로 농촌에서 바로 이동한 비숙련 노동으로 채워질 수 있었던 사회적 조건의 결합 때문이었다.

근대문학에서의 전통 형식 재생의 문제
─1920년대 시조부흥론을 중심으로

차 승 기[*]

1. 머리말

이광수의 「문학이란 하오」(『매일신보』 1916. 11. 10~23)가 '근대문학'의 개시를 상징적으로 선포한 이래 한국 근대문학은 서양의 근대문학 개념을 한편으로는 준수하고 한편으로는 적용하면서 진행되어왔다고 해도 크게 틀리지 않을 것이다. 하지만 "금일, 소위 문학이라 함은 서양인이 사용하는 문학이라는 語義를 취함이니, 서양의 Literatur 혹은 literature라는 語를 문학이라는 語로 번역하였다 함이 적당하다. 고로, 문학이라는 語는 재래의 문학으로의 문학이 아니요, 서양어에 문학이라는 어의를 表하는 者로의 문학이라 할지라"[1]는 이광수의 말은 단순히 서양문학의 '이식'을 주장하는 데에서 그치는 것은 아니었다. 즉 이광수가 "방금, 서양 신문화가 浸浸然襲來하는지라. 조선인은 마땅히 舊衣를 脫하고, 舊垢를 洗한 후에 此 新文明中에 전신을 목욕하고 자유롭게 된 정신으로 新정신적 문명의 창작에 착수할"[2] 것을 호소하면

---

* 연세대학교 국학연구원 연구교수, 국문학
1) 이광수, 「文學이란 何오」, 『이광수전집』 1, 삼중당, 1962, 507쪽.
2) 이광수, 위의 글, 512쪽.

184

서, "조선문학은 오직 장래가 有할 뿐이요, 과거는 無하다"3)고 단정적으로 진술했다 할지라도, 이는 한낱 '과거단절'과 '신문명의 수용'만으로 근대문학이 형성될 수 있음을 뜻하는 것은 아니었다. 그가 「문학이란 하오」에서 분명히 한 것 중의 하나가 문학이 '정(情)의 만족'을 목적으로 하는 '미적인 것'의 영역에 속한다는 사실이었다면, 무시할 수 없는 또 다른 하나는 과거의 '정신적 문명'으로부터 중국문화의 영향을 축출함으로써 일국문학사로서의 '조선문학'의 범위를 확정하고자한 것이다. 그는 조선문학을 "조선인이 朝鮮文으로 作한 문학"이라 정의내리고, 삼국시대 이두로 씌어진 작품은 조선문학 안에 포함하되 "한문의 노예"가 되었던 이후 시기에는 조선문학에 포함할 유산이 별무하다고 평가하고 있기 때문이다.4) 이렇게 볼 때 그가 새롭게 건설할 것을 주장한 문학에 있어서의 "新정신적 문명"이란, 감정의 해방을 골자로 하는 (적어도 이광수 자신에 의해 그렇게 이해된) '서양적=근대적' 문학 개념에 입각함으로써 중국의 문자, 사상, 제도의 지배로부터 벗어나 당대 **조선인**의 사상과 감정을 표현하는 일과 긴밀히 관련된 것이었다고 하겠다.5)

　이광수에게 당대 조선과 조선인은 새로운 출발점에서 바야흐로 '시작'하려는 몸짓을 보이고 있는 것으로 이해되었다. 1910년대의 이광수가 자신을 포함한 조선의 청년들에게 특권적인 의미를 부여하고 새로운 '민족'의 창시를 주장하고 있었음은 잘 알려져 있거니와,6) 이렇게

3) 이광수, 위의 글, 518쪽.
4) 이광수, 위의 글, 517~518쪽 참조.
5) 「문학이란 하오」에서 드러나는 '문학'이라는 번역어의 통언어적 실천 (translinguistic practice) 및 근대 초기 한국에서의 문학 개념 형성과정과 문화적 민족주의의 관계에 대해서는 황종연, 「문학이라는 譯語」, 『동학어문논집』 제32집, 1997 참조. 강조는 인용자.
6) 「今日 我韓靑年과 情育」, 『대한흥학보』1910. 2 ; 「今日 我韓靑年의 境遇」,

'시작'이 가능할 수 있었던 것은 그가 기존의 유교적 문화, 제도, 도덕
을 중국 기원의 것으로 타자화했기 때문이었다.[7] 말하자면 변화하는
세계에 대응하지 못하고 패망한 이조 500년의 역사를 중국에 속하는
것으로 단정함으로써 과거를 청산한 새로운 '시작'이 가능하다고 여겼
던 것이다. 물론 중국 지배의 과거를 단절시키는 담론이 현재의 일본
지배를 긍정하는 효과를 낳기도 하지만,[8] 이렇듯 새로운 '시작'을 선언
하면서 과거를 부정하기 위해 구 조선의 역사를 중국 지배의 역사로
이해한 것은 이광수에게만 국한된 것이 아니었다. 문학, 특히 시의 영
역에서 이 같은 방식의 과거부정은 어렵지 않게 확인할 수 있다. 무엇
보다도 서양의 19세기 시들을 통해 개인 감정의 분출을 근대시의 근본
동력으로 이해하게 된 지식인들에 의해 과거 시가가 부정될 때, 그 중

『소년』 1910. 6 ;「朝鮮사람인 靑年에게」,『소년』 1910. 8 등. 이 글들에서 '청
년'들이 지니는 특권적 의미가 "大皇祖의 理想發展"(「今日 我韓靑年의 境
遇」,『이광수전집』 1, 479쪽)으로부터 비롯되는 것으로 말해지고 있다는 점은,
중국 지배하에 있었던 과거를 부정하는 담론과 더불어 중요한 이데올로기적
효과를 낳는다.

7) 이광수는 구 조선이 중국사상과 문화의 지배하에 있어 왔다는 판단하에 민족
적 정체성을 '중국인'에 비유하기까지 한다. "吾人의 近代祖先이 懶惰無爲하
여 吾人에게 物質의 財産을 遺치 아니함을 痛恨하는 同時에 彼等이 精神的
으로까지 無能無爲하여 精神의 財産을 遺치 아니하였음을 寃恨하노라. 然이
나, 此는 다만 吾人의 祖先의 罪만이 아니라, 中國思想의 侵入이 實로 朝鮮
思想을 絶滅하였음이니, 此 中國思想의 暴威下에 幾多 金玉같은 朝鮮思想
이 枯死하였는고. 無心無腸한 先人들은 愚하게도 中國思想의 奴隷가 되어
自家의 文化를 絶滅하였도다. 今日 朝鮮人은 皆是, 中國道德과 中國文化下
에 生育한 者라. 故로 **名은 朝鮮人이로되, 其實 中國人의 一模型에 不過
하도다.**" 이광수,「文學이란 何오」, 512쪽. 강조는 인용자.

8) "合邦以來로 萬般 文物制度가 悉皆 新文明에 依據하였거니와 思想感情과
此를 應用하는 生活은 依然한 舊阿蒙이니, 從此로 新文學이 蔚興하여 新하
여진 朝鮮人의 思想感情을 發表하여서 後代에 傳할 第一次의 遺産을 作하
여야 할지라." 이광수, 위의 글, 같은 쪽.

요한 부정적 지표는 중국 한시의 영향이라는 데에서 찾아졌다.

이는 근대 초기 자유시의 이론을 확립하는 데 중요한 기여를 한 이들에게서 전형적으로 나타났다. "인격은 육체의 힘의 조화"이며, "그 육체의 한 힘 즉 호흡은 시의 음률을 형성하는 것"[9]이라고 주장하며 '호흡률'에서 자유시의 리듬을 찾고자 한 김억은 과거의 시가에 대해 언급하면서 '일국문학사'의 견지에서 중국 시가의 영향을 배제하고자 하였으며,[10] 주요한에게도 과거의 대표적 시가 중 하나인 한시는 "중국을 순전히 모방한" 것이며, 시조는 "형식은 다르나 내용으로는 역시 중국을 모방한" 것에 불과한 것이었다.[11] 이들이 시조 및 과거의 시가 형식에 대해 지니고 있는 문학사적 지식의 정확성 여부를 떠나서 새로운 '근대시'를 창시하고자 한 젊은 지식인들이 과거 부정의 중요한 근거를 타자의존성에서 찾았다는 것은 주목할 만하다. 그럼으로써 이들은 (이광수와 마찬가지로) 타자의존적이지 않은 '다른 과거'와 언제든지 연결될 수 있는 통로를 열어놓게 된다. 전통적 문학 형식을 대하는 이들 신문학 담당층들의 태도는 1920년대 중반 '시조'에 대해 새롭게 평가하고 그것을 '부흥'하고자 하는 흐름이 문단에 생겨났을 때 보다 분명한 성격을 드러내게 된다.

그동안의 한국 근대문학 연구에서 1920년대 시조부흥론은 크게 두 갈래의 입장에서 다루어져 왔던 것으로 보인다. 우선 가장 대표적인

---

9) 김억, 「詩形의 音律과 呼吸」, 『泰西文藝新報』 1919. 1. 12.

10) 김억, 「作詩法(4)」, 『朝鮮文壇』 1925. 7, 79~80쪽 참조. 이 글에서 김억은 중국으로부터 제재와 사상을 빌려왔을 뿐만 아니라 중국의 평측법을 모방한 음조로 이루어진 고려 이후의 조선 시조가 엄밀한 의미에서 조선의 시가가 아니라고 주장한다. 그러나 고려와 조선 이전의 시조, 즉 고구려의 고국천왕, 을파소 등이 지은 시조는 고구려인들의 "고유한 사상과 감정"이 담겨 있기 때문에 조선 시의 전형으로 평가된다.

11) 주요한, 「노래를 지으시려는 이에게(1)」, 『朝鮮文壇』 1924. 10, 47쪽.

것은, 시조부흥론을 프롤레타리아 문학 대 민족주의 문학, 또는 '서구
적 근대문학' 대 '국민주의 문학'이라는 대립틀을 통해 보는 입장이
다.[12] 물론 동일한 틀 안에서도 문학사를 바라보는 연구자의 관점에
따라 평가 자체는 극단적으로 갈라지기도 한다. 때로는 서구지향적 문
학 개념을 반성하고 조선문학의 독자성과 특수성을 고려하는 계기를
부여해 준 것으로 평가되기도 하였고, 때로는 민족주의 문학 계열이
카프와 주도권 투쟁을 벌이면서 정당성의 근거로 제시했을 뿐 실질적
으로는 복고주의에 흐르고 말았다고 비판되기도 하였다.

또 다른 하나는, 시조부흥론을 '전통 서정시론의 계보' 또는 '국문학
의 주체적 전통'이라는 더 큰 맥락 속에서 독자적인 시론을 형성해가
는 과정의 하나로 보는 입장이다.[13] 이 관점은 서구적 근대화 및 식민
주의화의 지배적인 흐름 속에서 그것에 맞서거나 그것을 벗어나고자
한 독자적 시학의 전통을 구성함으로써 '전통성'과 '서정성'의 가치를
제고하고자 하는 포괄적인 기획과 맞닿아 있는 것으로 보인다. 그리하
여 시조부흥론은 단순히 특정 사조나 경향에 대한 반발로 출현한 우연
적인 현상도 아니고 민족주의 문학 계열(또는 국민문학파)만의 독점물
도 아닌, 한국 근대문학에서 전통시론을 형성할 수 있게 한 중요한 계
기로서 적극적으로 평가된다.

그러나 이렇게 구별되는 두 입장은, 표면적으로든 암묵적으로든, 보
편주의 대 특수주의라는 틀을 공통적으로 전제하고 있는 것으로 보인
다. 프롤레타리아 문학이나 서구적 근대문학 개념과 대립되는 위치에
놓일 때는 물론이고, 독자적인 전통시론 속에 자리매김될 때도 마찬가

---

12) 김윤식, 『한국 근대문예비평사 연구』, 한얼문고, 1973 ; 김용직, 『한국 근대문
　　학의 사적 이해』, 삼영사, 1977 ; 전승주, 「1920년대 민족주의문학과 민족 담
　　론」, 『민족문학사연구』 제24호, 2004 등.
13) 홍홍구, 「1920년대 시조부흥론 재검토」, 『국어국문학』 제112호, 1994 ; 최승호,
　　「전통서정시론의 시대적 변천」, 『어문학』 제73집, 2001 등.

지로, 시조부흥론은 일반적인 근대문학(시) 개념과 대칭되는 곳에서 의
미를 부여받게 된다. 그럼으로써 시조부흥론과 일련의 전통 시가 형식
에 대한 논의가 지닌 '특수성들'(독자성 및 고유성에서 회고성 및 퇴행
성까지)이 부각될 수 있었다. 그러나 보편주의와 특수주의는 서로 대립
적으로 짝을 이루는 개념이지 어느 쪽도 상대항으로부터 벗어나는 것
은 아니다. 따라서 '특수성'을 부각할 때 놓치기 쉬운 것은 그것을 특
수한 것으로 만들어주는 여백, 즉 일반적인 근대문학 개념이다. 말하자
면 시조부흥론에서 발화되고 있는 조선적 독자성 담론이 그 특수성 때
문에 긍정되거나 부정될 경우, 그 담론이 어떻게 근대문학 개념 안에
서 산출되었는지를 간과하기 쉽다는 것이다. 앞서 간략히 살펴 본 것
처럼 이러한 '특수성' 담론은 1910년대 이광수에게서도 나타나는 바,
근대문학의 이념에 이미 '민족문학'의 개념이 내재해 있었음을 고려할
때, 1920년대 시조부흥론이 근대지향성과 대립되는 의미에서의 '전통
지향성', 또는 서구적인 문학 개념과 대립되는 의미에서의 '국민문학'
만으로 이해되어서는 안 될 것이다.[14] 이러한 관점에서 본 연구는, 시
조부흥론을 근대문학의 이념에 내재하는 '국민문학(민족문학)'의 개념
에 실질을 부여하고자 한 시도의 일환으로 보는 데서 출발하고자 한
다.

---

14) 이러한 입장에서 볼 때, 최근 최남선의 시조부흥론을 새롭게 다룬 오문석의
「한국근대시와 민족담론」(『한국근대문학연구』 제8호, 2003)은 풍부한 시사를
준다. 오문석은 최남선의 시조부흥론이 자유시 운동에 대한 일종의 '민족적
보충'으로서의 성격을 지니고 있음을 지적하면서, 그 논의 안에서 작동하고
있는 초월적 시선 및 '세계문학'의 시선을 비판적으로 다루고 있다. 본 연구는
이 논문의 시각을 공유하면서, 시조부흥론과 일련의 전통 시가 논의를 통해
1920년대 근대문학 개념 내에서 전통 형식을 재생한다는 것이 어떤 의미를
지니고 있었는지를 살펴보고자 한다.

2. '자기'로의 복귀 또는 시조 형식의 발견

1920년대 민족주의 계열의 문화운동은 근본적으로 근대적 인간 개조운동이자 자본주의문명 수립운동이었다.[15] 1910년대의 실력양성운동을 이어받으면서 주로 『개벽』과 『동아일보』를 통해서 개진된 부르주아 민족주의자들의 문화운동은, 민족의식의 자각과 자본주의문명 수립을 위해 '조선'과 '조선인'의 문화적 정체를 뚜렷이 하는 한편 부르주아 계급을 중심으로 계급간의 분열과 갈등을 봉합하고자 하는 목적을 지니고 있었다.[16] 1924년 10월에 창간된 『조선문단』이라는 잡지는 이러한 부르주아 민족주의의 문화운동을 문학의 영역에서 전개하기 위한 매체로서의 성격을 지닌 것이었다.[17] 각 분야별 권위자를 동원하여 문학개론(이광수), 시작법(주요한, 김억), 소설작법(김동인) 등을 연재함으로써 문학에 대한 전문적 지식과 담론의 생산을 주도하는 한편,[18] 근대문학의 개념에 입각하여 '일국문학사'의 테두리를 확정하고자 하였다. 주요한이 한시와 시조에 중국산의 꼬리표를 붙여 '조선문학'에서 배제하고자 한 글(「노래를 지으시려는 이에게」)도, 김억이 구 조선의 시조에서 중국의 사상과 평측법의 영향을 읽어내고 고구려의

---

15) 박찬승, 『한국근대정치사상사 연구』, 역사비평사, 1992, 302~303쪽.
16) 이광수, 「中樞階級과 社會」, 『開闢』 1921. 7 ; 김기전, 「有産者, 有識者」, 『開闢』 1922. 6 등 참조.
17) 방인근이 편집한 『조선문단』 창간호의 「卷頭辭」는 "사람은 하나가 되어야 하겠다. 언제까지나 이러케 서로 미워하고 서로 다툴 수는 업는 것이 아닌가"(1쪽)라는 호소로 민족주의적 통합의 메시지를 전달하면서 시작하고 있다.
18) 차혜영, 「1920년대 초반 동인지 문단 형성 과정」, 『상허학보』 제7집, 2001 참조. 이 논문에서는 주로 『창조』, 『폐허』 등의 동인지 문인들 중심으로 문단이 형성되는 과정에 '전문적 지식인의 정당화 욕구'가 작동하고 있음을 밝히고 있는데, 『조선문단』에 이르러서는 "대가 시스템과 민족주의라는 이념적 정당화 방식"(133쪽)으로 변모하는 것으로 보고 있다.

190

시조에서 조선시의 전형을 찾고자 한 글(「작시법」)도 모두 『조선문단』
에 실려 있다는 것은 우연이 아니다. 그리고 이와 동일한 맥락에서 '시
조부흥'을 외치는 최남선의 두 편의 글이 『조선문단』을 통해 발표된다.

이렇게 볼 때 시조를 '국민문학'의 토대로 삼고자 한 최남선의 생각
은 하루아침에 그의 머릿속에서 생겨난 것이 아니다. 그것은 한편으로
는 부르주아 민족주의의 문화운동이 문학의 영역에서 전개되는 연장
선 위에서 비롯된 것이었고, 다른 한편으로는 이광수의 「문학이란 하
오」이후 문학의 민족적(국민적) 경계를 자명한 것으로 받아들이는 문
학사적 규율과 관습의 반복적 실천이 낳은 하나의 결과였다.19) 최남선
이 이 흐름에 덧붙인 것이 있다면, 시조에 특권적인 의미를 부여하면
서 그것을 근대문학 완성을 위한 필수불가결한 전통으로 분명하게 자
리매김하고, 나아가서 '국민문학'의 경계를 자연적인 것으로 만들었다
는 점이다. 그렇다면 최남선은 어떻게 시조에서 '국민문학'의 토대를
찾게 되었는가.

그의 '시조부흥론'은 감격 어린 '자기 복귀'의 선언으로부터 시작하
고 있다.

---

19) 특히 「문학이란 하오」에서 이광수가 '국민문학'의 경계를 규범적인 것으로 받
  아들이는 데 영향을 미쳤던 미카미 산지(三上參次)와 다카쓰 구와사부로(高
  津鍬三郎)의 일본 최초의 일국문학사인 『日本文學史』(1890)[이광수, 「文學이
  란 何오」, 518쪽 참조.]는 김억의 "국민적 문학"(「詩壇一年」, 『東亞日報』
  1925. 1. 1)에 대한 상상에도 중요한 지표 역할을 한 것으로 보인다. 구인모,
  「고안된 전통, 민족의 공통감각론 : 김억의 민요시론 연구」, 『한국문학연구』
  제23집, 동국대 한국문학연구소, 2000, 293쪽 참조.
  한편 이광수 개인에게 있어서도 이때 형성된 '국민문학' 개념은 1920년대 중
  반까지 줄곧 지속되고 있었던 것으로 보인다. 그는 "민요에 나타난 리듬과 사
  상은 그 민요를 부르는 민족의 특색을 들어낸 것이니 그럼으로 그 민족의 문
  학은 민요(전설도 포함하야)에 긔초하지 아니치 못할 것이다. 엇던 나라에서
  나 시가는 그 나라의 민요를 뿌리로 발달한 것이다"라고 주장한 바 있다. 이
  광수, 「民謠小考(1)」, 『朝鮮文壇』 1924. 12, 28쪽.

봄은 조선의 동산에도 조선심의 老木에도 돌아왓다. 조선인의 오래
눈쌈찌엇든 눈이 차차 바로 무엇을 보게 되고 남의 거울에 빗최는 **자
기**의 그림자를 보게 되고, 그리하야 버렷든 **자기**를 도로 차즈며 모르
든 **자기**에 새 정신을 차리게 되엇다. 봄의 큰 불은 겨울에게 지질렷든
온갖 것을 모조리 녹이고야 말려 한다. 쌩쌩한 얼음에 눌린 **조선심**도
自家本具의 힘을 발휘하야 묵음의 磨光과 새롬의 진취에 久遠한 젊은
긔운을 보이기 비롯하얏다.[20]

턱업시 쒸기 전에 든든히 것기부터 해야 할 것을 정신차리지 아니치
못하며 황새 남을 짜르기 전에 뱁새 나를 도라보기에 생각이 가지 아
니치 못하며, 우리 집이 목조인지 石築인지 우리 家垈가 沙土인지 岩
床인지를 굴러보아야 할 것에 요량이 밋지 아니치 못할 째가 될 밧게
업섯다. **자기** 스스로를 모르고, **자기** 스스로에 터 잡지 안코, **자기** 스
스로와 상응하지 아니하는 詩心 詩態가 결국 개구리 밥 가튼 것, 아즈
랑이 가튼 것, 아니, 허수아비 가튼 것을 알게 되엇다.[21]

여기서 반복적으로 확인되고 있는 '자기'는 새롭게 발견된 자기로서
'조선심'에 다름 아니다. 흥미로운 것은 이 '자기'가 언급될 때마다 '남
과 대칭을 이룬다는 점이다. 즉 '자기'는 '남'의 거울을 통해 비쳐진 '그
림자'로서, '황새'를 통해 비교된 '뱁새'로서 자각되고 있다. '남-자기'의
관계는 철저하게 불균등한 것으로 인식되고 있는데, 사실 이러한 불균
등성에 대한 자각은 1910년대부터 공동체적 자기 인식이 나타날 때마
다 줄곧 반복되곤 했던 것이다. 서구적 타자의 눈을 통해 표상된 이미
지를 받아들임으로써, 그 불균등성의 낙차 속에서 민족적 자기를 인식
함으로써, 자기경멸적 과거인식과 이상주의적 근대인식이 촉발되곤 했

---

20) 최남선, 「朝鮮國民文學으로의 時調」, 『朝鮮文壇』 1926. 5, 2쪽. 강조는 인용
    자.
21) 최남선, 위의 글, 3쪽. 강조는 인용자.

다는 것은 익히 알려진 사실이다. 그런데 최남선은 이 글에서, 생명력 넘치는 봄의 이미지를 빌려, 동일한 불균등성 속에서의 자기 인식을 오히려 희망찬 비전으로 이끌고 있다. 더욱이 여기서의 '봄'은 과거가 없기 때문에 모든 가능성의 미래만이 주어져 있는 소년에게 부착된 익숙한 이미지이기는커녕, 타자의 거울에 비친 그림자와 '뱁새'의 지위를 인식하고 그곳에 거주하는 자에게 주어진 이미지이다. 따라서 "노목(老木)"의 회춘이다. 최남선에게 시조의 부흥이란 노목의 회춘에 대응하는 것이다.

그러나 노목이 회춘하기 위해서는 죽음과의 싸움에서 삶이 승리해야만 한다. 최남선에게 있어 '국민문학'의 토대는 노목으로서의 조선의 역사 속에서 삶과 죽음을 분별하고, 그중에서 죽음을 제거하고 삶을 건져 올림으로써만 발견될 수 있는 것이었다. 조선의 역사에서, 그리고 조선의 문학사에서 죽음은 다름 아닌 중국의 문화, 제도, 도덕이 지배했던 과거이다. 신문학 담당층이 중국의 영향으로부터 조선문학을 배제함으로써 일국문학사의 테두리를 확정하려 했음은 이미 언급한 바와 같다. 그러나 부정의 작업만으로는 새로운 삶을 건져 올릴 수 없다. 1920년대 부르주아 민족주의 문화운동의 테두리 속에서, 과거 조선의 문학과 문화를 '퇴행성, 후진성'의 지표인 중국으로부터 분리시키려는 움직임은 지속되었지만, '긍정적인 것(the positive)'으로서의 새로운 과거를 발견하는 데 있어서는 고대문화사를 통해 조선역사와 문화의 특질을 찾고 있던 최남선에 비할 바가 아니었다. 최남선에게 시조는 중국의 지배와 영향을 지우고 남는 한낱 잔여물이 아니라, 그 자체 더 깊고 오랜 '노래'의 전통 속에서 발원하는 주체적 **형식**으로 발견된다.

그가 볼 때, "중간에 支那文化 중심의 시기로 들면서 원체 古形古義가 몹시 殘滅"[22]되었지만, 원래 시조는 고조선의 종교행사에서부터 불려졌던 '노래가락'으로부터 기원하는 것이었다.[23]

……고조선의 문화는 종교 중심의 그것이오, 고조선인의 생활은 제사 중심의 그것이다. 정치나, 俗尙이나, 문학이나, 예술이나 무엇이든지 그 존재와 발전은 한갈가치 祭典을 중심으로 하얏섯다. 원체 종교란 것이 신이란 力에 대한 제사란 표현을 하는 것이어니와, 신에 대하야 사람의 嘆仰希願하는 바 至情을 표현하는 본위적 방법은 다른 것 아닌 음악이니, 恐怖하야 그 怒氣를 쓰기도 노래와 춤으로며, 경모하야 그 환심을 사기도 노래와 춤으로며, 神力을 加被하고 神事를 시행하는 표적도 쏘한 노래와 춤으로이엇다. 조선의 神事로 말할지라도「공수」니「푸념」이니「사설」이니「말명」이니 하는 것이 요하건대 모다「노래가락」의 일종들이요,「노래가락」이란 것은 당초부터 神을 깃겁게 하려는 필요상으로 맨드러진 것으로, 철두철미가 종교적 성질의 것이엇다.[24]

민속학적 탐구를 통해 규정된 조선인의 생활과 감정의 핵심에 '노래'가 놓여 있다. 그것은 비록 종교적인 성질을 가진 것이었지만, 여기서 종교는 '정치', '속상(俗尙)', '문학', '예술' 등이 분화되기 이전의 단계, 즉 그 자체가 여타의 정신생활 중의 하나로 분화되기 이전 단계의 종교인 것이다. 이렇듯 본질주의적인 기원의 지점에 놓여 있는 '노래'는 정치적, 사회적, 계급적, 문화적 분화 이전의 단일한 '조선인'이라는 표상을 상기시키면서 시조의 모태가 된다. 그러므로 신문학 및 자유시 운동의 담당층들이 그토록 전전긍긍했던 '탈중국'의 과제는 일순간에 해결된다. 시조는 중국 이전의 과거에서 발원하는 것이기 때문에 도중에 중국문화에 의해 훼손당했다 하더라도 본질은 변하지 않으며, 근본

22) 최남선,「時調胎盤으로의 朝鮮民性과 民俗」,『朝鮮文壇』1926. 6, 7쪽.
23) 새롭게 부흥되어야 할 시조를 고조선의 '노래가락'과 연결시키는 최남선의 문학사적 논리는 새로운 조선을 개시할 '청년'의 정당성을 '대황조'에게서 찾는 이광수의 '갱생의 시간 정치학'에 상응하는 것이라 하겠다.
24) 최남선, 앞의 글, 5쪽.

194

적으로 "聲樂的 人種"[25]에 속하는 '노래'의 민족 조선인에게 중국의
영향이라는 것은 부차적인 것에 불과한 것이 되는 것이다.

그렇다면 왜 다름 아닌 시조인가? 그것은 새롭게 발견된 '긍정적인
것'이 기원론적으로 확인될 수 있는 본질에서 그치는 것이 아니라 '부
흥'이 가능할 수 있는 생산적 잠재력을 가진 것이어야 하기 때문에 선
택된 결과로 보인다. 최남선이 볼 때 조선은 "문학의 소재에 잇서서는
아모만도 못하지 아니하고, 쏘 그것이 胞胎로 어느 정도만콤의 발육을
遂한 것도 사실이지마는 대체로는 文學的成人 成立文學 내지 完成文
學의 國 又 國民이라기는 어렵다."[26] 오직 하나 시조를 제외하면 말이
다.

> 시조는 조선인의 손으로 인류의 운율계에 제출된 一詩形이다. 조선
> 의 풍토와 조선인의 성정이 음조를 빌어 그 渦動의 一形相을 구현한
> 것이다. 音波의 우에 던진 朝鮮我의 그림자이다. 어쩌케 자기 그대로
> 를 가락 잇는 말로 그려낼가 하야 조선인이 오랜오랜 동안 여러 가지
> 로 애를 쓰고서 이째까지 도달한 막다른 골이다. 조선심의 放射性과
> 조선어의 纖維組織이 가장 壓搾된 상태에서 표현된 「功든 塔」이다.[27]

시조는 "句調, 音節, 단락, 체제의 정형을 가진 유일한 成形文學"으
로서, "말로, 調로, 쏘 가락으로다 그곳의 자연과 인정을 아울러 착 드
러붓게, 털억 한아 들이씰 틈 업시 홈싹 표현"[28]한 형식으로 이해되고
있다. 시조의 '부흥'이 주장될 수 있었던 근거 중의 하나는 이렇듯 시
조가 '완성된 형식'으로서 평가되고 있었다는 데에 있다. 시조의 재생

---

25) 최남선, 위의 글, 3쪽 참조.
26) 최남선, 「朝鮮國民文學으로의 時調」, 4쪽.
27) 최남선, 위의 글, 같은 쪽.
28) 최남선, 위의 글, 5쪽.

가능성은 그 안에 담겨 있다고 여겨지는 '조선심'뿐만 아니라 무엇보
다도 그 형식적 탁월성에 기댈 때 찾아질 수 있었던 것이다.

그러나 정작 무엇이 시조를 형식적으로 탁월하게 만들어주는지에
대해서 그는 구체적으로 언급하는 바가 없다. '조선의 풍토와 조선인
의 성정'이 표현된 '조선아(朝鮮我)'의 그림자로서 오랜 역사를 가진
시가 형식이라는 환원적 진술 이외에 그가 시조의 형식적 특징으로 드
는 것은 그것의 '정형성'이 있을 뿐이다. 유일한 '성형문학(成形文學)'
또는 '성립문학(成立文學)'으로서의 시조의 권위는 그것이 오랜 시간
에 걸쳐 정형적인 틀을 유지해 왔다는 사실에서 힘입고 있는 것으로
보인다. 더욱이 이 오래된 정형성이야말로 세계문학(또는 서구적 근대
문학)에 용해되지 않고 그 안에서 조선의 이름을 유지할 수 있는 견고
성으로 이해되고 있다. 여기서 주목할 것은 최남선이 시조를 발견하고
그 형식적 탁월성을 높이 평가하게 되는 과정에 이미 세계문학의 시선
이 작동하고 있었다는 점이다.[29] 그가 정형성과 견고성을 문학적·형
식적 탁월성과 의심 없이 맞바꿀 수 있다고 생각하기 위해서는 타자의
거울이 전제되어야 했다. 다른 장르가 아닌 유독 시가에서 '국민문학'
의 토대를 찾기 위해서는 세계문학에 비추어 조선문학이 "소설로, 희
곡으로 도모지가 아직 발생기(내지 발육기)에 잇다 할 것이지, 이것이
오 하고 내노홀 완성품은 거의 업다"[30]는 절망이 선행되어야 했고, 또
한 시조가 회춘(부흥)할 수 있다고 믿기 위해서는 "조선 뼉다귀, 조선
고갱이로써 한 시만이 우리가 세계에 내노홀 뜻잇는 시요, 쏘한 세계
가 우리에게 기다리는 갑잇는 시"[31]라는 깨달음이 있어야 했던 것이

---

29) 최남선의 시조부흥론에서 작동하고 있는 '세계적인 것'의 시선을 그의 단군론
과 더불어 비판적으로 분석한 것으로는 오문석, 앞의 논문, 87~91쪽 참조.
30) 최남선, 「朝鮮國民文學으로의 時調」, 4쪽.
31) 최남선, 위의 글, 6쪽.

196

다.

3. 노래의 국민, 국민의 노래

최남선이 시조의 형식적 탁월성을 찬양하면서도 그 탁월성의 문학적 근거를 분명히 설명하지 않은 것은, 사실 설명할 필요가 없기 때문이기도 했다. 세계문학에 참여하면서도 '조선'의 표식이 지워지지 않을 만큼 견고한 형식이면 충분했기 때문이다. 사실, 그가 '부흥'하고자 했던 것은 물론 시조였지만, 보다 깊이 염두에 두고 있던 것은 '조선문학'이라는 존재의 정당화였다. 그에게 중요한 것은 조선의 **문학**이 아니라 **조선**의 문학이었던 것이다.[32] 그리하여 시조의 연원을 고대의 '노래'의 전통에서 찾음으로써 근대문학의 국민문학(민족문학)적 울타리에 역사적 깊이를 부여했을 뿐만 아니라, 그렇게 찾아진 전통의 내용을 문화본질주의적인 민족성론으로 채움으로써 시조와 노래를 "다른 데서는 볼 수 업는"[33] 조선만의 것으로 만들었다.

사상의 경향으로써……우리 조선인은 속으로 속으로 마음을 파들어 가는 種人이 아니라 것흐로 것흐로 마음을 소리질으는 종인으로 저 두 가지[내관적 인종과 외선적(外宣的) 인종 : 인용자] 중에서 유태적인 후자에 부치는 종족이엇슨 듯하다.……
음악의 발달상으로써……우리 조선인은 장단으로 노래를 하는 종인이 아니라 실로 노래로 장단치는 종인으로, 저 두 무리[기악적(器樂的)

---

32) 최남선이 1920년대 중반에 시조부흥론을 제기하게 된 직접적인 계기는 "아직 까지 조선 신문단은……조선적으로는 한걸음도 내어노치 못하얏슴"에 대한 우려였다. 최남선, 위의 글, 6~7쪽.
33) 최남선, 위의 글, 3쪽.

인종과 성악적(聲樂的) 인종 : 인용자]의 中에서 亞拉比亞적인 후자에
부치는 종족이엇다.34)

　사유의 관습부터 음악적 표현 방식에 걸쳐 이루어진 인류학적 구별
을 통해 조선인은 인종적·운명적으로 '노래의 국민'35)인 것으로 규정
된다. 이렇듯 조선민족의 기원으로부터 존재하며 민족의 본질적 특성
과 하나가 된 것이 노래이기 때문에, 그것은 어떤 외적인 필요나 목적
에 종속되는 것이 아니다. 게다가 이 노래가 오랜 시간에 걸쳐 최고도
로 응축되고 굳어진 형식이 시조이기 때문에, 시조는 이미 그 자체로
인위적인 조작의 차원 너머에 있는 자연에 다름 아니다.36) 앞서 최남
선에게 시조가 선택된 중요한 이유 중의 하나가 그 형식적 견고함에
있었다고 언급했거니와, 말을 바꾸자면, 그 견고함이란 인간의 지배력
너머에서 인간의 변덕을 비웃는 자연의 견고함과 동등한 지위에 있는
것이라 하겠다.

　시조가 지니는 이 같은 탁월성이 시간적으로 획득된 것이라면, 또
하나의 차원, 즉 공간적인 차원에서도 시조는 선택될 만한 중요한 이
유를 가지고 있었다. 그것은 시조가 위로는 국왕으로부터 아래로는 일
반 평민들에 이르기까지 전 민족이 불러온 노래였다는 데 있다.37) 시

―――――――――
34) 최남선, 「時調胎盤으로의 朝鮮民性과 民俗」, 2~3쪽.
35) 최남선, 위의 글, 4쪽.
36) 최남선에게 시조는 "시의 본체가 조선국토, 조선인, 조선심, 조선어, 조선음률
　　을 통하야 표현한 필연적 일 양식"이기 때문에, 더 이상 인위적인 형식이 아
　　니라 "「쏠」이라고나 할 것, 「개울」이라고나 할 것, 一條溪流라고나 할 것"이
　　된다. 최남선, 「朝鮮國民文學으로의 時調」, 4~5쪽.
37) 김억은 천황, 귀족은 물론 평민까지 창작하고 향유했다고 하는 일본의 『萬葉
　　集』에 대응되는 것으로 시조 가곡집을 들고 있다. 김억, 「作詩法(4)」, 『朝鮮文
　　壇』 1925. 7 ; 구인모, 「시, 혹은 조선시란 무엇인가」, 『한국문학연구』 제25집,
　　동국대 한국문학연구소, 2002, 303~307쪽 참조.

198

조를 하나의 '조선아'의 표현 형식으로 내세우는 것도 그 범계층성을 떼어놓고는 불가능한 것이었다. 시조는 '노래의 국민'의 본성이 오랜 시간에 걸쳐 자연적으로 응집된 결정체일 뿐만 아니라, 민족 전체의 영역에 걸쳐 골고루 향유된 '국민의 노래'이기도 했다는 것이다. 시조 가 민족의 기원과 함께 발원하여 지속되어 온 노래의 전통 속에 놓임 으로써 자연화되었듯이, 신분과 계층 등 사회적인 제약을 넘어 시조가 향유되어온 '조선적 문학'의 전통이 확립됨으로써 시조를 토대로 형성 되는 국민문학 역시 자연화된다.[38]

국민문학은 세계문학의 시선 속에서 '다름'을 찾고자 하는 의식에 의해 세계문학과 대칭되는 지점에 정립된 것임에도 불구하고, 단일한 본질을 지닌 민속적 전통 및 민족적 삶에 융합됨으로써 그 '구성된 것' 으로서의 성격을 지운 채 스스로를 '자연적인 것'으로 주장할 수 있게 되었다. 본래적인 노래의 기원을 밝힘으로써 중국의존성으로부터 탈피 할 수 있었던 것과 마찬가지로, 그 노래의 기원과 맞닿은 시조를 발견 함으로써 '원래부터 있었던' 국민문학의 자연적 연속성을 주장할 수 있게 된 것이다. 이러한 국민문학사(론)는 분열과 갈등 없는 민족의 공 동체적 정체성을 (재)인식하고 강화하는 효과를 내부에 지니고 있다. 그리하여 최남선의 '시조부흥' 선언 이후 『조선문단』, 『신민』 등의 잡 지를 통해 시조를 중심으로 '국민문학'의 개념을 확정하고자 하는 일 련의 주장들이 뒤를 잇게 된다.[39]

---

38) 따라서 카프의 김기진이 이 시기 시조부흥론, 민요시론 등의 경향을 "문단상 조선주의"로 비판하면서 그들의 "조선으로 돌아오라"는 구호를 "자연으로 돌 아오라"는 말과 비유한 것은 이유가 없지 않았다. 김기진, 「文藝時評」, 『朝鮮 之光』 1927. 2, 91쪽 참조.

39) 손진태, 「詩調와 詩調에 表現된 朝鮮사람」, 『新民』 1926. 7 ; 조운, 「丙寅年과 時調」, 『朝鮮文壇』 1927. 2 ; 김동인, 「六堂의 「百八煩惱」를 봄」, 『朝鮮文壇』 1927. 3 ; 「時調는 復興할 것이냐?」, 『新民』 1927. 3 ; 김영진, 「國民文學의 意

물론 근대문학의 이념 자체에 이미 국민문학(민족문학)의 개념이 내재한다고 할 때, 그 개념을 자연화하기 위해 시간성과 공간성을 부여하는 행위 자체가 근대문학의 제도적 실천 영역 내에서 이루어지는 것이라고 말할 수 있다. 그러나 시조를 토대로 국민문학의 본질을 규정하고 그 자연성과 연속성을 확증하는 과정에서 정작 시조가 어떻게 근대문학으로서 재생될 수 있는가의 문제는 빠져 있었다. 즉 근대문학의 제도적 틀 속에서 시조를 발견하고 그것을 중심으로 '조선문학'의 권리와 본질을 강화할 수 있었음에도 불구하고, 그것을 가능하게 한 조건은 물어지지 않았다. 엄밀하게 말하자면 여기서 시조의 '부흥'이란, 시조가 견고한 형식으로 응축시킨 노래의 부흥, 그리고 그 노래에 담겨 있는 조선민족의 '본래적인 모습'의 부흥이다.

개별 작가와 시인들에 의해 시조 창작은 줄곧 이루어지고 있었지만, 최남선의 선언 이후 시조에 대한 논의를 통해 반복된 것 중의 하나는 일종의 '민족성론'이라고 할 수 있는 '조선' 및 '조선인'에 대한 문화본질주의적이고 일반화된 억견들의 표명이었다. 이미 최남선 자신이 시조에서 조선인의 '민성(民性)'을 읽어내고자 했거니와, 손진태는 과거의 시조들에 속요와 크게 차이나지 않는 '속적(俗的)'인 내용들이 많이 포함되어 있다는 점을 들어 시조가 결코 귀족문학으로 국한될 수 없는 전민족의 노래임을 확인하고 시조의 내용을 통해 조선인의 '민족성'을 규정하고자 한다. 시조에 표현된 "연애에는 향락적 색채가 농후히 보이면서도 결코 비속한 점이 업스며, 점잔한 태도를 일치 안이하엿"[40]는데, 각 시대의 상황에 따라 "중세에는 소박하엿스며, 해학에 富하엿스며 향락적"이었던 반면 "이조에 잇서서는 퇴영적, 은둔적, 폐퇴적"[41]

義」, 『新民』 1927. 3 등.

40) 손진태, 「詩調와 詩調에 表現된 朝鮮사람」, 『新民』 1926. 7, 25쪽.

41) 손진태, 위의 글, 39쪽.

이었다고 규정한다. 이렇듯 시조를 통해 '조선'과 '조선인'의 민족성을 확인하고, 그것으로 당대의 문학에 "민족적 색채"[42]를 부여하고자 한 것이 시조부흥론의 한 효과였다.

또한 문화본질주의적으로 민족성을 발견하고 확인하는 작업과 함께 시조의 '노래'로서의 성격을 강화하는 일도 함께 진행되었다. 민족 고유의 리듬을 보존하고 있는 노래야말로 개인, 계급, 사조(思潮)의 벽을 허물고 차이를 메울 힘을 가진 것으로 기대될 수 있기 때문이다. 이러한 힘은 노래의 형식이 지니고 있는 근본적인 교감성에서 오는 것이기도 하다. 근대적 자유시가 인쇄매체를 통해 활자화된 형태로 소통되는 글쓰기 방식과 분리될 수 없는 형식이라면, 따라서 시간의 지연과 개인적 생산-소비를 특징으로 하는 형식이라면, 노래는 기본적으로 현장에서 입과 귀와 음성을 통해 확인되는 공동체적 교감의 형식인 것이다.[43] 그러므로 과감하게 말해서, 최남선 자신이 시조를 노래의 가장 탁월한 결정체로 설명했음에도 불구하고, 노래를 복귀시킬 수 있다면 그것이 반드시 시조여야 할 필연성은 없다. 어떤 계기가 주어진다면 시조보다 더욱 노래의 성격이 강한 민요에서 '국민문학'의 토대를 발견할 수도 있는 것이다.

사실 시조부흥론이 제기된 이후 1927년에 접어들면서 '국민문학'의 토대를 '민요'에 두고자 하는 흐름이 더 뚜렷해진다. 이는 특히 일본의

---

42) 김영진, 「國民文學의 意義」, 『新民』 1927. 3, 92쪽.

43) 손진태는 과거의 시조와 구별하기 위해 군이 '詩調'라는 표기를 고집하는데, 흥미로운 것은 '詩調'라는 표현에서 강조되는 것이 '詩'가 아니라 '調'라는 데에 있다. 즉 과거 시조와의 차이를 구별하는 것 못지않게 근대적인 신시와의 차이를 강조하고 있는 것이다. 신시와의 차이가 '노래'로서의 성격에 있음은 물론이다. "詩調는 詩인 동시에 歌이며, 曲이 잇스며, 調가 잇는 것이다. 반다시 歌이며 曲이 잇는 점에 今日의 新詩와 相異가 잇는 것이다" 손진태, 앞의 글, 11쪽.

『진인(眞人)』동인들이 편찬해 낸『조선민요의 연구(朝鮮民謠の硏究)』
(1927) 출간과 관계가 있는 것으로 보인다.[44] 이 책에는 최남선, 이광
수, 김억의 글이 함께 실려 있는데, 최남선의 글에서 민요는 "민중의
거짓 없는 감정이 허식 없는 형태로서 발로된" 것으로서 "野聲이요,
또한 天聲"의 성격을 부여받고 있다.[45] '야성' 또는 '천성'이라는 비유
에서도 엿볼 수 있듯이, 최남선에게 민요는 가장 자연성에 가까운 노
래형식이다. 따라서 "연마와 완성은 민요의 금물"[46]이라고까지 선언하
게 된다. 시조부흥론에서는 노래가 여러 시대에 걸쳐 응축된 형식이
시조라고 주장했지만, 이곳에서는 오히려 그 단계를 훨씬 뛰어넘어
'형식부여 이전'에서 노래와 만나고 있다. 이렇게 볼 때, 시조부흥론의
핵심이 시조의 재생보다는 노래의 재생, 그리고 노래에 담긴 민족적
본질의 재생에 있었음을 다시 확인할 수 있다. 최남선에게 조선민요의
연구는 "참된 조선, 본래의 조선, 적나의 조선을 총괄적으로 연구하는
것과 同價値"[47]인 것이다. 이러한 '민족성' 탐구를 위해 민요는 시조보
다도 더욱 효과적이고 풍부한 자원들을 제공해준다. 따라서 그가 굳이
'시조의 부흥'을 고집할 필요는 없었던 것이다. 최남선을 비롯한 이른
바 국민문학론자들이『조선민요의 연구』에서 나타나는 오리엔탈리즘
의 양상인 '심미주의'와 '원시주의'를 공유하고 있었다면,[48] 그들이 시

---

44)『조선민요의 연구』라는 책의 발간과 그것이 '국민문학'론에 미친 중요한 영향
   을 고찰하면서 식민지 지식인들의 '자기' 발견 속에 투사되어 있는 제국의 오
   리엔탈리즘을 분석한 연구로 구인모, 「조선민요의 발견, 일본 오리엔탈리즘
   의 한 단면」, 동국대학교 한국문학연구소 편,『동아시아 비교문학의 전망』,
   동국대학교 출판부, 2003 참조.
45) 최남선, 「조선민요의 개관」,『眞人』1927. 1(『육당 최남선 전집』9, 현암사,
   1974, 394쪽에서 재인용 : 일어판으로부터의 번역은 조용만).
46) 최남선, 위의 글, 같은 쪽.
47) 최남선, 위의 글, 398쪽.
48) 구인모, 앞의 논문, 419쪽 참조.

조에 대해서는 (고전적인) 심미주의적 태도를, 민요에 대해서는 (낭만적인) 원시주의적 태도를 취하면서 양자로부터 '조선' 또는 '조선인'의 문화적 정체성을 찾아 '국민문학'의 정의를 이끌어내고자 했다고 봐도 좋을 것이다.

'조선적인 것'을 찾고자 하는 최남선 및 국민문학론자들의 시도에 변형된 오리엔탈리즘이 작동하고 있다는 것은, 무엇보다도 시조(또는 민요)를 통해 국민문학을 확립하려는 과정에서 '일국문학'을 제도화하는 근대문학의 조건은 은폐된 채 본질화된 민족성론이 되풀이되고 있음을 뜻한다. 그리하여 근대문학의 장 속에서 시조가 '형식'으로서 재생될 가능성은 진지하게 탐구될 수 없었다. 시조의 '재생'의 문제가 본격적으로 다루어지기 위해서는 시가 더 이상 '노래'로서 존립할 수 없는 조건에 대한 인식이 선행되어야 하기 때문이다.

4. 시조의 혁신, 또는 심정과 율격의 결합

최남선이 제기하고 이른바 국민문학론자들에 의해 그 당위성이 인정된 '시조부흥론'은 '국민문학'의 통일된 범위와 역사를 확정하는 담론적 실천의 산물이었다. 따라서 '시조부흥론'의 담론장 내에서는 '조선'과 '조선인'의 민족성론을 반복적으로 발화함으로써 '국민문학'의 동일성과 역사성을 재확인할 수 있을 뿐이었다. 시조가 부흥되어야 하는 것은 다름 아니라 그것이 "조선다운 조선인다운 또한 조선말에 들어맞는"[49] 노래 형식이기 때문이었다. 그러므로 "시조를 시적 가치가 잇게 하랴면 무엇보담도 그 漢臭的 **내용**을 打破하여야"[50] 된다는 견

---

49) 염상섭, 「疑問이 웨잇습니까」, 『新民』 1927. 3, 80쪽.
50) 양주동, 「漢臭的 內容을 打破하라」, 『新民』 1927. 3, 86쪽. 강조는 인용자.

해가 자연스럽게 제시된다. 시조가 노래의 전통에 뿌리내리고 있음을 확인하고 그 내용을 중국적인 것에서 조선적인 것으로 바꾸면 '시적 가치'가 획득될 수 있으리라는 생각에는, 과거의 형식과 근대적인 문학 개념, 과거의 '민속'과 근대적인 개인 사이에 발생할 수 있는 모순 또는 갈등에 대한 고려가 끼여들기 어렵다. '국민문학'의 내용을 채울 수 있는 '조선적인 것'의 전형, 타자의존적이었던 과거를 배제함으로써 드러날 수 있는 국수주의적 순수성을 확인할 수만 있다면 그것은 시조여도 민요여도 문제가 되지 않는 것이었다.

이에 반해 이병기는 시조를 통해서 '조선적인 것'을 확증하기보다는 시조 자체를 하나의 살아있는 형식으로 이해하고자 한다. 그 역시 시조를 통해 '조선문학'의 역사와 정체성을 확립하고자 한 최남선 및 국민문학파의 지향을 공유하고 있었음은 물론이다. 그 역시 시조를 조선 고유의 시 형식으로 확신했으며 과거의 시조에 '조선 정조'가 표현되어 있다고 보고 있었다. 그러나 과거 시조에 표현된 사상과 정서를 본질화하여 하나의 '조선문학'을 정당화하려 하기보다, 그는 자유시가 기본을 이루는 근대문학(시)의 조건을 염두에 두면서 "지금 조선인의 사상 감정"51)을 표현하기 위해 시조를 재생할 가능성을 모색하고자 했다. 이런 의미에서, 그가 전개하고자 했던 것은 '시조부흥'이라기보다는 그의 말대로 "시조 신운동"52)이라고 해야 할 것이다.

그는 자유시와 시조가 충분히 공존할 수 있다고 보고, 그것이 시인 개인이 선택할 수 있는 여러 시형들의 하나로 여기고 있었다. 그에게 중요한 것은 자유시가 표상하는 추상적인 '자유'와 시조가 표상하는 엄격한 '정형률'의 대립이 아니라, 양자 모두에 걸쳐 있는 시인 개인의 독창적인 '법칙'이었다.

---

51) 이병기, 「무엇이든지 精誠스럽게 하자」, 『新民』 1927. 3, 77쪽.
52) 이병기, 「시조의 현재와 장래」, 『新生』 1929. 6, 32쪽.

204

　　자유시라 하여도 아무 법칙도 업시 종작업시 주책업시 문자만 늘어
놋는 것이 아니라, 작가의 그 쓰는 법칙이 잇고야 할 것이다. 그러찬흐
면 시도 아무것도 아니될 것이다. 그럼으로 작가 자긔가 독창한 법칙
이나 쏘는 선택하여 쓰는 법칙이 잇고야 할 것이다. 이 의미로 보면 매
우 평이하고 자유롭게 된 시조의 법칙이 자유시에 비하여 백보의 차이
도 업슬 것이다. 오히려 법칙도 모르며 자유시를 짓는 것보다 편의하
고 용이할 것이다.[53]

　　상대적으로 엄격한 법칙을 가지고 있는 시조의 틀에 맞추어 언어를
응축시키는 일이 어려운 만큼이나 각각의 시 한편에 고유한 내적 리듬
을 부여하면서 자유시를 쓰는 것이 어렵고, 또 반대로 특정한 형식에
구애되지 않는 자유시가 쓰기 쉬운 만큼이나 시조처럼 이미 주어져 있
는 법칙을 참조해 창작하는 일이 쉽다고 주장한다. 그에게 시조는 '민
족성론'의 예증을 위한 자료도 아니고, 과도기적인 자유시운동이 궁극
적으로 도달하게 될 '조선시'의 고향도 아니었다.[54] 오히려 변화된 생
활·사상·감정을 담아내기 위해 근대적인 문학예술의 한 장르로서
혁신되어야 할 전통 시 형식의 하나였던 것이다.
　　이병기가 시조에서 혁신되어야 할 가장 중요한 부분이라고 여겼던
것은 무엇보다도 시조의 '노래'로서의 성격이었다. 시조를 노래와 노래
에 담긴 민족적 본질에 뿌리내리도록 하려 했던 최남선류의 '시조부흥
론'과는 반대로, 이병기에게는 시조에서 '노래'를 제거하는 것, 말하자

---

53) 이병기, 「무엇이든지 精誠스럽게 하자」, 77~78쪽.
54) 이러한 입장은, 시조부흥의 가능성 여부를 묻는 『신민』의 앙케이트에 이병기
　　와 함께 답하면서, "만근(挽近) 조선의 소위 자유시 운동이라는 것은 일시적
　　과도기 운동에 불과한 것으로 결코 깁혼 쑤리를 박을 것이 못된다고 생각하
　　는 동시에 시조부흥운동은 이와 반대되는 의미에 그 의미가 자못 深遠하다"
　　(주요한, 「시조부흥은 신시운동에까지 영향」, 『新民』 1927. 3, 83쪽)며 시조가
　　자유시를 대체할 대안인 듯이 이해하는 주요한의 입장과 비교된다.

면 시조를 '문학'으로 위치지우는 것이 근대적인 변화 속에서 시조를
부흥시키는 유일한 길이었다. 그러기 위해서는 고시조와 근대시조가
분명히 구별될 필요가 있었다. 그가 볼 때 "고시조 작가들은 그 作보
다도 그 唱을 더 힘썼으며, 어떤 의미로는 그 作도 오로지 唱하기 위
하여 한 것 같이 볼 수 있을 만큼, 매양 유희적 기분이 농후"[55]하였다.
그에게 고시조와 근대시조는 '창'과 '작'에 의해 분명하게 구별된다.
고시조가 노래에 의해, 노래의 고정된 반복적 리듬에 의해 지배된 형
식이었다면, 즉 작품으로서의 시조보다 노래의 법칙이 선행하는 것이
었다면, 새롭게 혁신되어야 할 근대시조는 언어로써 표현하고 만들어
내고자 하는 마음이 선행하고 그것이 시조의 외적 리듬을 규정하는 것
이다. 이제 시조의 법칙을 제정하는 것은 이미 주어져 있는 노래의 리
듬이 아니라 시조를 만드는 개개의 시인의 몫이 된다. 나아가서 그는
"시조의 唱은 시조의 作과는 딴 것"[56]이라고 말하면서, 근대시조가 고
시조와는 전혀 다른 생산조건에서 만들어져야 함을 강조한다.

　그렇다면 '창'에 선행하여, '창'과 무관하게 '만들어[作]'지는 것은
무엇인가? 그것은 다름 아닌 "감정의 의미"[57]이다. 이곳에서 그의 시조
론은 개인의 자유로운 감정의 표현을 근간으로 한 근대적 '시' 개념에
기초하여 전개되고 있다. 그의 시조론에서 시조는 노래에서 분리됨과
동시에 본질화된 민족 정서의 구현체이기를 그치고, '조선 근대문학'의
포괄적인 영역 안에서 개인의 감정을 의미화하는 하나의 시 형식으로
전화된다. 그러나 아직 '감정의 의미'만으로는 시도 시조도 성립되지
않는다. 그 의미와 일체가 될 수 있는 적절한 운율이 있어야 하기 때문

55) 이병기, 「시조와 그 연구」(1928), 『가람문선』, 신구문화사, 1966, 242쪽. 강조는
　　인용자.
56) 이병기, 위의 글, 256쪽.
57) 이병기, 위의 글, 245쪽.

206

이다. 당연하게도 이때의 운율은 '창'과는 전혀 관계가 없는 것이다.

　……운율은 시적 리듬이라야 합니다. 이것이 음악적 리듬과는 다릅
니다. 음악적 리듬은 소리 그것에만 감각이 있을 뿐이고, 시적 리듬은
시로 쓰인 언어 그것의 의미를 생각게 하는 것이라야 합니다. 그래서
시적 리듬과 음악적 리듬과는 마땅히 구분하여 보아야 합니다.58)

　시조에서 '노래'를 제거하고 그곳에 '시적 리듬'을 놓음으로써 이병
기는 시조를 과거의 형식적 정형율격으로부터 해방시켜 개인의 감정
을 담는 그릇으로 변형시키고자 하였다. 노래로서의 고시조가 작품에
선행하는 율격에 의해 지배되었다면, 근대시조는 작품을 통해서만 실
현되는 리듬, "자기의 독특한「리듬」"에 근거해야 함을 분명히 한 것이
다. 이렇게 하여 그는 시조를 지나간 시대에 고착된 양식으로부터 구
출하여 자유시의 시대에도 여전히 씌어질 수 있는 '문학'의 한 형식으
로 변형시키고자 하였으며, 시대를 초월해 민족의 본질적인 경험에 참
여할 수 있다는 민족주의적 자기 동일성의 신비화된 울타리로부터도
시조를 분리시키고자 하였다.59)
　비록 시조가 음수율에 입각한 정형성을 외적 형식으로 지니고 있을
지라도, 개인의 감정에서 출발하여 그 심정에 부합하는 율격을 찾아가
는 입장에서는 더 이상 엄격한 음수율을 준수하는 것만이 시조형식의

---

58) 이병기, 위의 글, 248~249쪽. 이병기가 이곳에서 제시한 '운율론'은 이후 '격
　조론'의 형태로 정리된다. "……오늘날부터는 음악으로 보는 시조보다도 문
　학으로—시가로 보는 시조로, 다시 말하면 부르는 시조보다도 짓는 시조, 읽
　는 시조로 하자는 것이다. 따라서 그 격조도 달라질 것이다."「시조는 혁신하
　자」(1932),『가람문선』, 325쪽 참조.
59) '이념적 경직성과 자기도취'에서 벗어나 전통을 대하는 이병기의 태도는 한
　연구자에 의해 '탈조선주의'로 명명된 바 있다. 황종연,「조선주의로부터의 이
　탈」,『국어국문학논문집』제13집, 동국대학교, 1986 참조.

전부라고 할 수 없었다. 그리하여 이병기는, 엇시조와 사설시조가 평시조만큼 '단형시'로서의 합리성을 갖고 있지 못함에도 불구하고 오히려 평시조로부터 발전된 점이 있음을 주목했다.[60] 개인의 감정의 요구에 따라, 그 감정의 의미에 부합하는 리듬에 따라 외적 형식은 어느 정도 변형될 수 있는 것이다. 이런 점에서 1930년대 말 이병기가 '연시조(聯詩調)' 형식에 대해 "시조의 역사성과 시조의 정형시적 가치를 무시한 공연한 功勞"[61]라며 비판하는 조윤제와 대립할 수 있었던 것도 이해할 수 있다.

이병기가 최남선을 비롯한 국민문학론자들과 달리 시조의 '국민문학'적 성격 중에서 '문학'의 측면을 중시하고 시조의 '시적' 혁신을 꾀할 수 있었던 것은 무엇보다도 그 자신이 직접 시조 형식을 연구하고 변형시키며 '작(作)'하는 입장에 서 있었기 때문이기도 하겠지만, 또한 그가 시조 한편 한편을 '작품'으로 이해하고 있었기 때문인 것으로 보인다. 그는 "종래의 노래들을 아무리 훌륭한 걸작이라 하드라도 그건 그 하나에 그칠 뿐이다. 그걸 천인만인이 그대로 모방하여 짓는 데도 아무 소용이 없다"[62]고 말한 바 있다. 그에게 시조, 또는 전통적인 문학 형식은 민족공동체의 본질과 직결되어 있는 어떤 이념적(이데올로기적) 존재가 아니라 그 자체 하나의 유일무이한 작품으로 경험된다. 하나하나의 작품은 그것이 다른 작품으로 대체될 수 없다는 의미에서, 그리고 하나의 작품이 그와 독립해 있는 다른 작품에 의해 완성될 수 없다는 의미에서 자기충족적인 것이다. 이병기가 전통 형식인 시조를 근대문학의 조건 위에서 부흥시키고자 했다면, 그것은 시조에 체현되어 있다는 '민족성'의 재확인이 아니라 작품의 생산을 통해서였다.

60) 이병기, 「시조와 그 연구」, 254쪽 참조.
61) 조윤제, 「시조의 본령」, 『人文評論』 1940. 2, 31쪽.
62) 이병기, 「조선 고전문학의 정수」, 『新東亞』 1935. 9, 4쪽.

5. 맺음말

1920년대 중반 최남선의 '시조부흥' 선언과 함께 이루어진 전통 시가 형식 재생을 둘러싼 논의는, 근대문학의 형성과정에서 전통적인 글쓰기 형식이 어떻게 (재)인식되는지, 그리고 근대문학의 조건 위에서 전통적 형식이 어떻게 재생될 수 있는지를 숙고하는 데 중요한 참조점을 제공해준다. 근대 세계에서 과거는 미래에 대한 비전에 따라 언제나 과소평가되거나 과대평가될 운명에 놓여 있지만, 식민지 조선에서 그 진폭은 더욱 컸던 것으로 보인다. 시조는 초기 신문학 담당자들에 의해 부정되어야 할 과거의 지표가 되었으나 최남선의 선언 이후에는 민족의 생활 · 감정 · 사상의 본질에 닿아 있는 유산으로 평가되었다.

사실 시조의 부흥이 '국민문학 건설'의 대의 아래에서 외쳐질 수 있기 위해서는 일국문학사의 자명성을 내포한 근대문학 개념이 전제되어야 했지만, 동시에 시조부흥론은 당시 신문학 담당층들이 근대문학의 근대성을 추상적으로 이해한 채 지향하고 있었음을 드러내주기도 한다. 추상적인 근대지향과 추상적인 과거인식은 맞물려 있다. 신문학 담당층들이 서구적 근대문학을 도달해야 할 이상으로서 설정하고 그것을 추구하게 만들었던 욕망과 연동(連動)하는 동력 중의 하나는 중국의 지배하에 있었던 과거를 부정하는 힘이었다. 따라서 '탈중국' 또는 '중국 이전'의 다른 과거를 확인하고 동일시하게 되자 근대문학 추구의 욕망에 내재해 있던 긴장감도 사라지게 되었다. 따라서 '낯선 새로움'으로서의 근대문학이라는, 과거와 근본적으로 달라진 조건에 대한 의식이 현저하게 약화될 수 있었던 것이다. 최남선의 시조부흥론은 본질주의적인 자기동일성의 담론을 재생산하고 그 담론의 발화를 가능하게 한 조건을 은폐시켰다는 점에서, 정작 과거의 형식이 재생될 수 있는 가능성에 대한 논의 자체를 닫아버렸다고 하겠다.

　이에 반해 근대시가 씌어지고 있는 조건을 줄곧 의식하면서 시조를 탐구한 이병기의 경우는, 과거의 문학 형식이 어떻게 근대문학으로 존속될 수 있는지를 보여준 한 사례로 평가할 수 있을 것이다. 그는 동일한 형식이 그 생산 조건의 변화에 따라 질적으로 변형된다는 것을 유념하면서, 전통 형식을 그 기원에로 환원하지 않으려 애썼던 것으로 보인다. 비록 그 기원이 '노래'에 있다 할지라도, 근본적으로 소통의 관계와 수단이 달라진 근대에서 시조는 '근대시'로서가 아니면 재생될 수 없음을 분명히 하고 있다. 그가 직접 창작한 시조의 성공 여부를 떠나, 근대문학의 조건을 자각하고 그 조건 위에서 과거를 대면하고 있음을 자각할 때에만 전통 형식을 근대문학의 제도적 틀과 생산적으로 충돌시킬 수 있음을 일깨워주고 있다는 점에서, 그의 시조론은 문학에 있어서의 '전통/근대', '지역성/세계성'의 문제를 사고하는 데 중요한 시사를 준다. 시조를 본질화된 민족 형식으로부터 벗어나게 하고자 한 그의 시도는, 이후 1930년대 말 '반근대'의 맥락에서, 이상화된 노스탤지어 없이 과거와 만나고자 하는 지향으로 이어진다.

이광수의 『단종애사』와 문화적 기억의 구조

Michael D. Shin[*]

제목에 이끌려 이광수의 『사랑』을 읽고나서 같은 작가의 『단종애사』
를 읽었다. 박화성의 『백화』도 읽고, 최서해의 『탈출기』도 읽었다. 제
목은 잊어버렸지만 강경애의 단편도 읽었다. 『단종애사』와 강경애의
단편에 가장 큰 충격을 받았다. 『단종애사』를 읽고는 잠을 못 잤고
……『단종애사』는 소설이지만 나는 고스란히 사실로 받아들였고, 우
리 역사를 좀 더 깊이 계통적으로 알고 싶다는 관심의 단서가 되었
다.[1]

死六臣의 묘분에는 꽃한가지 꼬치고 香한줄기 푸히는 일이 업다 한
다. 嗚呼 이 얼마나 墮落되얏느냐. 朝鮮人의 異性이여.
筆者는 某先輩가 六臣墓에 參拜한 談話를 듣고 어느 機會에 參拜
를 가썻다.……參拜를 맛치고 地域內最高處에 達하야 四方을 眺望하
니……다시 눈을 드러 漢陽城中을 바라보니 朱欄畵閣과 窮蔀殘屋이
점차 그 形迹을 감초고 七層八層의 西洋式家屋으로 變更되야서 우리
의 漢陽도 所謂 近代式都市化하고 잇다. 아 이것이 建設인디 破壞인
디 참으로 感慨無量이다.[2]

---

* Cornell University 교수, 한국학
1) 박완서, 『그 많던 싱아는 누가 다 먹었을까』, 서울 : 웅진출판사, 1992, 180∼
   181쪽.
2) 권영희, 「死六臣墓와 諺文」, 『正音』 20, 1937, 37쪽.

1. 머리말

1930년대는 조선이 "과거에 대한 집착에 압도당한" 것처럼 보이는 시기이다.[3] 잡지와 신문들은 역사소설들과 지방민속문화에 대한 소개서를 출간하였다. 이러한 잡지와 신문들은 대개 공식적·학술적인 역사학에서 다루어지지 않은 내용에 초점을 맞추는 경향을 보였다. 1930년대에 동아일보가 이순신 장군의 묘를 복원하고자 노력을 기울이는 것을 시작으로 하여, 지식인들은 문화유산 보존운동을 벌였다. 과거에 대한 지식의 축적은 역사의식의 과잉을 낳았다. 이러한 축적의 동기가 된 것은 민속문화에 대한 관심이었다. 1935년대의 한 신문기사는 이러한 사실을 관찰하여 다음과 같이 보도하였다.

> 이는 물론 學究方面에 오로지 헌신하는 학자들, 전문가들이 날로 늘어가고 만허가는 데도 그 원인이 잇겟지마는 한편으로는 조선의 古典을 차저보랴는 학구적 양심을 가진 學徒들이며 한글의 문헌에서 우리의 「넋」과 「얼」, 모든 특색이며, 자랑이며, 모든 문화적 유산을 알어 보자는 학생들 내지 일반 민중의 심리현상의 發現이라고 하겟다.[4]

이러한 활동들은 일상의 공간 안에 비근대적인 것들을 고정시키고자 하는 노력을 보여주는 것이다.

과거에 대한 집착은, 부분적으로, 식민지의 역사에 행해진 폭력에 대한 반동이었다. 식민주의는 한편으로 전형적인 지배형태를 강화하였고, 식민지의 역사발전을 저지시켰다. 그러한 결과로 생긴 모순의 극대화는 사회를 관통하고, 피식민자들이 실질적인 행동에 관여할 수 있는

---

3) Henri Lefebvre, *Introduction to Modernity* translated by John Moore (London and New York : Verso, 1995), 224쪽.

4) 「書籍市場調查記」, 『三千里』 7권 9호, 1935.

여지를 박탈하였다.[5] 다른 한편으로, 식민주의는 기존의 지식체계를
훼손하여 과거와 현재를 일관된 경험으로 연결시키기 어렵게 만드는
일종의 지식폭력이기도 하였다. 식민주의 지식인들의 임무 가운데 하
나는, 새로운 형태의 지적 관행과 역사서술방식을 만들어서, 식민지인
들이 특정한 형태의 행동과 사회성을 습득하게끔 하는 것이었다.

1930년대에 가장 유행한 문학 장르는 역사소설이었다. 사실, 문학비
평가인 박영희가 말했듯이, 역사문학은 "근대문학을 침체로부터 끌어
내기 위한 노력의 일환으로 이루어진 것"이었다.[6] 역사소설의 유행은
서적시장의 성장과 조선 전통에 대한 관심이라는 두 가지 사회동향이
교차하면서 이루어진 것이었다. 서적시장은 점차 사회가 상업화됨에
따라 성장하기 시작하였다. 시장이라는 시대성이 일상을 지배하게 시
작하면서, 작가들은 자신들의 시대적 경험을 서술하는 또 다른 방식으
로서 역사소설을 사용하였다. 역사소설을 일종의 도피주의의 형태로
보고자 하는 시도는 많이 있어 왔다. 김동인도 역시 그런 이들 가운데
하나다. 반면, 박영희는 역사소설이 당시 서술에 대한 제한을 극복하기
위한 시도로서 일종의 풍유법이라고 생각하였다.[7] 그들은 "역사적인
사실들을 통해 근대의식을 표출하고, 근대적인 정서를 암시하고자" 하
였다.[8] 다른 말로 하면, 역사소설은 식민지 지배 하에서 일상의 경험을

---

5) Albert Memmi의 표현에 따르면 "식민지화된 사회는 새 구조를 창조하기 위한
   상호역동성이 더 이상 존재하지 않는 병든 사회다. 한 세기가 지나도록 굳어
   진 식민지의 얼굴은, 마치 그 뒤로 서서히 숨 막혀 죽어가게끔 하는 가면과
   다를 바 없다. 이러한 사회는, 전환할 수 없기 때문에 세대갈등을 해소할 수
   없다."고 하였다(*The Colonizer and the Colonized* (Boston : Beacon Press, 1967), 98~
   99쪽).

6) 박영희, 「현대조선문학사」, 『박영희 전집』 2 ; 『이동휘와 노상래』, 경산 : 영남
   대학교 출판부, 1997, 550쪽.

7) 「문학문제토론회」, 『三千里』 1934. 7 ; 천정환, 『근대의 책 읽기 : 독자의 탄생
   과 한국 근대문학』, 서울 : 푸른역사, 2003, 305~306쪽.

214

표현하고, 이를 구조화 할 수 있게 도왔다는 것이다.

역사소설의 등장은, 또한 3·1운동 이후 역사의식의 변화라는 맥락에서도 이해되어야 한다. 첫째로, 이 운동의 주요한 결과 중 하나는 역사를 대중의 경험으로 만들었다는 것이다. 이것은 갑오농민전쟁에서도 나타난 것이었지만 3·1운동의 경우 더욱 두드러지게 나타났는데, 이는 그간의 신문과 인쇄 자본주의(print capitalism)의 성장을 반영하는 것이다. 대중들은 그들이 공적인 역사경험을 공유하고 있다고 느꼈을 뿐 아니라, 자신들이 역사의 주체로서 등장하고 있다는 것을 인식하기 시작하였다. 역사의 대중경험이라는 이러한 변화를 통해 집중적으로 다루어진 담론의 카테고리는 물론 '민족'이었다. 이러한 역사의식의 변화는, 근대적인 사료편찬집이나 역사소설과 같이, 민족에 대한 다양한 형태의 서술을 낳았다.

둘째로, 1919년 이후 일본이 한국에 대한 농업정책을 강화함에 따라 시장주도형 생산의 범위가 확장되었고, 생활에서 일용품이 차지하는 비중이 커짐에 따라서 사람들은 지속적으로 변화하는 현재에 대해 자각능력을 상실하게 되는 시대적인 경험을 하게 되었다. 문화기억을 구성하는 것은 이러한 강화에 대한 반동으로서, 자본주의에 내재한 모순을 심화시키고 이를 통해 현재의 경험을 조직하는 능력을 훼손시키는, 한국 식민지 근대화 정책에 대한 반동으로 볼 수 있다.

셋째로, 과거는 식민지배자와 식민지인 사이에 또 하나의 갈등의 장이 되었다. 1920년대에 총독부는 한국사의 서술을 통제하기 위해 한국통사를 쓰는 작업을 시작하였다. 식민지배자들이 역사분야에 있어 더 많은 통제권을 쥐게 됨에 따라, 식민지인들이 세운 전략 가운데 하나는 문화기억을 구성하는 것이었다. 근대 민속학을 습득한 식민지인들

8) 박영희, 「現代朝鮮文學史」, 『박영희 전집(Ⅱ)』, 영남대학교 출판부, 1997, 550~551쪽.

은 한국문화의 영속성을 발견하고자 하는 노력의 일환으로, 민속문화
와 전통에 관해 연구하였다. 이것만큼은 식민지배자들의 손이 닿지 않
는 주관적인 경험의 영역이라고 보았으므로, 그들은 저항을 동원할 수
있는 문화기억을 창조하려고 시도하였다. 그들은 문화기억을 보존하는
것을, 민족정체성의 유지를 위하여 필수적인 단계라고 여겼다. 문화기
억에 대한 관심은 일본 식민주의뿐 아니라 1919년 이후 강화된 근대화
그 자체에 대한 반동으로서도 일어난 것이었다. 영속적인 과거에 대한
연구 뒤의 또 다른 목적은, 특히 도시생활로 구체화되는 상업문화의
횡포로부터 보호와 안식을 얻을 수 있는 영역을 사람들에게 제공하기
위한 것이었다.

현재까지 역사소설가로 제일 유명한 이는 이광수이다.[9] 1930년대 그
의 역사소설들은 『무정』과 같은 이광수의 이전 소설들의 재판본들보
다도 훨씬 더 유명했다. 이광수의 역사소설에 대한 학술연구가 거의
없다는 것은 놀라운 일이다. 그의 선구적 역할의 중요성을 생각할 때
도 그렇지만, 그가 쓴 역사소설들의 엄청난 분량을 생각할 때도 그렇
다. 그의 장편소설 가운데 보기 드물 정도로 많은 작품들이 역사소설
이다.[10] 이광수는 그의 문학활동의 초기부터 역사소설을 쓰는 데 관심
이 많았다. 그는 나중에 밝히기를, 1910년경에 자신은 민족역사학자 최
남선과 조선통사를 5부로 나누어 소설로 쓰려는 계획을 가지고 있었다
고 하였다.[11] 그러나 실제로 이 소설들을 쓰기 시작했을 때, 그가 선택
한 주제는 당시 민족주의 사학자들이 강조하는 것과는 다른 방향의 것
이었다. 당시 동아일보의 사장이었던 송진우는 주필이었던 이광수에게

9) 천정환, 앞의 글, 304쪽.
10) 문학비평가 강영주는 식민지 시기의 대부분의 중요한 작가들이 이와 비슷했
    다고 말한다.
11) 이광수, 「'단종애사'와 '유정'」, 『이광수전집』 19, 서울 : 삼중당, 348~349쪽.

춘향전, 세종대왕, 이순신에 대한 소설을 써 달라고 부탁하였지만, 그는 춘향전과 이순신에 대해 썼을 뿐, 세종대왕에 대해서는 쓰지 않았다.

이광수가 수많은 역사소설을 썼음에도 불구하고, 이에 대한 연구는 상대적으로 적은 편이다. 이광수의 역사소설이, 그가 쓴 다른 소설들에 비해서 상대적으로 문학적 우수성이 떨어진다는 것이 일반적인 견해인 것 같다. 한 예로, 김윤식의『이광수와 그의 시대』에서는 그의 역사소설에 대해서는 훨씬 적은 관심을 보이고 있다.[12] 그러나 몇몇 그의 단편들은 그에 비해 좀 더 나은 평가를 받고 있다. 1936년에『삼천리』에서 조사한 설문조사에서, 작가들에게 어떤 작품이 영어나 에스페란토로 번역되는 게 좋을지 질문했을 때, 양주동은 '춘원의 역사소설 중 두세 개'를 추천하였다.[13] 나는 문학적인 관심에서 뿐 아니라, 현재와의 연관성을 갖는다는 점에서 이 작품들을 분석해 보고자 한다.

이광수는 1920년대 초반부터 역사소설을 쓰기 시작했다. 그의 첫 장편소설은『마의태자』로, 1926년에서 1927년에 걸쳐 동아일보에 연재되었다. 그가 역사에 대한 기억을 강조한다는 사실은 그의 소설에 사용되는 소재에 있어서 매우 명백하게 드러난다. 그는 순수하게 역사적으로 중요한 소재보다는 민속학에 관련된 소재를 골랐다. 일반적으로 그의 소설들은 크게 두 가지로 분류할 수 있다. 하나는 한자로 씌어진 오래된 고전을 소설화하는 것인데,『삼국유사』가 바로 그러한 예이다. 다른 하나는, 일설『춘향전』등 민속설화에 기반을 둔 소설이다. 물론 그의 몇몇 역사소설은 이 두 가지가 합쳐진 형태인데,『단종애사』가 바로 그러한 소설이다. 역사소설에 대한 그의 지속적인 관심은, 유교가

---

12) 김윤식,『이광수와 그의 시대』, 솔 출판사, 1999.
13) 「英語 又는 에쓰語로 번역하야 해외에 보내고 십혼 우리 작품」,『三千里』8권 제2호, 1936. 2.

들어오기 이전에 존재했던 조선의 본질을 회복하고자 하는 데서 비롯된 것이다. 이러한 본질은 '공식적인' 역사에 의해서 모호해졌지만, 그 흔적은 전근대의 서술에 남아 있었다. 그가 3 · 1운동 이후 서울의 도시생활과 그 타락을 비판하는『재생』(1925~1926)을 쓰고, 그 이후 진지하게 역사소설을 쓰기 시작했다는 것은 우연이 아니다.

그가 쓴 대부분의 역사소설들은 베스트셀러였지만, 그 중에서도 다른 것들이 비해 특히, 시간이 흐름에 따라서 반향을 일으키는 소설들이 있는데, 그것이 바로 그의 두 번째 장편소설『단종애사(端宗哀史)』였다. 이는 1928년에서 1929년에 걸쳐 동아일보에 연재되었다. 1928년은 역사소설의 발전에 있어서 중요한 해였는데, 그것은 스타일이 완전히 다른 두 개의 역사소설,『단종애사』와 홍명희의『임꺽정』이 각기 연재되기 시작한 해이기 때문이다. 1930년대에는 단종과 사육신(死六臣)에 대한 관심이 쇄도했다. 신문과 잡지에서는 단종과 사육신에 대한 기사가 많이 등장하였다. 김동인은 1941년 같은 주제로『수양대군』이라는 소설을 썼고, 이광수는 1940년『단종애사』의 속편으로서『세조대왕』을 썼다. 이 장의 목적은『단종애사』를 읽음으로써 문화기억이 구성되는 것을 분석하고, 이를 통해 '기억의 문화사'로의 첫 발자국을 내딛는 것이다.[14] 나는 근대의 조선인들의 경험을 압축시킨 한(恨)에 대한 언급을 살펴봄으로써, 한이 어떻게 민족정체성의 본질이 억압되었던 과거에 대입되고 있는지를 밝히고자 한다.

이하에서는 4개의 장으로 나누어 서술하겠다. 2장에서는 이광수의 역사소설에 대한 기존의 연구를 개략적으로 검토할 것이고, 게오르그 루카치의『역사소설론』에 기반하여 역사소설에 관한 이론을 정리할 것이다. 3장에서는 이광수의 한국사관을 다룰 것이다. 4장에서는 역사

---

14) Harry Harootunian, *History's Disquiet : Memory, Cultural Practice, and the Question of Everyday Life* (New York : Columbia University Press, 2000), 20쪽.

소설과 민속학과의 관계를 고찰할 것이고, 5장에서는 『단종애사』를 분석하고자 한다. 나는 이 연구가 '기억의 문화사'의 첫 걸음이 되기를 기대한다.[15] 그리고 연구의 초점은, 문화기억에 관련된 감정의 구성을 검토하는 것에 한정하고자 한다.

2. 기존의 연구와 역사소설에 대한 이론

이광수의 역사소설에 관해서는 연구가 상대적으로 적은 편이기는 하지만, 이에 대한 몇몇 중요한 연구가 있다. 가장 잘 알려진 연구는 강영주의 『한국역사소설의 재인식』이다. 또 김윤식과 백낙청의 몇몇 논문들이 있고, 김동인의 『춘원 이광수』가 있다. 이광수의 역사소설에 대한 일반적인 견해는 이 소설들이 그의 다른 소설들에 비하여 우수성이 떨어진다는 것, 자신의 정치적인 입장을 강조하기 위해 쓰였다는 것, 그리고 무엇보다, 진정한 역사의식이 부족하다는 것이다.

백낙청과 조동일은 이광수의 역사소설을, 그의 다른 작품들만 못하다고 평가하였다. 조동일은 이 역사소설들이 토속소설의 수준에 머무르고 있다고 하였다. 강영주는 이광수의 역사소설의 수준이 낮다고 하지는 않았지만, 이 작품들이 20세기 초반의 전기문학에 비해 별로 나을 것이 없다고 하였다. 사실상 거의 대부분의 학자들은, 그가 식민지배로부터의 독립보다 근대화된 지식인을 양성하고 국가적인 요소를 발전시키는 것을 더 우선시하는 그 자신의 정치계획, '국가재조'를 위해서 그 자신의 역사소설을 은유적으로 사용하고 있다는 것에 동의하고 있다. 따라서 김윤식은 그의 작품들을 '이데올로기적 역사서술'이라

---

15) Harry Harootunian, *History's Disquiet : Modernity, Cultural Practice, and the Question of Everyday Life* (New York : Columbia University Press, 2000), 20쪽.

고 분류하였다.16)

아마도 이광수의 역사소설에 대해 제일 중요한 비판은, 그의 역사소설에 역사의식이 결여되어 있다는 점일 것이다. 김동인은 『춘원연구』에서, 『단종애사』에서 역사적 사실과 다른 것들을 구체적인 리스트로 만들어 지적하고 있다. 백낙청은 전반적으로 이 소설이 그저 단종의 생에 있었던 사건들의 기록일 뿐이라는 김동인의 의견에 동의하고 있다. 그러나 많은 학술비평에서, 이광수의 역사적 상상력이 부족하다는 것과, 세부사항에 대해 주의를 기울이지 않았다는 것 이상을 지적하였다. 그의 소설들이 엘리트와 궁중음모에 주목하고 있는 만큼, 역사적인 힘이 일반민들의 삶에 미치는 영향력을 보여주는 데 실패했다는 것이다. 강영주는, 조선시기에 대한 그의 부정적인 견해는 일본 학자들이 식민지배를 정당화하기 위해 만들어낸 정체성론과 사실상 다르지 않다고 하였다. 게다가, 독자를 계몽하기 위한 수단으로써 역사를 이용하는 것은, 역사왜곡으로 이어졌다고 하였다.17)

많은 학자들은 이광수의 역사소설을 분석할 때, 게오르그 루카치의 『역사소설론』을 기반으로 한다. 그들은 특히 이광수의 역사소설이 게오르그 루카치가 '역사서술의 고전적인 형태'라고 부르는 것과 크게 다르다는 것을 강조한다. '고전적인' 역사서술은 프랑스혁명과 나폴레옹전쟁 이후에 등장하였으며, 월터 스콧 경의 작품에 잘 나타나 있다.

---

16) 백낙청, 「역사소설과 역사의식」, 『한국근대문학사론』, 서울 : 한길사, 1982, 99쪽 ; 조동일, 『한국문학통사』 5, 서울 : 지식산업사, 1994, 309~313쪽 ; 강영주, 『한국 역사소설의 재인식』, 서울 : 창작과 비평사, 1991, 52~55쪽 ; 김윤식, 「역사소설의 4가지 유형」, 『한국 근대소설사연구』, 서울 : 을유문화사, 1986, 412~413쪽. 이 연구의 더 짧은 원본은 『소설문학』 11권 6호(1985. 6)에 나와 있다.

17) 김동인, 「춘원연구」, 『김동인전집』 16, 서울 : 조선일보사, 1988 ; 김윤식, 위의 글, 102~104쪽 ; 조동일, 위의 책, 313쪽 ; 강영주, 위의 책, 52~53쪽.

이러한 고전적 역사소설의 주된 특징은, 주인공이 유명한 역사적 인물이 아니라 '평범하고 무미건조한 영웅'이라는 것이다. 주인공은 오로지 '외부에서 벌어지는 주요사건들과 연관성을 갖는' 역할만 할 뿐이다. '역사적 위인들'은 역사상 필요한 순간에만 잠깐 등장하는 주변인물이다. 소설이 전개됨에 따라, 주인공들은 사회적 동향과 역사적인 힘을 대표하는 유명한 역사적 인물들과 마주치게 된다. 이러한 등장인물들을 통해서 스콧은 역사를 움직여가는 갈등의 완전성을 그릴 수 있었던 것이다. 흥미롭게도, 루카치는 역사적 갈등에 대한 사실적인 묘사를 위한 스콧의 노력이, 그의 계층적 관점의 한계를 뛰어넘어서 '어떤 역사적 무대의 전환의 완전성'을 제시하였다고 하였다.[18]

강영주나 백낙청, 김윤식과 같은 학자들은 이광수의 역사소설이 그러한 고전적인 형태에서 벗어나 있다고 비판하였다.[19] 무엇보다, 그의 소설들은 왕과 같은 중요한 역사적인 인물들이 그 중심에 놓여있기 때문에, 역사적 동력에 대해 제한된 묘사밖에 하지 못한다고 하였다. 이러한 비평은, 이광수가 자신의 계층적 시야의 한계를 뛰어넘지 못했다는 평가를 함의하고 있다.

이광수의 소설들이 '고전적인 유형의 역사소설'에 해당되지 않는다는 것은 부인할 수 없지만, 이러한 대조는 이광수의 소설을 이해하는 데 그다지 유용하지 않다. 이들은 또한 루카치의 분석을 십분 활용하지 않는다. 이광수의 소설들은 루카치가 『역사소설론』의 3장에서 논의한 역사소설의 유형으로, 루카치가 역사소설의 '새 유형'이라고 부르는 것에 가까운 형태를 취하고 있다.[20] 이것은 1848년의 혁명 이후에 역

---

18) Georg Lukacs, *The Historical Novel* (Lincoln and London : University of Nebraska Press, 1983), 34~38, 45쪽.

19) 백낙청, 앞의 글, 105~106쪽 ; 강영주, 앞의 책, 51쪽.

20) 김윤식은 루카치가 분석한 것 외에도 다른 유형의 역사소설들도 논하고 있다는 점에서 다른 연구자들과 다르다.

사의 개념이 전환함에 따라 나타난 새로운 유형의 소설이다. 한국의 문학비평가들은 오로지 고전적인 유형에만 초점을 맞춤으로서 3·1운동과 프랑스혁명의 역사적 의미를 암묵적으로 동일시하였다. 그러나 실패한 운동이라는 점, 그리고 자본주의의 발전단계에서 훨씬 뒤쪽에서 일어났다는 점에서 3·1운동은 오히려 1848년의 혁명의 성격에 가깝다.

'새로운 유형'의 역사소설에서는, 주인공이 대개 중요한 역사적 인물이다. 그러나 주인공들은 기본적으로 외롭고, 화려함과는 거리가 있는 삶을 살고 있다. 역사는 그저 '순수하게 사적인 사건들'이 되고, 개인의 주관적인 경험에 관한 것이 된다.─루카치는 이것을 '사적으로 만들기'라고 불렀다. 또한 '역사적 인물들'의 위대한 면들 대신에, 폭력적인 장면 등이 들어가며 잔인성이 강조된다.[21] 역사소설에 있어서의 이러한 변화는, 현실의 가혹함을 겪으면서 더 이상 역사를 과정으로서 보지 않는 역사개념으로부터 영향을 받은 것이다.

나는 다음 장부터 이광수의 『단종애사』가 어떻게 이러한 역사소설의 형태를 취하고 있는지를 논하고자 한다. 그러나 루카치의 분류 역시 이광수의 역사소설이 문화기억의 구성에 어떻게 기여하였는지를 이해하기 위한 하나의 보조적인 수단으로 사용될 뿐이다. 즉, 루카치의 역사소설 분류도 역사소설과 근대라는 시대적 경험과의 관계를 충분히 설명해주지는 못한다는 것이다. 루카치가 대중경험으로서의 역사를 분석한 것은 탁월하지만, 이것은 자본주의 아래에서 경험이 가속되는 것을 설명해주지 못한다. 『역사소설론』이 나온 이후에 출간된, 근대의 시대성에 관한 이론적인 연구들을 통해 루카치의 틀을 보충하는 것이 필요하다.[22]

---

21) Georg Lukacs, *The Historical Novel* (Lincoln : University of Nebraska Press, 1962), 190, 193~194, 199~200, 222~223, 228쪽.

3. 이광수의 한국사관

이광수는 그 문학경력의 초창기부터 역사소설을 쓰는 것에 관심을 갖고 있었다. 나중에 그는 밝히기를, 1910년대에 민족역사학자 최남선과 한국통사를 총 5부로 나누어 역사소설로 쓰자고 논의한 적이 있었다고 하였다.[23] 그러나 실제로 그가 이러한 소설들을 쓰기 시작했을 때, 소설의 주제들은 민족주의 사학자들이 강조하는 것과는 조금 다른 방향으로 나아갔다. 위에 언급한 것과 같이 이광수의 역사소설들은 두 가지의 유형으로 나누어 볼 수 있다. 첫 번째 유형은 한자로 쓰인 고전에서 따온 내용을 소설화하는 것이라면, 두 번째의 유형은 민간설화와 구전설화에 기반한 소설들이다.

이광수가 선택한 주제를 살펴보면, 그가 역사의 발전상을 밝히는 것보다 문화기억을 구성하는 데 더 관심이 있었다는 것을 알 수 있다. 그는 상대적으로 공식적인 역사서술에서 배제된 과거의 면들에 주목하였다. 시기적으로 대부분의 그의 소설들은 삼국시대나 조선시기를 배경으로 하고 있다. 이 두 시기는, 한국사에서의 최고점과 최저점을 대표한다. 그에게 조선시기는 최저점이고, 삼국시대는 최고점 가운데 하나였다. 그는 과거를 탐색하여 외세에 의해 오염되지 않은, 잃어버린 한국의 정체성을 찾고자 하였다. 이광수는 조선시기를 일본에 합병됨으로써 그 정체성을 잃게 한 쇠락의 시기로 보고 있다. 쇠락의 가장 큰 이유는 유교의 도입과 그 제도화였다. 1910년대에 유교는 종종 그가

---

22) 이러한 예로는, Paul Connerton, *How Societies Remember* (Cambridge : Cambridge University Press, 1999) ; Jurgen Habermas, *The Philosophical Discourse of Modernity* (Cambridge : The MIT Press, 1990) ; Reinhart Koselleck, *Futures Past : On the Semantics of Historidal Time* (New York : Columbia University Press, 2004).

23) 이광수, 「'단종애사'와 '유정'」, 『이광수전집』 19, 348~349쪽. 원본은 『三千里』 1940. 10.에 나와 있다.

통렬하게 비판하는 대상 가운데 하나였다. 그러나 그는 유교 그 자체
를 비난하는 것이 아니라, 조선에서 행해진 유교의 행태에 대해서만
비판하였다. 이를 가장 체계적으로 비판한 것은 1918년에 쓴 그의 미
완성 논문, 「신생활론」에서였다.[24] 이 논문은 매일신보에 연재되었는
데, 그는 두 가지 면에서 유교를 비판하였다. 하나는 그 교육체계였고,
다른 하나는 가족체계였다. 유교는 종교적인 의식을 지나치게 강조함
으로써, 개개인의 자유를 억압하고, 삶 그 자체와의 필수적인 연결고리
를 상실했다고 하였다. 그는 이 두 가지 면이 조선을 정치적으로 붕괴
시키고, 경제적으로 정체성에 빠지게 한 근본적인 원인이 되었다고 하
였다. 그에게 있어 유교는 외국으로부터 전래되어, 조선에 짐을 지움으
로써 조선의 발전을 저해한 것이었으며, 유교가 "조선 고유의 사상을
몰아내고 조선어를 억압했다"고 여겼다.[25] 그러므로 근대화를 위해 극
복해야 할 것들 중에 하나는 조선의 과거였던 것이다.

이광수는 조선시기에 대한 이러한 시각을 가지고, 잃어버린 한국의
정체성을 찾기 위해 조선 이전의 시기, 즉 유교가 전래되기 이전의 시
기로 시선을 돌렸다. 그는 "조선인들의 황금시기"는 삼국시대라고 생
각하였다.[26] 그러나 신채호와 같은 민족주의 사학자들이 고구려에 주
목했던 것과 달리, 그는 신라를 한국사에서 가장 번영했던 시점이라고
정의하고, 이두문자 체계나 경주의 불국사와 같은 문화적 성과물을 들
어 자신의 주장을 뒷받침하였다.[27] 그는 조선의 예술과 문학을 되살리
기 위해서는, 고려시기로 전환되면서 사라진 삼국시대의 성과물을 재
발견하는 것이 필수적이라고 생각하였다. "四千年間 싸하내려오던 寶

---

24) 이광수, 「신생활론」, 『이광수전집』 17, 서울 : 삼중당, 1962.
25) 이광수, 「조선민족론」, 『이광수전집』 17, 330쪽.
26) 이광수, 「우리의 이상」, 『학지광』 14, 1917. 11, 2쪽.
27) 춘원(이광수), 「부활의 서광」, 『청춘』 12, 1918. 3, 21쪽.

庫를 삼국시절에 暫間 열엇다 하더라도 이제 다시 열니는 날에 엇더한
驚異할 보물이 출현될는지 모릅니다."[28]

삼국시대에 나타났던 이러한 '보물' 가운데는 『삼국유사(三國遺事)』
(13세기)와 『삼국사기(三國史記)』(12세기)』가 있었다. 이 두 책은 비록
한자로 쓰이기는 했지만, 그는 이 기록에 남아있는 이야기들이 순수한
한국 정체성의 흔적이라고 믿었다. 그는 이러한 이야기들을 자국어로
다시 서술함으로써, 현재에 되살리고자 문학적인 노력을 기울였는데,
1923년에 썼던 단편소설 『가실』이 바로 그러한 예이다.

4. 『단종애사』의 문화적 의미

이광수는 문화기억을 구성하기 위하여, 민속의 기억을 되살리는 역
사소설을 썼다. 따라서 그가 선택하는 소재는 종종 그의 민속학적인
흥미에 의해 결정되었다. 문학활동을 하는 동안, 그는 민간풍습을 배우
기 위해 국내를 두루 돌아다녔고, 최남선 등의 민속학자들과 친밀한
교우관계를 맺고 있었다. 그의 일반적인 전략은 각 지방의 민간신앙과
구전설화를 채집하여 이를 소설화함으로써 이를 '민족의 것'으로 만드
는 것이었다. 그는 이순신에 대해 소설을 썼는데, 여행을 통해서 조선
시기의 인물 가운데 당시까지 사당이 남아있는 것은 사실상 이순신 한
명이라는 것을 발견하였다.[29]

이광수는 왜 단종과 사육신에 대해 역사소설을 쓰기로 결정했을까.
다시 말하자면, 그는 단종 이야기의 어떤 부분이 독자의 공감을 살 수
있을 것이라고 생각했을까.

---

28) 이광수, 「우리의 이상」, 5쪽 ; 「부활의 서광」, 23쪽.
29) 이광수, 「조선민족론」, 331쪽.

이 질문에 대답하기 위해서는, 먼저 1930년대에 단종이 어떤 의미를 가지고 있었는지 검토해 보아야 한다. 앞서 언급한 단종에 관한 소설들과 책 외에도, 여러 신문기사와 잡지에서 단종과 사육신에 관한 내용을 다루었다. 이를 잘 보여주는 사례는 『정음』이라는 잡지의 편집자이자 발행자였던 권영희가 쓴 기사이다.

死六臣의 묘분에는 꼿한가지 꼬치고 香한줄기 푸히는 일이 업다 한다. 嗚呼 이 얼마나 墮落되얏느냐. 朝鮮人의 異性이여.

筆者는 某先輩가 六臣墓에 參拜한 談話를 듣고 어느 機會에 參拜를 가썻다.……參拜를 맛치고 地域內最高處에 達하야 四方을 眺望하니……다시 눈을 드러 漢陽城中을 바라보니 朱欄畫閣과 窮蔀殘屋이 점차 그 形迹을 감초고 七層八層의 西洋式家屋으로 變更되야서 우리의 漢陽도 所謂 近代式都市化하고 잇다. 아 이것이 建設인디 破壞인디 참으로 感慨無量이다.[30]

권영희는 근대화가, 현존하는 문화유산의 틀, 말하자면 '전통'을 붕괴시키고 있다는 사실을 한탄하고 있다. 그가 사육신에 관심을 갖는 것은, 전통과의 연계를 복구시키기 위해서이다. 그 후, 사육신을 세종대왕의 통치기간에 이루어진 한글창제와 연결시키고 있다. 이러한 구절은 문화기억이 현재의 경험을 뒷받침하기 위해 어떻게 사용되는지를 보여주는 명백한 사례이다.

또 하나의 사례는, 드라마 작가 현철에게서 찾아볼 수 있는데 그는 위에서 언급한 것과 같은 노력의 일환으로서 '가담(歌談)'이라는 새로운 형태의 드라마를 만들었다. 그의 목적은 노래의 전통적인 양식과 서구적인 양식을 융합하여, 대중에게 호소할 수 있는 무언가를 만들어

---

30) 권영희, 「사육신묘와 언문」, 『정음』 20, 1937. 9, 37쪽.

226

내는 것이었다. 그의 동기는 영화나 근대적인 극장, 라디오 등이 아직도 '한국화'되지 않았다는 사실에서 비롯되었다.[31] 가담의 첫 번째 작품이 단종에 대한 것이라는 것, 그 중에서도 영월로 도피하는 부분이라는 사실은 매우 중요한 의미를 갖는다. 여기서 우리는 다시 단종과 사육신과의 긴밀성을 발견할 수 있다. 단종은 사람들의 진정한 목소리, 문자 그대로 발굴되어야 하는 목소리를 상징하는 인물로 여겨지고 있는 것이다.

민간의 기억 속에 내재되어 있는 단종의 의미를 이해하기 위해서는, 이 이야기의 원전을 검토하는 것 역시 매우 중요하다. 이 소설에 사용된 원전은 크게 두 가지로 나눌 수 있는데 (1) 고전소설과 기록들, (2) 민간의 속설이다. 김동인은 이 소설의 주된 자료가 남효온의 『육신전(六臣傳)』이라고 하였다.[32] 그러나 연재과정에서 이광수는 어떤 독자에게 임백호의 『원호몽유록』의 사본을 보내달라고 요청하였고, 독자들에게 사육신·생육신이나 단종에 대한 전설·기록 등이 있으면 보내달라고 부탁하였다.[33] 학계의 일반적인 견해와 달리, 이광수는 『육신전』에만 의지하여 소설을 쓰는 것의 한계를 알고 있었으며, 다양한 자료를 활용하였다는 것을 알 수 있다.

임제(임백호)는 16세기에 사육신에게 동정적인 소설을 썼다. 그 제목에서 알 수 있듯이 이것은 '몽유록(夢遊錄)'이라고 하는 장르에 속하는 글이다. 작가들은 자기 시대에 일어나는 사건들을 간접적으로 비판하기 위하여 이 장르를 이용하였다. 주인공은 원자허(元子虛)인데, 그는 생육신 중의 하나로서 꿈에서 단종과 사육신으로 표상되는 왕과 신하들을 만난다. 그들은 차례로 돌아가면서 그들의 분노와 서러움에 대한

---

31) 현철, 「중조가담 '영월단장곡'」, 『삼천리』 제8권 2호, 1936. 2, 157, 159쪽.
32) 김동인, 「춘원연구」, 『김동인전집』 16, 서울 : 조선일보사, 1988, 108쪽.
33) 이광수, 「'단종애사'를 계속하면서」, 『이광수전집』 19, 347쪽.

시를 서로 주고받는다.34) 『원생몽유록』은, 다른 고전소설들과 달리 한(恨)이라는 정서에 대해 다루고 있다는 점에서 매우 중요하다.35) 후술하겠지만, 한은 『단종애사』의 마지막 장면에서 핵심주제이며, 『단종애사』는 이 고전소설에서 많은 수사적 표현과 상징을 취하였다.

이광수 역시 20세기 이후까지 지속되었던 단종에 대한 민간신앙에 관해 알고 있었던 것 같다. 인류학자 김효경은 단종에 관해 세 가지 유형의 숭배가 있다는 것을 밝혔다. 첫째는, 그가 태백산의 산신령이라는 것이다. 산은 전통적으로 지역주민이 기도를 드리는 장소였고, 무당은 단종을 산신령화하는 데 주요한 역할을 하였다. 둘째, 단종은 영월에서 태백산까지 가는 길에 있는 마을들에서는 마을신으로 추앙받고 있었다. 마을의 전설에 의하면, 단종은 죽은 후에 백마를 타고 산으로 들어갔다고 하였는데, 이후 이 마을들을 지키는 수호신이 되었다고 한다. 셋째로, 단종을 위해 죽은 사람들 또한 추앙받고 있었다는 것이다.36)

단종에 대한 민간신앙은 다양한 형태를 취하고 있지만, 일반적으로 그는 핍박으로부터 보호해주는 역할이나, 고통으로부터 안식하게 해주는 역할과 결부되어 있다. 이것은, 스스로를 지킬 수 없었던 그의 실제 삶을 생각해보면 아이러니하다고 할 수 있다. 그의 죽음 이후에, 그는 그의 인생과는 반대의 역할을 맡게 되었던 것이다. 뿐만 아니라, 단종은 한국전통에서 유교적이지 않은 측면과 결부되었다. 그는 외국에서 전래된 종교 대신, 한국 고유의 신앙에 가까운 샤머니즘과 연계되었다. 하지만 동시에, 드물기는 하지만 불교와 관련하여 추앙받는 경우도 찾아볼 수 있다. 역시, 단종이 완전히 유교적인 교육과, 가족, 그리고 정

34) 한석수 번역, 『원생몽유록』을 볼 것. 『몽유소설』, 청주 : 개신, 2003.
35) 고미숙, 『한국의 근대성, 그 기원을 찾아서, 민족섹슈얼리티 병리학』, 서울 : 책세상, 2001, 61~62쪽.
36) 김효경, 「단종의 신격화 과정과 그 의미」, 『민속학연구』 5, 1998, 277쪽.

치체계의 산물이라는 것을 생각할 때, 아이러니한 일이다.

5. 이광수의 『단종애사』

『단종애사』는 이광수의 역사소설들 중에서도 가장 훌륭한 작품으로
여겨지는 책이다. 그는 이 소설을 1928년에서 1929년까지 동아일보에
연재하였는데, 1929년 초에 병으로 연재를 중단하였다. 소설 『단종애
사』는 단종(재위 1453~1455)의 짧고 파란만장한 삶에 대한 잘 알려진
이야기를 들려준다. 그는 아버지였던 문종의 갑작스러운 죽음으로 12
살에 즉위하였다. 3년 후 숙부인 수양대군은 쿠데타를 통해 집권한 뒤
단종에게 퇴위를 강요하였고, 스스로 세조가 되어 왕위에 등극하였다.
사육신의 쿠데타가 실패로 돌아가자, 세조는 단종의 지위를 왕자로 낮
추고 (노산군이라는 이름으로) 그를 강원도 영월로 귀양 보냈다. 단종
이 살아있으면 그를 둘러싸고 또 다른 역모가 일어날 것을 우려한 세
조는 1457년 그를 사형에 처하였다.

『단종애사』는 단종의 출생부터 죽음에 이르기까지, 그의 평생에 대
한 내용을 다루고 있다. 이 소설의 대부분을 차지하는 것은 수양대군
의 집권 이후 단종이 퇴위를 강요당할 때부터, 사육신의 난이 실패할
때까지의 4년간이다. 소설은 총 4장으로 되어 있는데, 고명편은 세종과
문종이 고관들에게 유언을 통해 단종에게 충성할 것을 부탁하는 내용
이고, 실국편은 수양대군의 쿠데타이다. 충의편은 수양의 집권과 사육
신이 단종의 왕좌를 되찾기 위해 노력하는 부분이며, 혈루편은 단종의
귀양과 처형에 대한 내용을 다루고 있다.

단종의 이야기에 대한 이광수의 버전은, 단지 역사소설일 뿐 아니라,
그를 저승에서 돌아온 망령으로 묘사하는 귀신이야기이기도 하다. 단

종의 외모는 대체로 '다른 세계에서 온 것 같다'고 묘사되는데, 이는
두 세계와 두 시대성 사이에 존재하는 단종의 이중의식을 암시하는 것
이다. 사실 그는 죽은 후 영월 근처의 소백산의 신이 되었다고 한다.
단종의 괴기한 면들은 소설에 사용된 원전에서 명백하게 드러난다. 김
동인이 『춘원연구』에서 썼듯이, 이광수는 이 소설을 남효온의 『육신
전』을 토대로 쓴 것으로 여겨져 왔다. 그러나 동아일보의 연재에서 그
는 독자들에게 단종에 관해서 들은 전설이나 이야기가 있거든 아무것
이라도 좋으니 보내달라고 요청하였다. 그는 또 어떤 특정한 독자에게
16세기의 고전소설인 임백호의 『원호몽유록』의 사본을 보내달라고 부
탁하기도 하였다.[37] 최근에 이 책은 『원생몽유록』으로 알려져 있으며,
몽유소설의 장르에 속한다. 이것은 생육신(生六臣) 중 한 사람이 꿈에
서 단종과 사육신을 만난다는 내용이다. 단종은 모두에게 그들의 한을
표출하라고 하고, 이들은 각기 돌아가면서 시를 한 수씩 짓는다. 『단종
애사』가 몽유소설의 형식을 취하고 있지는 않지만, 이는 몽유소설의
장르를 수정하여, 신문독자들이 몽유소설의 주인공과 같은 느낌을 받
을 수 있게 하려 한 것으로 보인다.

　단종을 현재의 삶에 되살림으로써, 이광수는 조선역사에서 억압받았
던 것들을 되살리고자 하였다. 그는 3장 앞부분에서 소설에 대한 자신
의 생각을 드러냈다. 그는 한 나라의 역사에는 매 10년, 혹은 100년마
다 그 시대의 끝을 알리는 심판의 날이 있다고 하였다. 바로 이러한
'심판의 날'에야, 그 조상대로부터 변하지 않고 유지되어온 그 나라의
선한 면과 악한 면이 명백해진다는 것이다.[38] 즉, 이런 시점에 한 나라
의 정체성이 드러난다는 것이다. 수양대군의 쿠데타로부터 단종의 죽

---

37) 이광수, 「'단종애사'를 계속하면서」, 『동아일보』 1929. 5. 11(『이광수전집』 19,
　　 347쪽 재인용).
38) 이광수, 『단종애사』, 219~220쪽.

음에 이르는 3년은 조선이라는 나라를 판단하는 데 있어 매우 중요한 날이 되었다. 비록 이것이 모호한 에피소드처럼 보인다고 할지라도, 그는 이 날들이 조선이 그 민족정체성을 잃어버린 날이라고 생각하였다.

이광수는 단순히 선과 악의 이분법으로 민족정체성에 반영된 이 사건의 의미를 제시하였다(이것은 김동인에 의해 비판받았다).[39] 한쪽에는 충성과 명예의 가치를 대표하는 단종과 사육신이 있고, 다른 한쪽에는 수양대군과, 권력과 부를 추구하며 부패하고 냉혹하게 묘사되는 그의 추종자들(특히 한명회와 권람)이 있었다.

이러한 해석에 대한 하나의 예증은, 2장의 제목인 '실국편(失國編)'이다. 수양대군의 왕위찬탈이 역성혁명이라기보다는 궁중반란에 가까운 성격을 가지고 있었음에도 불구하고, 이광수는 이것이 '나라를 잃은 것'이었다고 생각했다. 소설의 첫 장면은 세종대왕이 그 세손의 탄생을 기다리고 있는 장면이다. 세손이 태어났다는 소식을 들었을 때, 세종은 그의 가장 가까운 신하에게 세손을 보호하고 충성을 다해 달라고 부탁하였다. 즉, 단종은 세종의 진정한 후계자로 그려지고 있는 것이다. 그러므로 세조의 왕위찬탈은 올바른 왕위계승을 끊고, 조선을 쇠락의 길로 이끌었다. 이 소설은 단종의 복원을 위한 노력으로 볼 수 있다.

『단종애사』는 현재와 과거를 단순히 병치하는 것에서 나아가 식민지배하에서의 경험을 소설의 내용에 반영한다. 이것은 수양대군이라는 인물을 통해서 성취된다. 수양대군은 왕위찬탈자(식민지배자)이며, 근본적인 파시스트이다. 수양대군과 그의 추종자들에 대한 이야기는 소설의 반 이상을 차지하고 있다. 종합적으로 소설의 내용은 궁중내부의 음모에 집중하고, 궁중 밖에서 일어나는 일들에 대해서는 거의 관심을 보이지 않는다. 수양대군에 대한 이야기는 정치역학을 효과적으로 제

---

39) 김동인, 앞의 글, 115쪽.

거한다. 정치역학은 개인적이고 치졸한 권력다툼으로 비하(혹은 대체)된다(수양대군과 그의 추종자들은 정책에는 전혀 관심이 없는 것으로 그려진다). 이상은 권력추구를 위한 얄팍한 명분으로서만 존재할 뿐 부적절하고(다시, 김동인에 의해 지적되었다), 궁중과 궁 밖의 백성 사이의 상호작용은 거의 없다.

정치역학을 대체한 것은 잔인성이다. 이 소설에 나오는 시각적인 폭력의 수준은 놀라울 정도다. 2장과 3장에서, 쿠데타와 처형의 장면은 참수와 살해의 장면을 세세하게 묘사하고 있다. 예를 들면, 수양대군이 단종의 눈 앞에서 그에게 저항하는 두 명의 내시를 살해하였을 때, 이광수는 얼마나 많은 피가 왕의 옷에 튀었는지를 묘사함으로써 자신의 의도를 전달하고 있다.[40] 이후 영의정 황보인이 죽었을 때, 수양대군은 그의 머리를 잘라서 쟁반에 담은 후 단종에게 보내어, '반란'이 끝났다는 것을 알렸다. 이러한 '반란'은 수양대군에게는 충성스러운 신하들을 죽이기 위한 명분으로 작용했다.[41]

소설의 초반부에서, 이러한 잔인성은 단종의 외로움과 순수함이 묘사되는 장면과 대조적으로 병치된다.[42] 소설의 중반 이후부터는, 단종의 영월에서의 삶과, 평민의 삶이 그러한 잔인함과 대조된다. 이러한 대조는, 이광수가 도시와 지방이라는 이분법을 통해, 근대적인 삶을 전근대적인 삶에 투영하고 있다는 것을 알 수 있게 해준다.

김동인은 『단종애사』의 마지막 부분인 '혈루편(血淚編)'을 '아름다운 시'라고 하였다.[43] 이광수의 소설에 대한 그의 신랄한 비판을 생각할 때, 이는 큰 칭찬임에 틀림없다. 이러한 시적인 아름다움은, 이광수

---

40) 『단종애사』, 133쪽.
41) 『단종애사』, 150~156쪽.
42) 『단종애사』, 122쪽이 그러한 예이다.
43) 김동인, 앞의 글, 122쪽.

가 단종의 한을 묘사한 부분에서 잘 드러난다. 이광수가 한을 문학적
으로 묘사한 최초의 작가(그게 아니라면 최초의 작가 중 하나)라는 사
실을 언급한 연구자가 거의 없다는 것은 놀라운 일이다. 나는 이것이
식민지 시기에 그의 소설이 인기를 누릴 수 있었던 주된 이유 중 하나
라고 생각한다.

『단종애사』에서 한(恨)의 중요성은, 이광수가 소설의 원전으로 사용
한 임백호의 『원호몽유록』을 통해서도 발견할 수 있다. 나중에 다시
설명하겠지만, 이광수는 이 고전소설에서 많은 표상을 따온 것으로 보
인다. 고미숙이 언급하였듯이, 고전문학에서 한을 묘사한 사례는 매우
드물다. 한은 근본적으로 20세기 초반 한국인의 경험을 통해 만들어진
것이다. 다른 말로 하면, 이 단어는 나라의 주권(그리고 민족정체성)을
상실한 경험을 담고 있는 것이다.

단종의 한은 그가 태어난 지 며칠만에 그의 어머니가 죽으면서부터
시작된다. 그는 왕이 되기 이전에 그를 아꼈던 거의 모든 사람들 - 세
종, 문종 - 을 잃었다. 즉위한 이후에는, 자신의 충성스러운 신하들의
죽음을 막을 수조차 없는 나약한 존재였으며 결국 왕위까지 잃었다.
'혈루편'의 초반에는, 그의 어머니가 사후에 폐위되는 장면이 나오는데
여기서 단종의 한은 강조된다. 바로 그의 눈앞에서 어머니의 위패(位
牌)가 종묘에서 던져지고, 궁중의 신하들에 의해 발로 채인 후, 토막내
어 태워진다.[44] 이것은 이광수에게 있어서 한의 중요한 요소 가운데
하나, 즉 여성적인 요소를 보여준다. 즉, 이것은 자신의 어머니를 위해
슬퍼할 수 없는 무능함에 관한 것이며, 자신의 어머니에게로 돌아가고
싶어하는 단종의 갈망을 보여준다.

단종의 한은 그가 영월로 귀양가는 부분에 이르러 완성된다. 영월은

---

44) 『단종애사』, 328쪽.

한의 표현과 많은 연관을 갖고 있는 곳이다. 일단, 단종의 거주지는 밤 낮없이 슬프게 울어대는 새들로 둘러싸여 있다.[45)]『원생몽유록』에서 는, 슬픔과 원한, 혹은 한이 새로 표현되는 것이 일반적이다. 이 고전소 설에 나와 있는 시상은『단종애사』에서 문학적인 이미지로 변한다. 뿐 만 아니라 단종은 종종 퉁소를 불면서, 그의 한에 대하여 시를 읊는 다.[46)]

　이광수는 영월을 너무 고립된 나머지 유교적인 질서로 지배되는 바 깥세상과 여러모로 단절된 장소로 그리고 있다. 마을에서의 제례의식 은 불교와 샤머니즘을 중심으로 진행되며, 이는 서울에서의 유교적인 질서와 대조를 이룬다. 실제로, 단종을 따라온 궁녀들은 불교행사인 백 중에서 그의 한을 풀어주기 위한 의식을 거행하기로 결심한다. 전설에 따르면, 이것은 그의 어머니를 추모하기 위해 한 불교신자가 시작한 제례의식인데, 고대에는 빈번히 행해지다가 시간이 지남에 따라 사라 졌던 것이라고 한다. 이광수는, 이 제례의식이 오갈 데 없는 영혼을 위 로하기 위한 것이라고 언급하였다. 단종이 서울의 유교세계의 산물임 에도 불구하고, 그는 오히려 그 반대편, 즉 유교에 의해 억압받은 한국 사회의 요소들을 구체화하는 존재가 되었다. 이광수는 이러한 요소들 이 한국 정체성의 본질을 담고 있는 것이라고 여겼으며, 이것이 억압 됨으로써 생겨난 것이 한이라고 생각하였다. 다른 말로 하면, 단종은 한의 구체화이며, 잃어버린 한국 정체성의 상징이다.

　단종과 백성들을 묶어주는 것 역시 한이다. 앞 장에서와는 대조적으 로 백성들은 주된 역할을 맡고 있다. 그들은 단종의 귀양길을 따라 울 면서 따라간다. 영월에 가는 길에서는, 아무도 단종에게 음식을 주지 않는 와중에 한 백성이 그에게 음식을 준다.[47)] 영월에서 백성들은 단

---

45)『단종애사』, 335쪽.
46)『단종애사』, 344쪽.

종이 그의 한에 대한 시를 읊거나, 통소를 부는 것을 들으면서 흐느껴 운다. 즉, 그들은 단종과 한을 공유하고 있기 때문에 서울의 관료들이 이해하지 못하는 방식으로 단종의 고통을 이해하고 공감하는 것이다.

요약하자면, 『단종애사』는 지역의 경험(여기서는 지역 민간신앙, 지역신으로서의 단종)을 취해 이를 민족 전체를 대표하는 요소로 사용하는 전형적인 사례이다. 이광수의 소설은 현재에 남아 있는 다른 시대성의 흔적을 통해서 한이라는 감정의 구성을 명료화하였다. 이러한 한을 표현하기 위해, 문화기억은 망령이라는 형태를 빌어, 사람들이 충분히 슬퍼하지 못했던 민족정체성의 상실을 되돌리고자 하였다. 이 소설은 그러므로, 일상이라는 공간에서 현재의 경험을 조직하고 표현하기 위해 문화기억을 동원한 것으로 볼 수 있다.

6. 맺음말

20세기에 시기구분은, 대략적으로 대중들의 상상 속에서 중요하다고 여겨지는 조선시기의 왕이나 다른 주요인물들에 의해 정의되었다. 앞에서 언급한 것과 같이, 『단종애사』의 인기는 1930년대에 단종에 대한 관심의 붐을 일으켰다. 이광수의 소설은 그 연재 이후에도 몇 년간 베스트셀러의 자리를 유지하였다. 이는 『단종애사』가 식민지배하에 있었던 당시의 한국인들의 경험에서 중요한 요소를 표현하고 있었다는 하나의 예증이다.

이광수는 단종과 사육신에 관한 이야기에서 자신이 생각하는 '한국' 역사를 표현할 만한 자료를 찾았다. 그는 조선시기를 신유학(新儒學)이 소개되면서 한국의 정체성과 사고방식의 고유성을 억압한 쇠락의

---

47) 『단종애사』, 332~335쪽.

시기로 보았다. 그는 유교가 전래되기 이전의 과거를 탐색하여, 잃어버린 '한국적' 정체성의 흔적을 찾고자 하였다. 특히 그는 삼국시대, 그중에서도 신라를 한국의 황금시대라고 생각하였다.

단종에 대한 이광수의 관심은, 그가 민간신앙과 오래된 사료에 관심이 많았다는 것을 보여준다. 단종의 경우, 그는 『원생몽유록』과 같이 억압받은 사료에서 취한 인물이자, 민간신앙의 대상을 취하여 그를 민족적인 중요성을 가진 인물로 그 의미부여를 하였다. 1930년대의 작가들에게, 단종은 재발견되어야 하는 한국의 고유성을 대표하였다. 지역의 민간신앙에서 단종은 많은 의미를 가지고 있었지만, 일반적으로 한국의 유교적이지 않은 면과 결부된 수호신으로 여겨졌다.

이광수가 단종에 대해 관심을 가졌던 이유는, 그가 한이 구체화된 인물이었기 때문인 것 같다. 한에는 다양한 형태가 있지만, 이광수는 식민지인으로 살아가는 사람들의 한을 표현하기 위해 단종의 이야기를 사용하였다. 『단종애사』에서 한은 나라를 문화기억에 연결시키는 메커니즘으로 작동한다. 그는 한이라는 감정을 재구성함으로써 이를 성취하고자 하였다. 이 소설은 한의 뿌리를 찾고, 이를 서사적인 형태로 제시함으로써 한을 표현하고자 하였다. 다른 한편으로는, 왕실의 역학에서 한을 발견하고, 특히 어머니를 위해 슬퍼할 수조차 없는 단종의 무능함에서 한의 근원을 찾음으로써, 한을 동류화하고 국내적인 것으로 만들고자 하였다. 한은 현재를 살아가는 한국인들에게 더 이상 민족정체성을 상실한 고통일 뿐 아니라, 과거에 있어 억압되고 잊혀진 것들을 기억할 수 있게 해주는 신호이다. 즉, 단종은 사람들에게 그들이 잊어버린 한국의 고유한 정체성을 복원할 것을 기억나게 하는 망령인 것이다.

일제하 중추원 개혁 문제와 총독정치

이 승 렬*

1. 머리말

조선총독들은 일본에서 군인으로도 정치가로도 유력한 인물들이었고, 그들의 거취는 항상 일본의 정계변동과 일정한 관계가 있었으며, 새 총독은 식민통치의 기조에 커다란 영향을 주었다.1) 사이토(齋藤實) 총독의 부임 이후 그동안 열리지 않던 회의가 소집되고 관제가 바뀌는 등 중추원의 변화가 일어나기 시작했고, 우가키(宇垣一成) 총독기에는 조선인만이 아니라 일본인 참의도 두자는 의견이 나오는 등 여러 가지 중추원 개혁안이 나왔다. '양로원'이라고 평가를 받을 만큼 중추원에 대한 일반 여론은 매우 나빴는데,2) 조선인인 참의들 중에서도 정치적 진출이 제한된 것에 '불만'을 품은 인사들은 중추원의 개혁을 요구했다. 그러나 그들의 정치적 의견은 식민지지배를 부정하는 하는 것이

---

* 연세대학교 국학연구원 연구교수, 한국사학

1) 조선총독 8명 중 3사람 寺內正毅(1대), 齋藤實(3대), 小磯國昭(7대) 등은 총리대신이 되었고, 阿部信行(8대)은 총리대신 역임 후 조선총독에 부임했다(이승렬, 「역대조선총독과 일본군벌」, 『역사비평』 1994년 봄호).

2) 『조선일보』 1921. 3. 31, 사설 「中樞院 관제 개정에 대하여」 ; 『조선일보』 1921. 5. 14, 사설 「再次 중추원 參議다려」 ; 『조선일보』 1921. 5. 8, 사설 「官制改後의 중추원」 ; 『동아일보』 1922. 5. 11, 사설 「中樞院을 단연 폐지하라」 ; 『중외일보』 1927. 8. 28, 논설 「中樞院의 存在意義」 등 다수가 있다.

238

아니라 그것을 긍정하고 받아들이는 가운데 나왔으며,[3] 또 1920년대와 1930년대 전반기에 걸쳐 전개되었던 참정권 요구운동 및 자치운동의 입장을 반영하고 있었다. 이와 같이 중추원은 조선총독부가 의도한 것은 아니었지만 부분적으로 정치적 기능을 담당하게 되었다. 그래서 중추원을 둘러싸고 일어났던 '정치'는 일제하 조선인 상층 부르주아들이 처했던 정치적 현실을 이해할 수 있는 하나의 소재라고 볼 수 있다.

그동안 일제시기 중추원에 대한 검토는 친일파 연구의 일환으로 진행된 경우가 많았다. 이를 통해 중추원의 기능, 조직구성, 조사 및 편찬 활동, 인적 구성 등에 대해서는 어느 정도 밝혀졌다. 그 중에서 진덕규의 연구는 '전통적 지배세력'과 '식민지 지배세력'의 연관성을 검토하는 등 다양한 분석을 시도했다.[4]

이 글은 선행연구들의 성과를 토대로 하여 다음의 두 가지 측면에 대해 주목하였다. 하나는 중추원이란 정치제도의 연속이 갖는 문제이다. 한말 정치개혁의 산물로 근대적 의회로의 발전 가능성을 보였던[5]

3)『中樞院 官制 改正에 관한 參考資料』(이하『參考資料』로 줄임), 1933. 이 자료는 국사편찬위원회 사이트(http : //www.history.go.kr)에 게재되어 있다.
4) 朴賢洙,「朝鮮總督府 中樞院의 社會·文化 調査活動」,『韓國文化人類學』12, 1980 ; 진덕규,「日帝植民地時代의 總督府中樞院에 관한 考察」, 陳德奎·申瀅植·金賢實,『日本 植民地 支配初期의 社會分析(Ⅰ)』, 梨花女子大學校 韓國文化硏究院, 1987 ; 여박동,「조선총독부 중추원의 조직과 조사편찬 사업에 관한 연구」,『일본학연보』제4집, 1992 ; 趙凡來,「朝鮮總督府 中樞院의 初期 構造와 機能」,『한국독립운동사연구』제6집, 1992 ; 姜東鎭,『日帝의 韓國侵略政策史』, 한길사, 1980, 152~153쪽.
5) 원래 갑오개혁기에 설치된 중추원은 한말의 정치개혁을 상징하는 정치기구였다. 특히 독립협회의 의회설립 요구가 광무정권에 의해 수용한 이후의 중추원은 법률·칙령에 대한 심의·의정권 및 입법권을 가졌다. 중추원 의관의 반은 인민대표 중에서 27세 이상의 정치·법률·학식에 통달한 자를 투표를 통해 선출할 수 있게 되었다. 1898년 말에 독립협회가 광무정권에 의해 탄압을 받은 이후 중추원은 기능과 권한이 축소되었지만 법률의 심사·의정 기능은 일정기간 유지하면서 내각의 자문기능을 수행했다. 이에 대해서는 다음의

중추원의 이름은 연속되었지만 기구의 성격은 변질되었는데, 이것이
의미하는 바가 검토될 것이다. 다른 하나는 총독정치의 '근대성' 문제
이다. 권력의 배분과 권력에 대한 상호 견제는 근대정치를 구성하는
요소 중의 하나인데, 총독정치가 식민통치를 수용하고 있었던 조선인
참의들의 정치참여 요구를 어떻게 다루었는가를 검토할 것이다. 중추
원의 역할은 공식적으로 총독의 자문에 국한되었지만, 조선인 상층 부
르주아가 조선총독 및 조선총독부 고위 관리와 만날 수 있었던 중앙정
치의 무대이기도 했다. 그래서 이 글은 총독정치의 역사적 성격을 분
석하고, 그리고 넓게는 정치에 나타난 '식민지 근대'가 갖는 한계의 한
측면을 조명할 것이다.

2. 1920년대 중추원 개혁과 조선사회의 반응

3·1운동 이후 사이토(齋藤實) 총독은 고양된 민족운동의 기세를 진
정시키고 지배체제를 안정시켜야 하는 과제를 안고 부임했다. 언론, 집
회, 결사의 자유가 허용되었고, 보통경찰제도의 실시, 회사령 철폐 등
여러 가지 방면에서 이전과는 달리 유화적인 조치를 취했다. 통치정책
의 기조가 '억압'에서 '회유'로 전환되었다. 일본의 하라(原敬) 수상도
조선인을 제국신민으로서 차별하지 않는다는 회유성 담화를 발표했다.
조선인들의 정치적 표현도 식민지배체제를 근본적으로 부정하지 않는
한계 내에서 다양하게 제기되었다.

1910년대에 중추원은 총독의 자문기구의 역할도 제대로 수행하지

논저들을 참조하기 바람. 진덕규, 「大韓帝國의 權力構造2－中樞院의 분석적
고찰」, 『主題硏究』 5, 1984 ; 한명근, 「개화기 중추원의 정치적 기능(1894~
1904)」, 『숭실사학』 9, 1996 ; 李芳苑, 『한말 정치변동과 중추원의 역할(1894~
1910)』, 이화여자대학교 박사학위논문, 2004, 3장 참조.

240

않았다. 회의도 거의 열리지 않았고, 그나마 처음으로 소집된 날은 1912년 6월 5일이었다. 이날 조선인 참의들은 服務心得의 서명식을 거행했을 뿐이었다. 몇 차례 데라우치(寺內正毅) 총독이 중추원 구성원들을 총독관저로 불러 시정과 관련된 훈시를 했지만 중추원 회의는 열리지 않았다.[6]

<표 1> 중추원 관제 개정 내용

(一) 議官의 명칭, 수 및 대우의 변경 : 종래 顧問, 贊議, 副贊議의 3종이었던 의관의 명칭이 參議로 단일화 되었다. 15이었던 顧問은 5명으로 제한하였고 명칭을 없애지 않았다. 의관 총수는 顧問 5인, 參議 65인으로 하였고, 이전과 전체 숫자는 증감이 없었다. 「대우」顧問 및 參議는 勅任待遇, 副贊議는 奏任待遇였는데, 顧問을 우대해야 할 필요상 親任待遇로, 參議는 경력, 기타 사정을 참작하여 勅任待遇 또는 奏任待遇의 두 종류로 하다.
(二) 議官의 표결권 확장 : 종래는 顧問에게만 주어졌던 표결권이 參議들에게도 주어졌다.
(三) 議官의 임기 新定 : 따로 규정이 없던 의관 임기가 3년 기한으로 제한되었고, 중임할 수 있게 하였다.
(四) 議官의 수당 증액 : 副議長 및 顧問은 年 2,500원 이내, 贊議는 1,200원 이내, 副贊議는 800원 이내였는데 副議長 4,000원 이내, 顧問 및 參議 3,000원 이내로 하다.
(五) 地方參議의 선임 : 종래 參議는 조선총독에게 직접 상신하여 임명해 왔는데, 參議 중 若干名에 한하여 새로이 지방의 명망 있고 학식, 경험이 많은 자들 중에서 도지사가 상신한 후보자 중에서 임명하였다.

출전 : 『조선총독부관보』 2614호, '勅令 168호' 1921. 4. 30.

<hr>

6) 진덕규, 앞의 논문, 13~14쪽 ; 조범래, 앞의 논문, 116~122쪽.

사이토 총독 부임 이후 중추원에 대한 조선총독부의 대우가 달라졌다. 1919년 9월 15일에 중추원 회의가 열렸고, 1921년 4월 26일에 중추원의 관제(<표 1>)가 개정되었다. 고문에 국한되었던 표결권이 참의까지 확대되었고, 도지사가 상신한 '지방의 명망있고 학식, 경험이 많은 자들 중에서' 지방참의를 선임했다.[7]

이미 전임 하세가와(長谷川好道) 총독으로부터 중추원에 '院議' 기능을 활용하라는 조언을 들은 바 있었던 사이토 총독은 1921년 5월 6일에 中樞院을 조선 정치제도의 전통을 계승하여 총독의 諮詢기관으로 삼았음을 밝혔다. 또 중추원을 활용하여 "시대의 추세를 감하고 더욱 지방의 정세에 순응하여 민의에 기초한 정치를 행"하기 위해 중추원의 관제 개정을 단행했음을 언급하였다.[8] 그러나 이러한 개정은 실질적으로 중추원의 변화를 가져오기보다는 조선인의 '민의'를 반영하고 조선인도 중앙정치에 참여하고 있다는 이미지를 만드는 데 더 큰 목적이 있었다.

지방참의로 선임된 인사들은 일반 조선인들보다는 조선총독부와 교감이 많았다. 예를 들어 경기도도지사가 두 차례(1921년 3월 5일과 24일)에 걸쳐 정무총감에게 추천하는 중추원 의원 예비 명단을 보면, 금융계 인사(한상룡, 조진태, 김한규, 백완혁), 친일 관료(김명준), 인천의 객주(장석우, 정치국), 개성의 지주(박우현, 김원배) 등 주로 자산이 많거나 일본에 매우 우호적인 인사들이 주류를 이루었다. 또 그들 중에는 도평의회원 및 경성부협회의원을 역임한 경우가 적지 않게 있었다 (<표 2> 참조).

---

7) 진덕규, 위의 논문, 16쪽.
8) 朝鮮總督府, 『官報』 1921. 5. 18.

<표 2> 경기도 중추원 참의 후보추천 명단

씨명	생년	주소	경력의 대요
韓相龍	1880	경성부	한성은행전무, 경성부협의회원, 도평의회원, 중추원참의(1928~1937)
趙鎭泰	1851	싱동	조선상업은행장, 大正친목회 부회장, 중추원 참의(1928~1933)
金漢奎	1876	싱동	전 중추원 부찬의, 도평의회원, 한일은행전무, 경성부협의회원
張 燾	1877	싱동	조선인변호사회장, 도평의회원, 중추원 참의(1922~1923)
元悳常	1884	상동	의사, 경성부협의회원, 도평의회원, 중추원 참의(1928~1937)
嚴柱益	1872	상동	전 陸軍參將軍部協辦, 전 한성부윤, 경성부학교평의회원
白完爀	1856	상동	전 경성부협의원, 漢城銀行取締役, 경성부학교평의회원
芮宗錫	1872	상동	전 京城商業會議所副會頭, 경성부협의회원
高源植	1876	상동	전 議政府參書官, 전 中樞院副贊議, 중추원 부참의(1910)
金明濬	1870	상동	전 宮內府秘書函, 국민협회부회장, 중추췬 참의(1922~1931)
張錫佑	1871	인천부	公益社 인천지점장, 府協議會員, 府학교평의회원
丁致國	1865	상동	전 중추원의관, 금융조합장, 도평의회원, 府학교평의회원
朴宇鉉	1869	개성군	전 군수, 금융조합장, 道평의회원, 府학교평의회원
金謹鏞	1870	상동	전 도참사, 面협의회원
金元培	1882	상동	전 개성군참사, 면협의회원
韓相鳳	1876	수원군	전 육군참위, 한성은행수원지점지배인, 중추원참의(1925~1927)

출전 : ① 朝鮮總督府 『職員錄』 각년판
② 『中樞院 調査資料』(한국역사정보통합 시스템/국사편찬위원회 http
: //www.history.go.kr/)

사이토 총독은 정기적으로 중추원 회의를 소집했고, 조선총독부는 구관습과 관련된 정책을 펼칠 때는 중추원에 자문을 구하였다. 이는 '조선총독부 중추원은 조선총독에 隸하고 朝鮮總督의 諮詢에 應한다' 는 중추원 관제(1910년 9월 30일, 칙령 355호) 제1조에 근거한 것이라 할 수 있다. 중추원 회의는 1919년부터 1942년까지 24년 동안 23회 열렸다. 1920년대는 주로 조선인들의 관습과 관련된 民情파악을 위해, 1930년대 전반기는 농촌진흥운동과 관련된 민정파악을 위해, 1930년대 후반기에는 내선일체 정신 함양 등 조선인을 전시체제에 동원하는 방안에 관한 자문을 구하기 위해 중추원 회의가 소집되었다(<부표> 참조).

사이토 총독의 중추원 개혁에도 불구하고 여전히 중추원은 조선인 사회에서 비판의 대상이었다. 『동아일보』는 그러한 사정을 다음과 같이 전했다. "新議員 합계 60여 명 중에는 형형색색의 계급을 대표하는 인물이 포함되었으니 지방의 인사도 있으며 중앙의 인물도 있으며 관료도 있으며 부호도 있으며 신출인물도 있으며 구파인물도 있고 기타 정당적 색채를 띤 각종의 인물이 망라되었도다.……이제 同改革에 대한 태도를 論之하면 「아! 그런가 모모가 참의가 되었나 아! 그런가」하는 冷淡에 近한 태도와 一種의 양로원과 같이 생각하는 경향이 없지 아니하다."9) 얼마 후에 다시 『동아일보』는 권한도 없고 형식적 회의만 하는 기구인 중추원 유지에 들어가는 재정을 교육과 산업에 투자하라고 권유하였다.10) 조신인 참의들은 "화투골패로 일을 삼"고 "중추원에서 밥은 얻어먹는 늙은이들"로 묘사되었다.11) 이러한 중추원에 대한 부정적인 여론은 조선총독부 警務局에서 실시한 조선 내 각 방면의 여론조사에 그대로 나타났다. 조선인이건 일본인이건 중추원의 존치와 전폐에 대해 의견이 분분하였지만 후자가 압도적으로 많았다. 존치를 주장하는 자들은 '민의창달'기관, '조선민중의 최고목표' 등의 이유를 제시하였고, 전폐를 주장하는 자들은 중추원의 유명무실함을 가장 큰 이유로 들었다. 소수의 양반계급만이 중추원의 존재의의에 대해 의미를 두었을 뿐 다른 조선인들 대부분은 그에 대해 부정적이었다.12)

---

9) 『동아일보』 1921. 5. 1, 사설 「中樞院 改革에 대한 所感」.
10) 『동아일보』 1922. 5. 11, 사설 「中樞院을 단연 폐지하라 - 재정상의 견지에서」.
11) 『시대일보』 1925. 8. 18.
12) 중추원 개혁에 관한 각 방면의 의향을 묻는 질의서에 의하면 중추원이 존치해야 하는 이유 3가지가 적혀 있다. 중추원은 ① 유일한 최고의 민의창달 기관이다. ② 조선인에게는 중추원 의관이 최고의 영예여서 그 지위 획득을 冀望하는 자들이 많기 때문에, 그것을 전폐하면 조선 민중은 최고 목표를 잃어

244

그러나 조선총독부와 재조일본인 사회의 입장을 대변하는 언론 기관은 중추원에 대해 다른 생각을 갖고 있었다. 그들은 중추원을 폐지하기보다는 개혁하여 '민의'를 대변하고 정책의 뜻을 전달하는 기관으로 활용할 것을, 또 중추원이 "민의를 채택하여 民情에 적절한 시정을 펼치는 정치의 요체"로 거듭날 것을 요구하였다.[13] 조선총독부의 중추원에 대한 견해 역시 조선인 사회의 비판적 여론과 달랐다. 사이토 총독시기의 시모오카(下岡) 정무총감은 비유적 표현을 빌려 중추원이 필요한 이유를 설명하였다. 그는 "아무리 좋은 기계라도 이것을 잘 利用하지 아니하면 何等의 利益이 없을 것이지만 多少 不完全한 기계라도 利用을 잘하면 多大한 效果를 내는 일이 적지 아니하다." 이런 관점을 갖고 중추원을 "民情을 視察하는 方面에 보좌기관으로의 任務를 더 發揮하게" 할 것인데, 조선인들도 중추원을 "朝鮮人의 貴族들을 모여놓고 자못 總督府宣傳에만 쓰는 것으로 알 것이 아니라 當局者를 鞭撻하는 便으로 活用"할 것을 주문하였다.[14]

1920년대 후반에 중추원 무용론은 계속 제기되었다.[15] 그만큼 중추원이 식민지 조선의 정치사회에서 차지하는 비중이 미미했다. 그럼에도 불구하고 다른 한편에서는 중추원 참의가 되기 위한 운동을 극렬하게 하는 자들도 있었다. 1927년 4월에 임기가 만료되는 참의가 약 50여

불평불만의 소리는 늘어나고, 일반의 사상도 악화된다. ③ 과거 총독정치에 대한 공로자를 우대하는 한 방법이기에 이대로 존치시켜야 한다(『參考資料』).

13) 『매일신보』 1924. 9. 12, 「중추원과 도참여관」 ; 『朝鮮新聞』 1932. 2. 17 ; 『경성일보』 1932. 12. 23, 社說 「中樞院刷新 - 當局부터 具體化하라」.

14) 『동아일보』 1924. 11. 7 ; 『조선일보』 1924. 11. 8.

15) 『중외일보』 1927. 8. 26, 사설 「中樞院의 存在意義」 ; 『民衆新聞』 1928. 6. 3, 사설 「中樞院參議의 改善」 ; 『매일신보』 1928. 1. 5, 「總督摠監 更迭後 最初의 中樞院會議」 ; 『매일신보』 1928. 1. 11, 「中樞院會議 開催에 就하야」 ; 『매일신보』 1928. 1. 29, 「中樞院問題에 就하야」.

명에 달했다는데, 이때 참의가 되고 싶은 사람들 중에서 총독부 고관
을 찾아가거나 수천 원의 운동 경비를 사용하는 자도 있었다. 특히 경
성에서는 국민협회 총무 李炳烈이 가장 맹렬하게 운동하였다.[16] 비록
정치적 기능을 약하지만 중추원은 조선인이 중앙정치에 진출할 수 있
는 유일한 공간이었다. 중추원의 기능이 총독의 '자문'에, 그것도 주로
'민정' 파악과 관련된 분야에 한정되었지만, 회의 도중에는 여러 가지
정치적 이야기를 할 수 있었다. 그래서 일부의 조선인들에게는 의미가
있는 정치공간일 수도 있었다.

3. 1920·30년대 조선인 참의들의 중추원 개혁안과 조선의회론

 1920년대에 식민지 조선에서는 합법적 정치공간을 확보하기 위해
두 가지 경로로 참정권운동이 전개되었다. 하나는 일본 국회에 조선인
대표를 파견하자는 참정권 청원운동이었고, 다른 하나는 자치운동 흐
름이었다. 전자는 1920년에 친일관료 출신 민원식이 이끄는 국민협회
가 주도했다. 40대가 주축이었던 1920년대 이 협회 간부들(161명)은
1910년 이전에 그들은 일본에 갔다 왔거나 혹은 일본어교육을 받아서
일본경험을 가진 자들이 40%가 넘었고, 일본의 침략이 감화된 러일전
쟁 이후에는 대한제국의 중하급 관리로 근무한 경력을 가진 자가 많았
다. 1910년 이후에는 다수가 조선총독부의 관리로 재직했으며, 그 중에
는 지방 군수에 배속된 경우가 많았고 그 다음으로는 중추원 참의가
많았다.[17] 비천한 가문출신으로 일본에서 8년간 체류했던 초대 의장

---

16) 『조선일보』 1927. 4. 25.
17) 松田利彦, 「植民地期朝鮮における參政權要求運動團體'國民協會'について」,

246

민원식은 러일전쟁 이후 조선에 돌아온 후 韓國統監 이토(伊藤博文)
의 추천으로 대한제국 관리가 되었다고 한다. 퇴직 후에는 時事新聞
사장, 帝國實業會, 政友會 등 활발하게 친일적 사회활동을 전개했
다.18) 또 국민협회 3대 의장 윤갑병은 러일전쟁기에 北進隊에 종군한
경우도 있었다.19) 이처럼 국민협회 인사들은 일본과 가까웠다.

후자는 1920년대 중반부터 1930년대 초반에 걸쳐 진행되었는데, 이
운동은 사이토 총독이 두 번째로 부임한 1929년경에 가장 활발했었
다.20) 이 운동은 동아일보의 송진우, 천도교의 최린 등이 주도했다. 송
진우가 토착자본가 세력의 구심점 역할을 하고 있었던 동아일보 계열
의 인사라는 점, 최린이 토착종교인 천도교를 기반으로 하고 있다는
점은 자치운동이 재지적 기반이 강한 지주나 자본가 그리고 종교 세력
의 입장을 반영하고 있었던 정치운동의 성격을 지니고 있었다고 할 수
있고, 이러한 측면은 국민협회가 주도한 참정권운동과는 다른 점이었
다.21)

일본정계의 일부, 조선총독부와 재조일본인 사회의 일각에서도 참정
권문제를 둘러싼 의논이 있었다. 그것은 한때 재조일본인 사회의 논쟁

淺野豊美, 松田利彦 編, 『植民地帝國日本の法的構造』, 信山社, 2004, 367~
383쪽.
18) 淺野豊美, 松田利彦 編, 위의 책, 357~360쪽.
19) 국사편찬위원회(http : //www.history.go.kr)의 인물 사전 참조. 이 사이트에 다음
의 사전들에 의거하여 인물을 소개했다. 朝鮮紳士大同譜發行事務所 編, 『朝鮮
紳士大同譜』, 1913, 707쪽 ; 朝鮮人事興信錄編纂部, 『朝鮮人事興信錄』, 1935, 53
쪽 ; 朝鮮總督府 編, 『朝鮮總督府始政二十五周年記念表彰名簿』, 1935, 34쪽.
20) 1920년 초에 조선총독부 내에서도 '조선의회'설립안이 齋藤實 총독에게 제출
된 적이 있었다. 이에 대해서는 駒込武, 『植民地帝國日本の文化統合』, 岩波
書店, 1996, 208~214쪽 참조.
21) 자치운동과 참정권 운동에 대해서는 松田利彦, 駒込武의 두 논저 이외에 강
동진, 앞의 책, 제3장 ; 박찬승, 『한국근대정치사상사연구』, 역사비평사, 1992,
제4장이 참조됨.

으로 비화되기까지 했었다. 1925년 말경에 경성일보 사장 소에지마(副島道正)는 조선문제를 해결하기 위해서는 조선총독 아래에 조선의회를 따로 설치하자는 자치론을 제기하였다. 이러한 문제제기는 경성일보를 중심으로 형성되었던 일본 지식인 그룹, 그리고 조선총독부 내무국장을 역임한 오쓰카(大塚常三郎)와 같은 일부 조선총독부 관료도 비슷한 의견을 갖고 있었다. 이에 대해 『朝鮮及滿洲』의 발행인 샤쿠오 슌죠(釋尾春芿)는 생각이 달랐다. 또 일본인 단체 甲子俱樂部, 친일단체 각파유지연맹, 보천교, 국민협회 등도 비판의 칼을 같이 세웠다.22) 이러한 논쟁은 매우 진지하게 진행되었지만 조선총독부에 의해 정략적으로 이용되었다. 참정권 청원운동 혹은 자치운동을 벌였던 조선인들은 일본정계와 조선에서의 일본인들의 동향에 고무되었지만 별다른 성과를 얻지 못했고, 특히 후자는 민족주의 운동이 분열되는 요인을 제공했다.23)

두 가지 체제 내적 정치운동의 흐름은 중추원 내의 조선인참의들의 활동에서도 재현되었다. 국민협회 출신의 인사들은 중추원 진출에 적극적이었다. 적극적인 로비를 통해 참의가 된 이병렬은 1928년 제8회 중추원 회의에서 "內鮮一家의 실효를 거두기 위해서는 양 민족의 권리, 의무를 동일하게 하고, 양 민족 간의 차별을 철폐해야"하며 그 방법으로서 "조선에 참정권을 부여하는 시기를 분명히 밝혀 조선민족으로 하여금 帝國臣民이라는 자각을 촉진시키는 것"이 중요하다는 의사를 밝혔다. 윤갑병은 1930년 중추원 회의석상에서 "조선인도 천황폐하의 적자인 이상, 일본인과 동등하게 참정권을 부여받음은 당연한 이치입니다.……일본에서 벌써 여성들까지 참정권 획득운동을 하고 있는 지금, 오히려 조선에 참정권을 시행하지 않는 것은 심히 유감스러운

<hr>

22) 『조선일보』 1925. 12. 4, 사설 「所謂 「副島伯의 言論」問題」(一).
23) 강동진, 앞의 책, 3장 ; 박찬승, 앞의 책, 4장.

바로서, 같은 제국의 판도 내에 있는데도 마치 젖먹이 취급을 받는다는 느낌이 듭니다. 그 때문에 조선인의 불평은 언제까지나 누그러지지 않을 것입니다. 이를 그대로 방임할 것입니까? 조선인 때문에 동양의 평화가 교란될 우려도 없지 않습니다. 마땅히 국가 백년의 대계를 수립하여 하루라도 속히 조선에도 참정권을 부여할 것을 바랍니다."라고 했다. 조선인에게 참정권이 주어져야 한다는 주장은 1927년부터 1933년까지 거의 매년 중추원 회의에서 제기되었다.[24] 그러나 '朝鮮日本人'으로 일컬어지는 국민협회 간부출신들이었던 그들은[25] 중추원을 어떻게 개혁할 것인가에 대해서는 거의 언급이 없었다.

이에 비해 자치운동의 노선을 갖고 있는 중추원 참의는 중추원 자체의 개혁을 주장했다. 1930년에 전라남도 대표로 중추원 참의가 된 호남지주 현준호는 그러한 입장을 명확히 했다. 1932년 중추원 회의에서 나온 그의 발언에는 재지적 기반을 갖고 있으면서 일본에 협력적인 인사들의 정치적 불만이 압축되어 있었다. '有識階級' 및 '정치방면에 관심을 가진 자'의 불만과 침울함이 '절망의 연못에 빠진 것'에 비유되었다. 그들의 정치적 욕구를 해소하기 위해 그가 제시한 방안은 중추원을 조선의회로 개혁하여 자치제도를 수립하는 것이었다.

---

24) 1927년의 자문사항은 一. 국유임야, 冒耕火田의 정지 및 화전민 구제에 관한 방책, 二. 지방개선에 관한 것이었다. 후자에 대한 답신안에는 생산작업 장려, 근면검소의 실천, 생활개량, 사상선도 지방자치의 등의 대책도 있었지만 참정권을 부여할 것을 요구하는 의견도 첨부되어 있었다(『조선일보』 1927. 9. 27).
25) 1931년에 국민협회의 간부진이 송종헌이 회장이고 이병렬이 부회장일 때, 오태환은 총무, 윤갑병과 김명준은 고문, 한영원은 상담역이었다(國民協會宣傳部 編, 『國民協會運動史』, 1931, 90~94쪽) ; 松田利彦, 앞의 책, 374~375쪽 ; 중추원 회의에서 참정권 요구를 주장한 참의들을 열거하면 다음과 같다. 1927년 제7회 鮮于鍉, 1928년 제8회 韓永源, 李東雨, 1930년 제10회 尹甲炳, 1931년 제11회 金明濬, 李宅珏, 吳台煥, 1932년 제12회 吳台煥, 1933년 제13회 李東雨 등이었다(『參考資料』, 1933).

……中樞院의 개혁문제는 실로 오래된 여론으로서, 오늘날 이 개혁의 기운을 볼 수 있게 된 것은 매우 늦은 감은 있지만, 만약 근본적 개혁을 가하여 완전한 자치제도를 수립하게 된다면 조선통치를 위해, 아니 나라 전체를 위해 큰 축복이 아닐 수 없다.……지난번 발포된 지방제도 개정이 당국의 입장에서는 일대 영단에 의해 조선통치사상 획기적 개정을 가한 것임에도 불구하고, 여기에 대해 식자계급이 한결같이 냉정한 것은 개정의 정도가 너무 미온적인 까닭에 여전히 불만을 가진 탓이다. 그러므로 일층 나아가 조선인 스스로 기꺼이 협력할 정도로 제도를 개정하여 정치상의 우울한 심리를 타파하고 광명을 주어 마음으로부터 조선통치에 협력하고 悅服하는 분위기를 촉진하지 않으면 안된다. 이에 조선 中樞院을 바꾸어「朝鮮議會」로 하고, 조선통치에 관한 중요사항은 모두 이 의회의 의결·협찬을 거쳐 시행할 것을 희망한다.26)

현준호는 김성수와 개인적, 사업적으로 매우 밀접한 관계였다.27) 그의 발언은 단순히 한 개인의 발언이 아니라 김성수, 송진우 등을 대표로 하는 부르주아 세력의 입장이 반영된 것으로 볼 수 있을 것이다. 현준호는 중추원 회의에서 직접 조선총독 및 조선총독부를 향해 자치운동을 전개했다.

1921년부터 1933년까지 중추원 참의를 지낸 柳承欽 또한 民選에 의한 중추원 참의의 등장을 기대했었다. 김성수, 박승직 등 실업계 인사 등과 함께 朝鮮經濟會의 발기인으로 참여했던28) 그는 1933년 14회 중추원 회의에서 "작년이래 중추원 관제가 개정된다는 말이 있었다. 그것에 의해 소수라도 민간으로부터 議員이 나올 것이라고 생각하였지

---

26) 『參考資料』.
27) 손정연, 『撫松玄俊鎬』, 전남매일신문사, 1977.
28) 『매일신보』 1919. 11. 11.

만, 아직도 보류되어 있어 매우 유감입니다."라는 정치적 발언을 아끼지 않았다.29)

중추원의 변화를 바라는 요구는 1935년 중추원 회의석상에서도 계속 이어졌다. 현준호는 제2 자문사항인 '각지의 민심 추향과 그것을 선도하는 의견여하'에 대해 답신하면서 1932년에 이어 다시 중추원 개혁을 요구하였다.30) 참의 金思演도 조선인의 차별과 내지인의 우월의식에 대해 비판하였다.31) 그러나 자치운동을 전개했던 최린은 정반대의

---

29) 이외에도 조선총독부의 정책에 대해 여러 가지 비판을 가했다. ① 신정부 이래 각 방면에서 뚜렷한 진전을 보았지만, 일반 농민은. 각종 公課負擔에 고통을 받고 있다. 그러므로 이때 그들에게 근검저축을 장려하기보다도 먼저 시급한 것은 부담을 경감시키는 것이고, 그 다음이 사상 선도이다. ② 조선의 주류제조를 어떤 대회사가 통제하고 있다는 (소식이) 신문에 보도되고 있고, 또 그것을 專賣하려는 소문이 있는데 그렇게 되지 않기를 바란다(朝鮮總督府 中樞院, 『第十四回中樞院會議議事錄』, 1933, 336~337쪽).

30) 그의 발언 요지를 요약하면 다음과 같은데, ① 특수은행회사의 중역에 조선인을 증원할 것, ② 知事 局長에 조선인을 증원 또 임명할 것, ③ 내지인 관리 加俸 제도를 철폐할 것, ④ 관공립학교 입학에 가능한 조선인 자제를 증가시킬 것, ⑤ 어장 또는 어업권을 가능한 地元民에게 면허하고, 그것을 통해 어촌진흥을 도모할 것, ⑥ 무능력하고 일종의 구제기관이라고 평가받는 중추원 제도를 철저하게 개혁하여 진짜 권위있는 기관으로 만들 것 등이었다. 그러나 다른 한편으로는 지주 혹은 자본투자자로서의 입장을 옹호하는 발언 또한 내놓았다. '농지령'으로 인한 소작쟁의 증가를 방지하기 위해, 농촌갱생회와 같은 것을 설치하여 군수를 위원장으로, 면장 구장 및 지주 소작인 및 면의 유지중에서 가장 인격있는 인사들을 위원으로 하여 소작지마다 실지답사를 하여 공정하게 도조를 정할 것을 주장했으며, 또 소득세령 제15조에 근거하여 법인 회사들만 부채를 소득을 얻는데 들어간 경비로 인정하고 개인의 부채는 경비로 인정하지 않는가에 대해 비판하였다(朝鮮總督府 中樞院, 『第十六回中樞院會議議事錄』, 1935, 108~114쪽).

31) "조선인의 지식계급은 총독정치에 대한 타협·비타협의 두 파로 구분하여 그 사상 동향을 보면 타협파는 즉 관공직 기타 직접 총독정치의 은혜를 받은 자에 있어서도 부지불식간에 怨嗟와 咀呪를 토로합니다. 주 이유는 정책정신에 모순되는 대우와 기회균등, 지위 향상, 노무보수 등의 차별 때문이며, 일가

일제하 중추원 개혁 문제와 총독정치 251

모습을 보였다.32) 이러한 모습은 그가 계속된 운동의 실패 속에서 일
제에 대한 저항 심리가 무너지고 국민협회의 인사들처럼 이념적으로
친일의 길로 나서게 되는 징조가 나타난 것이라 할 수 있다.33) 이처럼
식민지 지배체제에 편입된 조선인 참의들 중에서 다수가 민족적 혹은
인종적 차별과 모순에서 자유로울 수 없었고, 그들은 그런 차원에서
조선인 사회의 불만을 중추원 회의 석상에서 토로하고 있었다. 조선인
참의들의 의견 외에도 중추원은 정현·염창섭 이름으로34) 식민통치의

생활의 안정을 도모하기 어려워 불평불만이 잠재되어 있는 것을 볼 수 있습
니다. 다음에 비타협파 즉 총독정치에 직접 관계없는 인사는 정책의 善惡에
하등 관심을 갖고 있지 않습니다. 왜냐하면 宇垣總督의 政令정책은 진실로
찬미하는데 아깝지 않지만, 그것을 응용하는 정치기관 상하관료의 정치적 정
신이 근본적으로 민족적 제국주의를 이탈하지 않는 한, 우가키총독의 정령정
책이 근본정신 그대로 반도 민중에게 직접 전파되는 것은 지난합니다"(위의
책, 82~83쪽).

32) 그는 "조선인의 금일의 상태가 된 그 과오와 죄는 모두 조선인 자체에 있다"
고 자괴하면서, "이 자신의 과오를 깨닫지 못하고 무릇 타인을 원망하는 것은
참으로 유감스러운 바이다. 이런 상태에서 조선인에 대해 자력갱생하라고 말
하여도 과연 자력으로 갱생할 수 있는가 아닌가. 나는……이 상의하달 하의
상달의 장에 국한하여 자력갱생보다도 타력갱생이 필요"함을 역설하였다(위
의 책, 119~120쪽).

33) 다음에 보이듯이 최린은 국민협회 신석린, 김명준 등과 함께 일본이 필요로
하는 운동을 적극적으로 전개하였다. 그는 朝鮮人懲兵制 要望運動을 發起하
였다. 이 운동을 일으킨 주요인물은 前道知事, 現中樞院 參議, 京城府會議
員, 時中會員滿洲國 協和會員 辯護士들인 바, 11월 24일에 京城 府民館에
崔麟, 李軫鎬, 韓圭復, 金明濬, 金寬鉉, 申錫麟, 曹秉相, 辛泰嶽, 金衡泰, 全
聖旭, 安寅植, 姜昌熙, 張弘植, 朴熙道, 韓性根, 元悳常, 金思演, 李東華, 成
元慶, 張弘植, 李升雨, 韓相億, 梁在昶, 徐範錫, 金泰準, 李晟煥, 鄭大鉉, 李
弘鍾, 趙性根 등 29인이 모여 발기인회를 개최하고 구체안은 아래 7인의 常
務準備委員에 일임하였다고 한다. 韓圭復, 李晟煥, 辛泰嶽, 成元慶, 全聖旭,
曹秉相, 朴熙道(『三千里』 제8권 12호, 1936. 12, 「兩大新聞特報」, 14쪽).

34) 대한제국의 무관출신 鄭炫은 4월 2일에 六等授瑞寶章을 받은 경력이 있다
(『동아일보』 1920. 4. 30), 그리고 廉昌燮은 조선총독부 외사과 촉탁으로 활동

252

개혁 방향에 대해 종합적인 보고서를 작성했다. 이 보고서는 원활한 식민통치를 크게 다섯 가지가 '필요'하다고 정리했다.

① 조선의 산업발전은 조선인 본위로 이루는 것이 필요하다.
② 조선에서의 교육은 전문학교 이상에서도 조선인 본위로 하는 것이 필요하다.
③ 조선에서 근무하는 일본인 관리의 加俸을 철폐하라.
④ 조선인 관리는 조선인 본위로 채용하는 것이 필요하다.
⑤ 조선에 온 이주민은 공존공영의 정신을 위배하지 말아야 한다.

이는 중추원의 참의들 역시 "富源의 개발, 교통기관의 정비, 전기사업의 발전, 상공업의 번영, 토목건축사업의 발흥, 기타 문명시설은 날로 발달"하고 있지만, "조선인은 그 혜택을 많이 받지 못하고, 오로지 일본인들만의 이용융통 시설"에 그치고 있음을 비판한 것이었다. 계속해서 그들은 일본인들은 "가속적으로 향상발전의 행운을 누리고 있는데", 조선인들은 "優越者의 압박으로 인해 원래의 능력조차 제대로 발휘할 기회를 못 찾고, 도리어 萎縮衰微되고 있는 상태"이기 때문에 "조선인은 바로 옆에서 하루하루의 삶조차 꾸려가기 힘든 상황"임을 설명하면서, 식민지 조선의 어려운 현실을 타개하기 위해서는 "조선통치를 조선인 본위로" 해야 하는데 그러기 위해서는 자치제 실시가 필요하다고 역설했다. 그들이 전망한 자치제의 미래는 영국이 호주나 캐나다에서 실시한 것처럼 의회를 설치하고 "二大政黨主義에 입각하여 우세를 점한 정당은 마치 중앙정부에서 내각을 조직하듯이 정무총감 이하의 통치기관을 조직하고, 총독은 결재권을 가지고 대국적인 견지에서 일본의 정략정책과 두드러지게 합치되지 않는 부분만을 지적·

한 기록이 있다(『朝鮮總督府及所屬官署職員錄』, 1932).

교정하는, 이른바 완전한 자치제"였다.[35] 이러한 요구는 다소 조선총
독부가 받아들이기 어려운 내용이 있었지만 완전히 무시된 것은 아니
었는데, 당시 언론보도에 의하면 우가키 총독은 '통치의 현실'과 관련
하여 중추원의 개혁을 진지하게 검토했던 것으로 보인다.

4. 1930·40년대 중추원 개혁의 좌절과 총독정치의 한계

　1930년대 전반기 일본은 대공황기 이후 사회적 불만이 고조되고 군
인들의 쿠데타 시도가 있는 등 정치적으로 불안한 시기였다. 조선총독
우가키(1931년 6월~1936년 8월)는 자신의 帝國경영 구상의 하나인 일
본-조선-만주로 이어지는 블록경제를 건설하기 위해, 한편으로는 조
공업을 중심으로 하는 공업화정책을 추진했고, 다른 한편에서는 농민
들의 사회적 불만과 민족운동을 약화시키기 위한 농촌진흥운동을 전
개했다.[36]
　식민지 조선의 특수성을 감안했던 그는 조금 더 효율적인 통치를 위
해 '民論'에 영향을 줄 수 있는 민족주의자의 총독정치 참여를 유도했
다. 1931년 9월 2일 오전 기자회견 석상에서 그는 조선인들의 중추원
개혁 요구에 대해 일단 수용할 의사를 내비쳤다.[37] "중추원 개혁 문제

35) 자치제를 실시하게 되면 "조선인은 사소한 불평도 없게 될 것이고, 內鮮人은 渾然融合, 一致團結하게 될 것이고, 그렇게 되면 병역의무는 당연히 부담하게 될 것이다"라고 진단했다(鄭炫·廉昌燮, 『朝鮮의 事情에 관한 參考意見』, 朝鮮總督府 中樞院, 1931).
36) 이승렬, 「1930년대 전반기 일본군부의 대륙침략관과 '조선공업화'정책」, 『국사관논총』 제67집, 1996 ; 방기중, 「1930년대 조선 농공병진정책과 경제통제」, 『동방학지』 120, 2003.
37) 『매일신보』 1932. 3. 10 ; 1933. 7. 22.

여러 방면 의견이 많으나 나는 이번 회의의 경과를 보아 중추원 개혁을 하려고 한다. 그리고 지금 있는 부속조사과나 위원회이니 하는 것은 폐지하려는 의향을 가지고 있다. 그리고 조금 더 民論을 널리 들을 필요가 있음으로 민간유력자를 망라하여 보려고 한다마는 내가 만나고자 하는 사람은 저편이 만나주지를 않고, 저편에서 만나고자 하는 사람의 말은 들어도 별 신통한 것이 없음으로 이것이 결코 쉬운 것이 아니다."[38] 조선총독부 내무국장도 諮問범위 내에서 선출방법의 개선과 정원을 확장하여 중추원을 개혁할 수 있다는 발언을 했고,[39] 그러한 소문은 계속 보도되었다.[40] 이런 가운데 조선총독부는 조선인들이 관심을 가질 만한 중추원 개혁안을 마련했었는데, ① 실질적 심의권의 확장, ② 내지인 참의의 임명, ③ 참의의 질적 향상, ④ 건의권 부여 등이 주요 골자였다. 이 안은 현준호가 제기한 조선의회론[41]에 못 미치는 것이지만 조선인들의 요구가 상당히 반영된 것이었기 때문에 이에 대한 조선인 사회의 기대는 한층 높았다.[42]

　기대를 모았던 이 안은 제대로 실행되지 않았다. 중추원 개혁은 참의들을 대폭 교체하는 선에서 마무리되었고,[43] 최린은 그 중의 한 사

---

38) 『동아일보』 1931. 9. 3, 「民間有力者網羅 中樞院을 改革」.

39) 『동아일보』 1932. 9. 28.

40) 『매일신보』 1932. 12. 24, 「중추원개혁단행설」 ; 『매일신보』 1933. 1. 12, 「道制 實施는 今春부터 중추원개혁의 구체화」.

41) 현준호의 中樞院 개혁안을 요약하면 다음과 같다. 우선 명칭은 朝鮮議會로 개칭할 것을 주장했고, 정원은 130명(30명 관선, 100명 민선)으로 늘리고, 선거권은 25세 이상의 남자로 國稅 年 3원 이상을 납부하는 사람에게, 피선거권은 30세 이상의 남자로 독립의 생활을 경영하는 자에게 줄 것을, 그리고 중추원・조선의회에게 결의권을 줄 것을 제안했다. 당시 다른 중추원의 참의들은 중추원에게 결의권, 건의권, 심의권 등의 권한을 주자는 의견도 있었지만 전반적인 중추원 개혁안을 고려할 때 현준호의 개혁안에 비해 체계적이지도 않았고 상대적으로 소극적이었다. 이에 대해서는 『參考資料』를 참조할 것.

42) 『매일신보』 1933. 1. 14, 「本來의 使命을 발휘할 中樞院改革案」.

람이었다.[44] 참정권과 자치운동이 실현되지 않은 맥락에서 중추원을
거의 '조선의회'화 하는 조선총독부의 개혁안은 '팽창의 역류'를 우려
하는 일본 정계에서 수용되기 어려웠을 것이다.[45] 그러나 중추원 운영
에는 작은 변화가 일어났다. 민감한 현안에 대해 집중 논의할 수 있는
施政研究會라는 기구가 신설되었고,[46] 그리고 상설화되는 모습을 보
였다. 施政研究會는 고문 李允用을 위원장으로 하여 5개 분과로 조직
되었는데, 그 구성은 다음과 같다.

경제부 : 部長 韓相龍, 主査委員 元應常, 朴榮喆, 李完珪
산업부 : 部長 廉仲模(后에 朴相駿으로 바뀜), 主査委員 朴宗烈, 李敬
　　　　植, 元悳常
학예부 : 部長 韓圭復, 主査委員 宋之憲, 金明濬, 李根宇

---

43) "정원 65명중 44명이 이번 2일로서 임기만료. 종전의 10명 미보충자를 합해
　　이번에 54명이 새로 임명될 예정……宇垣總督은 이번에 많은 참의 임기만
　　료를 기회로 하여 대개혁을 단행키로 연구해보았으나 여러 가지 사정으로 제
　　도 개혁은 여의치 않았고 새로운 인물을 다수 채용하여 실질적 개혁을 단행
　　……이번에 임명되는 54명 중에서 재임되는 자는 불과 20명 내외, 신규 임용
　　은 34,5명……이로써 오랫동안 논의되었던 중추원 개혁은 일단락 되었다."
　　(『매일신보』 1933. 6. 3, 「통치의 최고자문기관 중추원의 신진용」).
44) 1934년에 최린이 중추원 참의에 임명된 것은 해외의 독립운동가에게도 적지
　　않은 파문을 주었던 것 같다. 中國에 근거를 두고 있는 韓國獨立黨에서는 33
　　人의 1人이며 天道敎 幹部인 崔麟이 中樞院參議에 任命된데 분개하여 「討
　　崔麟書」를 發表했다(『朝鮮獨立運動』 第2卷, 512쪽 ; 國史編纂委員會, 『日帝
　　侵略下韓國三十六年史』 1934. 9. 1).
45) 고마고메는 이러한 일본정계의 모습을 '팽창의 역류'현상에 대한 '방파제만들
　　기'로서 이해했다(駒込武, 앞의 책, 216~218쪽). 일본정치의 '폐쇄성'은 한편
　　으로는 일본이 군국주의와 침략전쟁으로 나가는 원인이 되었고, 그것은 또한
　　오늘날에도 일본이 '과거'와 제대로 '화해'하지 못하고 한국을 비롯한 주변 나
　　라들과 '과거사'를 둘러싸고 분쟁이 일어나는 요인일 것이다.
46) 『매일신보』 1933. 7. 19, 「중추원을 마친뒤 시정연구회 개최」 ;『매일신보』
　　1933. 11. 25, 「중추원시정연구회 조사연구를 진행」.

256

사회부 : 部長 李軫鎬, 主査委員 韓永源, 李炳烈, 吳台煥
제도부 : 部長 柳正秀, 主査委員 朴勝鳳, 朴容九, 趙義聞

경제부는 재무국 '市, 時變이 개인 경제에 미치는 영향과 그 대책'과 '계의 득실 및 개선방책', 식산국 관할의 '재래시장(一號市場)의 개선 발달책'을 연구과제로 삼았다. 다른 분과들 역시 연구주제를 선정하였고, 수차례 主査會를 열어 成案하였다. 정치적 문제가 아니라 관습과 관련된 논의를 하는 모임은 실질적인 토론이 있었던 것으로 보인다.[47] 시정연구회에서 연구된 '의례준칙'이 조선총독부의 안에 반영되기도 했다.[48] 조선총독부가 중추원의 제안을 수용하는 모습은 조선인의 의사를 정책에 반영하고 있다는 이미지를 조선인 사회에 보여주는 데 효과가 있었을 것이다. 이러한 우가키 총독의 '자문정치'는 식민지 조선 사회로부터 일제의 지배에 대한 동의를 이끌어내기 위한 특히 조선인 지배 엘리트를 '회유'하기 위한 통치전략이라고 할 수 있다. 조선인 참의들이 회의하는 중추원의 모습이 담긴 사진은 자주 신문 및 잡지에 실렸다.

조선총독이 중추원에 자문을 구하는 사항은 조선인 사회의 民情을 파악하기 위한 중추원의 조사사업의 조사항목과 관련된 것이 많았다.

47) 산업부는 '적지적종 부업의 선정'(식산국), '농산어촌에서 적당한 부업여하'(농림국), 학예부는 '동양도덕의 진수를 천명하고 일반 교화의 근간으로 삼는 방책'(학무국), 사회부는 '巫子取締法規 제정의 가부'(경무국), '免囚 보호사업의 擴充方策'(법무국), '各驛 揭出의 驛名札 기타 鐵道標示類의 諺文字 폐지의 가부'(철도국), '線路 通行 立入 기타 장애사고방지책'(철도국), 제도부는 '의례준칙 제정에 관한 사항'(학무국) 등을 연구과제로 삼았다(『朝鮮』 219호, 1933. 8, 154~155쪽 ; 『朝鮮』 223호, 1933. 12, 141쪽).
48) 『매일신보』 1934. 7. 13, 「中樞院案을 기준으로 儀禮準則을 制定」 ; 『동아일보』 1933. 11. 24, 「巫女取締 점감, 조선문 역명 폐지 반대, 3항목과 기타 중요 문제 답신, 중추원시정연구회에서」.

조선인들의 경제 및 정치 활동과 관련된 문제에 대해서는 조선인 참의들이 회의 도중에 의견을 개진하더라도 별다른 반응이나 반향이 없었다. 조선총독부는 한편으로는 중추원을 통해 조선인의 일상생활과 관련된 조사사업을 하면서, 다른 한편으로는 거기에서 추출된 민감한 사안에 대해 중추원 참의들의 의견을 청취하였다. 중추원은 아무런 권한이 없었던 기관이었지만,[49] 조선총독부는 정책의 단점을 줄이기 위해 중추원에서 조선인 참의들의 의견을 청취했다. 그렇기 때문에 "중추원 참의에 대하여는 사회민중은 무어라 하든지 간에 총독정치로서는 실로 不輕한 의의가 있고, 그 존재에는 공적요소가 있어 직접 간접으로 국정상의 공헌이 있기를 요구하는 중요한 존재이다. 환언하면 연액 20여 만원의 경비를 투하여 不惜하는 그만한 가치와 기대가 있는 것이다"라는 평가를 받기도 했다.[50]

중추원을 둘러싼 환경은 미나미(南次郎, 1936. 8. 5~1942. 5. 29) 총독 부임 이후 나빠졌다. 조선총독부는 중요산업통제법(1937)을 위시한 여러 가지 정책을 통해 경제에 대한 통제를 강화했고, 국가총동원법(1938)을 실시하여 조선을 대륙병참기지로 조성하기 위한 제도를 정비해 나갔으며, 나아가 물질에 대한 통제를 넘어서서 정신에 대한 통제까지 시도했다. 內鮮一體論을 근간으로 한 황민화정책은 조선에 거주하는 사람들의 日常을 지배했다. 학생들은 '皇國臣民의 誓詞'를 외웠고, 익숙한 조선어를 버리고 일본어 상용을 요구받았다. 또 조선인들은

---

49) "중추원은 조선총독이 회의에 제출한 사항을 결의한 것을 총독에 아뢰올 뿐이요 중추원 자신이 의안을 제출한 권리가 없을 뿐만 아니라 그 의결은 단지 의견을 개진하여 총독의 참조하는 자료밖에는 되지 않음으로 그 採納 여부에 있어서는 全然 총독의 자유 의견에 의존하는 것이다. 그러나 중추원은 총독 최고 고문기관인 만큼 그 결의는 정치상 중요한 한 개의 요소가 될 것이다." (『조광』 4권 10호, 1938. 10, 「中樞院解剖」, 145쪽).

50) 『신민』 59호, 1930. 7, 「중추원지방참의평판기」, 57쪽.

자신들이 일으키지 않은 전쟁에 병사로, 노동자로, 그리고 위안부로 동원되었다. 중추원 역시 전시체제의 분위기에서 자유로울 수 없었다. 1937년 7월 7일 蘆溝橋事件 이후 중일전쟁이 본격화되자 미나미 총독은 중추원 참의 및 재계 언론계를 위시하여 유력인사들을 만나, 시국의 긴박성을 설명하면서 난국 극복에 협력할 것을 강조했다.[51] 중추원 참의들은 여러 지역에서 '제국의 입장'과 그 진의를 설명하기 위한 간담회 및 시국강연회를 개최하기 위해 노력했다.[52] 중국대륙을 지나 점점 미국과의 긴장감이 더해지는 가운데 열린 1941년 22회 중추원 회의에서 미나미 총독은 일본'帝國'의 최고목표인 '고도국방국가체제의 확립'을 위해 "반도동포는 조선의 대륙전진병참기지인 특종 사명에 비추어……황국신민으로서의 자질을 갖출" 것을 요구했다. 아울러 그는 이렇게 조선인들의 '민의'가 '帝國'의 요구에 부응하기 위해서는 중추원 참의들의 협력이 필요함을 강조했다.[53] 태평양전쟁 발발 이후 부임한 고이소(小磯國昭, 1942. 5. 29~1944. 7. 22) 총독 역시 중추원에서 조선과 조선인의 역할과 정신자세에 대해 연설했다.[54] 중추원 참의 윤치호가 평양에서 육군지원병제도에 관해 강연한 것을 비롯하여,[55] 여러 중추원 참의들은 조선인들을 전쟁에 동원하기 위한 행사에 참여했다.[56]

---

51) 『동아일보』 1937. 8. 20 ; 1938. 1. 13.
52) 『조선일보』 보도에 의하면 각지에서 시국강연회를 개최하기 위해 중추원은 9명을 선발했다. 한상룡은 경성·인천을, 신석린은 개성·수원을, 한규복은 청주·충주·대전을, 최린은 전주·군산·남원을, 김명준은 대구·안동·부산을, 김사연은 신의주·정주·강계를, 유진순은 춘천·철원, 현은은 종성·청진·회령 등의 지역을 각각 담당했다(『조선일보』 1937. 7. 18 ; 1937. 9. 2).
53) 이 자리에서 미나미는 미국·영국과의 갈등에 대해 "영·미 양국과 같은 나라는 我大東亞共榮圈의 건설에 대하여 여러 가지로 견제 압박의 폭거를 감행하여 태평양의 물결이 점차로 높아지려고 한다"라고 표현했다(『매일신보』 1941. 6. 11).
54) 『매일신보』 1942. 6. 30 ; 朝鮮總督府, 『官報』 1943. 7. 20.
55) 『매일신보』 1942. 11. 11.

우가키 총독 시기 무성했던 중추원 개혁안은 전쟁말기인 아베(阿部
信行, 1944. 7. 22~1945. 9. 28) 총독기에 와서 부분적으로 실현되었다.
전쟁이 오래 지속되면서 일본의 전쟁 수행능력은 여러 곳에서 한계를
나타냈다. 일본뿐만 아니라 식민지의 인적 물적 자원들이 무리하게 전
쟁에 동원되었다. 1942년 징병제 실시를 검토할 때, 일제는 일본의 중
의원이나 귀족원에 보내는 문제 즉 참정권 문제를 고려하였다. 전쟁으
로 인한 조선인들의 희생이 늘어나면서 더 이상 일본이 조선인들의 참
정권 문제를 회피할 명분이 없어졌다. 그래서 징병제 실시는 일본 본
국의 요구에 의해 이루어졌지만 참정권 문제는 항상 '통치의 현실'을
고민하는 조선총독부가 작성한 안대로 결정되었다.[57] 일본 내무성이
작성한 '전향적'인 중추원 개혁안은 징병제와 참정권의 관계와 유사한
측면이 있을 것이다.

우선 중추원의 이름이 施政審議會로 바뀌었다. 이때 조선총독부가
강조한 이 기관의 특징은 크게 네 가지였다. 첫째는 조선인에 국한되
었던 의원의 자격을 일본인까지 확대한 것이고, 둘째는 시정심의회를
중요시책에 대해 민의를 적극적으로 개진할 수 있는 기관으로 만들겠
다는 것이며, 셋째는 의원 수를 65인에서 80인으로 늘린 것이다. 또 중
앙에서 선발하는 의원 수가 줄어들고 지방에서 도지사의 추천을 받아
선발하는 의원 수가 늘었다(전에는 65명 중에서 24인이었고 개정된 안
에서는 전체 의원 80명 중에서 42명). 이 개정안은 지방출신 의원을 선
발할 때에도 단순히 각도지사의 추천을 받은 후보자 중에서 선발하는
것이 아니라, 道會에서 적당하다고 인정되는 자를 선거하는 방법을 채

56) 역사문제연구소,『(인물로 보는)친일파 역사』, 역사비평사, 1993 ; 반민족문제
연구소,『청산하지 못한 역사 : 한국 현대사를 움직인 친일파 60』① · ② · ③,
청년사, 1994.
57) 崔由利,『日帝 末期 植民地 支配政策硏究』, 국학자료원, 1997, 제5장.

용함으로써 지방의 민의를 대표하는 취지를 철저하게 하였다. 넷째는 중요 제령안의 대강, 중요 제도의 창설 개폐 등 입법 행정 각 분야에 대한 자문뿐만 아니라, 시정의 중요사항에 대한 건의권을 부여하였다. 일제가 이러한 중추원의 변화를 꾀했던 것은 시정에 대한 조선인들의 협력을 기대했기 때문이었다. 그러나 일본 내무성이 이 안을 기획한 뒤 얼마 지나지 않아 일본이 패망했기 때문에 시정심의회가 구체적으로 어떻게 운영되었는지는 알 길이 없다.[58]

5. 맺음말

일제가 조선을 강점한 이후에 한말의 정치개혁 과정에서 출현했던 중추원은 제도와 그 이름은 존속되었지만 정치적 기능은 크게 약화되면서 총독의 자문기구로 변질되었다. 1910년대 중추원은 안건을 토의하는 회의가 한 번도 열리지 않을 만큼 유명무실했고, '친일 귀족'의 '양로원'으로 비판을 받아도 달리 변명할 여지가 없었다. 그런데 3·1

---

58) 朝鮮總督府 中樞院 개혁안은 臺灣總督府 評議會官制改正과 함께 처리되었다. 1944년 11월에 日本 內務省 管理局은 양 총독부의 요구를 받아들여 이 안을 만든 것으로 보인다. 관리국은 '朝鮮總督府中樞院及臺灣總督府評議會官制改正要綱(案)'에서 "최근 양 총독부 당국도 쇄신 개선의 의도가 있고, 대저 공식적으로 의견 제시가 있었던 것을 계기로" 관제를 개정했음을 밝히고 있다. 이 개정안은 조선인 혹은 재조 일본인 모두에게 식민지의 중앙정치에 참여할 수 있는 길을 일부 열어 놓은 것이라 할 수 있다. 일본제국주의가 그간의 방침을 수정하여 중추원을 전향적으로 개혁한 의도는 전쟁에 조선인을 위시하여 植民地民을 동원하기 위해서는 전시체제에 협력하는 친일적 정치 엘리트에게 정치활동 공간을 부여하여 그 '수고'에 보답하고, 또 식민지의 일반 백성들에게는 총독부가 '민의'를 수렴하고 있다는 정치적 이미지를 줄 필요가 있었기 때문이라 할 수 있다. 水野直樹 編, 『植民地統治資料』 제1권, 東京 : 柏書房株式會社, 1998, 236~242쪽.

운동 이후 수정된 일제의 식민지배 정책의 기조는 중추원에도 적지 않은 영향을 미쳤다. 1920·30년대 중추원은 한편으로는 조선총독부의 자문 요구에 충실히 응하면서 다른 한편으로는 총독정치를 비판하고 개선을 요구하기도 했다. 조선총독 및 조선총독부는 중추원 개혁안을 만들고 또 개혁하기도 하면서 일정한 반응을 보였다. 이 글은 중추원을 매개로 하여 일어났던 '정치'를 통해 '식민지적 근대'의 한 모습을 보고자 했다.

1920년대 사이토 총독은 부임 이후 관제 개정을 단행했고 도지사의 추천을 받는 지방참의 제도를 두어 지방의 민의를 수렴하는 모습을 취했다. 회의 또한 정기적으로 개최되었고, 그 자리에서 혹은 서면으로 조선인 참의들은 舊慣에 관한 정책과 관련하여 자문을 했다. 중추원은 의사결정권이 없었고 의제 또한 '舊慣'에 관한 문제이거나 시국과 관련한 조선총독부의 요구에서 벗어나지 않았지만, 조선인들이 조선총독·정무총감 및 총독부의 국장·과장 등 통치기구의 최고위 관리들을 만나고 의견을 교환할 수 있는 자리였다. 1910년대에 비해 중추원에 일정한 정치적 역할이 주어진 것으로, 조선인 참의들을 총독정치에 끌어들이려는 '회유' 정책의 성격도 포함되어 있었다고 할 수 있다.

그런데 중추원 참의들은 대체로 재력이 있고 교육 수준이 높았으며 조선총독부가 예상했던 것보다 정치참여에 대한 욕구가 강했다. 그들은 중추원 회의 도중에 참정권과 자치제 실시를 요구했다. '조선일본인'으로 평가받았던 국민협회 출신 참의들은 여러 차례 참정권을 주장했다. 그들은 이미 1920년대 초부터 일본'제국' 내의 중앙정치에 참여하려는 참정권 청원운동을 전개했었고, 계속해서 그러한 노선을 견지하고 있었다. 재지적 기반이 있었던 현준호와 같은 참의들은 중추원을 조선의회로 개혁할 것을 여러 번 요구했다. 중추원 자체에서도 그러한 개혁안을 작성하기도 했다. 조선총독부 내에서 참정권 청원운동 혹은

262

자치운동에 대해 어느 정도 '허용'할 수 있는 여지가 있었듯이 중추원에 대한 조선인 참의들의 개선 요구가 받아들여질 수 있는 조짐이 있었다.

우가키 총독 시기에는 중추원에 제령 및 법률 제정에 대한 심사 의정권, 일본인 참의 선임, 그리고 건의권을 부여하자는 개혁안이 검토되었는데, 이는 이전에 비해 매우 획기적인 안이었다. 그러나 최린처럼 민족주의 운동에 참여했던 인사들이 중추원 참의로 새로 선임되는 등 인적 개혁이 부분적으로 이루어졌을 뿐 제도적 개혁은 거의 이루어지지 않았다. 미나미 총독 부임 이후 곧 시작되었던 전시체제기의 중추원은 조선인 참의들이 황민화정책을 선전하고 조선인들을 전쟁에 동원하기 위한 여러 활동에 참여하는 것에서 볼 수 있듯이 일제의 대륙 침략정책에 동조하고 선전하는 기구로 활약했다. 그런데 징병제가 실시되는 1944년 말엽에 가게 되면 중추원에 의회 기능을 부여하자는 중추원 개혁안을 일본 내무성 관리국에서 작성했다. 아마도 그것은 조선인을 '회유'하기 위해 마련된 안으로 보이는데, 그러나 전쟁이 얼마 후에 끝나게 되면서 실행되지 못했다.

시간이 흐를수록 대중을 통제하고 억압할 수 있는 경찰, 군대, 관료 조직, 그리고 사법기구는 잘 정비되어 갔다.[59] 대중을 위한, 대중이 소비할 수 있는 정치는 매우 미약하게 발달했고 특히 중앙정치에 조선인들이 참여할 수 있는 길은 봉쇄되었다. 식민지 시기의 총독정치는 대한제국기의 전제정치에 비해 대중에 대한 통제와 관리라는 측면에서 진일보하고 '근대화'되었지만, 부르주아를 비롯한 중앙정치에 조선인들이 참여할 수 있는 통로가 막혀 있었다는 점에서 '퇴행적'이었다. '황제'가 지배하던 대한제국기 정치변동에서는 1898년 중추원 개혁에

---

59) 치안유지법은 일본에 비해 조선에서 남발되었다. 水野直樹, 「조선에 있어서 치안유지법의 식민지적 성격」, 『법사학연구』 26, 2002.

서 볼 수 있듯이 조선왕조의 정치체제가 아래로부터의 도전을 수용하면서 근대적 의회정치로 진화해 갈 수 있는 가능성을 보여주었다. 일제 강점기에도 해외에서는 임시정부 혹은 독립운동기지에서 공화주의 전통이 자라나고 있었다. 그러나 조선 안에서는 상황이 달랐다. 철도가 놓이고, 도로가 확장되고, 공장도 설립되고, 상품 소비가 늘어나고, 도시의 인구가 늘어나는 등 대중 사회가 형성되기 시작했지만, 대중에 기반을 둔 중앙 정치사회의 성장은 극도로 억제되었고, 전제적 총독의 권력 밑에 있었다. 이것은 일본 근대정치의 근본적 한계가 식민지에 전이된 모습이었다.

1930년대에 군국주의로 치달은 것에서 볼 수 있듯이 일본은 의회민주주의를 지켜 나갈 사회적 기반이 공고하지 못했으며, 일본 정계는 천황을 정점으로 하는 통치구조의 변화를 두려워했고 식민지의 정치 변동이 초래할 불확실한 미래를 회피했다. 1920·30년대에 조선총독부가 마련했던 중추원 개혁안 또한 그러한 맥락에서 일본 정계에서 수용되기 어려웠다.

<부표> 중추원 회의에서의 총독 자문 사항

1회 : 1919년 : 묘지 火葬場 매장 및 화장취체규칙 개정의 건

2회 : 1920년 : 성년・처・능력・금치산・준금치산에 관한 규정을 설정하고 아울러 친권자・후견인・보좌인・친족회 등의 제도를 설정하는 건

3회 : 1921년 : 1) 남자는 만 17년 여자는 만 15년에 이르지 않으면 혼인을 할 수 없다는 규정을 설정하는 건, 2) 부부는 서로 협의하여 이혼할 수 있게 하고, 또 한편 민법 815조 원인 있는 때에 한해서 一方으로부터 이혼소송을 제기하여 재판에 의한 이혼을 할 수 있게 하는 규정을 설정하는 건

4회 : 1923년 : 자문사항 없음

5회 : 1924년 : 1) 남자가 없고 여자만 있는 자는 그 여자에게 타성 남자를 婿養子로 할 수 있는 건, 그리고 養家의 姓을 칭호하게 하는 제도를 설정하는 문제, 2) 집(家)에 칭호를 붙이게 하는 제도를 설정하는 문제, 3) 지방문묘 중 상당한 격식 있는 자에 司成을 설치하는 문제, 4) 시설개선에 관하여 특히 필요하다고 인정하는 사항

6회 : 1926년 : 자문사항 없음

7회 : 1927년 : 1) 국유임야, 冒耕火田의 정지 및 화전민 구제에 관한 방책, 2) 지방개선에 관한 개선여하

8회 : 1928년 : 자문사항 없음

9회 : 1929년 : 1) 산업진흥에 관하여 장래 본부에서 시설을 요하리라 인정하는 사항, 2) 최근 지방 민정 중 특히 주의하지 않으면 안될 사항과 아울러 여기 대한 의견

10회 : 1930년 : 지방 실정을 고려하여 필요한 시설

11회 : 1931년 : 현시정세를 고려하여 민중의 생활안정을 위해 필요한 시설

12회 : 1932년 : 자문사항 없음

13회 : 1932년 : 지방 실정을 고려하여 사상 선도 민력 함양에 필요한 시설

14회 : 1933년 : 1) 지방 상황에 비추어 농산어촌진흥에 필요한 시설, 2) 의례 준칙제도

15회 : 1934년 : 1) 농가갱생계획의 실시에 필요한 방책, 2) 도시에 있어서의 민심작흥을 도모하는 구체적 방책

16회 : 1935년 : 1) 반도의 상황에 감하여 민중에게 安心立命을 주는데 가장 적당한 신앙심의 부흥책 ; ① 半島에 있어서 선량한 고유신앙을 부활시키기 위해 필요한 시설을 여하히 해야 하는가, ② 현존 여러 종교의 진흥선도책, 2) 각지의 민심 추향과 그것을 선도하는 의견여하

17회 : 1936년 : 자문사항 없음

18회 : 1937년 : 1) 시국을 고려하여 농촌어촌진흥운동의 확충강화를 도모하는데 가장 적절하다고 생각하는 방책, 2) 내선일체의 정신을 일반국민의 일상에 실천 구현시킬 방책여하

19회 : 1938년 : 1) 사회교화시설 중 조선현상에 감하여 강조 실시가 필요하다고 인정하는 사항과 이것을 일반민중에게 철저화 시키는데 있어서 적절 유효한 방책, 2) 동본동성상혼금지의 제도.

20회 : 1939년 : 지방실정을 고려하여 시정상 특히 주의를 요할 사항 및 유언의 방식에 관한 특별규정을 설치하는 것

21회 : 1940년 : 1) 國民精神總動員 운동의 실황 및 이의 강화 철저를 기하기 위해 금후 취해야 할 방책, 2) 法定의 推定 戶主 相續人 廢除제도를 설치하는 것의 필요 여부

22회 : 1941년 : 1) 시국하에 民情에 대해 施政上 특히 유의해야 하는 사항, 2) 남자의 法定 推定 戶主 상속인이 없는 경우 여자로서 호주 상속을 하게 하려는 제도의 可否

23회 : 1942년 : 시국하에 民情을 감안하여 施政上 특히 유의해야 하는 사항

출전 : 朝鮮總督府, 『施政年報』, 각년판 ; 『中樞院會議答申書』, 1940, 1941, 1942 ; 「中樞院解剖」, 『조광』 4권 10호, 1938. 10, 146∼148쪽.

찾아보기

270

274

연구참여자

김도형 | 연세대학교 교수, 한국사학
이승렬 | 연세대학교 국학연구원 연구교수, 한국사학
백승철 | 연세대학교 교수, 한국사학
차승기 | 연세대학교 국학연구원 연구교수, 국문학
김동노 | 연세대학교 교수, 사회학
Michael D. Shin | Cornell University 교수, 한국학

연세국학총서 99 (일제하 한국사회의 근대적 변화와 전통 3)

일제하 한국사회의 전통과 근대인식

김 도 형 외 지음

2009년 2월 10일 초판 1쇄 발행

펴낸이·오일주
펴낸곳·도서출판 혜안
등록번호·제22-471호
등록일자·1993년 7월 30일

㉾ 121-836 서울시 마포구 서교동 326-26번지 102호
전화·3141-3711~2 / 팩시밀리·3141-3710
E-Mail hyeanpub@hanmail.net

ISBN 978-89-8494-338-4 93910

값 23,000원